宁夏高等学校一流学科建设（教育学学科）资助项目
项目编号"NXYLXK2021B10"

小绘本
大世界

基于绘本的学前教育专业
第二课堂活动探索与实践

李　媛◎著

陕西师范大学出版总社

图书代号 ZZ23N0746

图书在版编目（CIP）数据

小绘本　大世界：基于绘本的学前教育专业第二课堂活动探索与实践 / 李媛著 . —西安：陕西师范大学出版总社有限公司，2023.5
ISBN 978-7-5695-3579-2

Ⅰ.①小⋯　Ⅱ.①李⋯　Ⅲ.①学前教育—教学研究　Ⅳ.① G612

中国国家版本馆 CIP 数据核字（2023）第 059331 号

小绘本　大世界
基于绘本的学前教育专业第二课堂活动探索与实践
XIAO HUIBEN　DA SHIJIE: JIYU HUIBEN DE XUEQIAN JIAOYU ZHUANYE DIER KETANG HUODONG TANSUO YU SHIJIAN

李　媛　著

责任编辑	于盼盼
责任校对	刘金茹
封面设计	鼎新设计
出版发行	陕西师范大学出版总社
	（西安市长安南路 199 号　邮编 710062）
网　　址	http://www.snupg.com
经　　销	新华书店
印　　刷	陕西隆昌印刷有限公司
开　　本	787 mm×1092 mm　1/16
印　　张	16.5
字　　数	342 千
版　　次	2023 年 5 月第 1 版
印　　次	2023 年 5 月第 1 次印刷
书　　号	ISBN 978-7-5695-3579-2
定　　价	78.00 元

读者购书、书店添货或发现印刷装订问题，请与本社高教出版中心联系。
电　话：（029）85307864　85303622（传真）

序 言

小时候，因为家在农村，经济水平有限，再加上父母读书意识的欠缺，印象中，我所读的书籍，是小开本的连环画《大闹天宫》《小兵张嘎》等。直到上大学、研究生，慢慢地接触绘本和所读的学前教育专业，不断地对绘本有了初步地认识和了解，它图文并茂，简简单单，一会儿就可以翻完。再到姐姐生了孩子、自己生了女儿，加上进入高校工作，不断为学生们讲授专业课，带学生们去幼儿园见习、实习，不管是从图书馆、绘本馆、幼儿园，抑或是从当当网等电商平台，发现绘本的种类真是琳琅满目，深受各类人群的喜爱。所以，每次总是打着女儿的幌子，买各种喜欢的绘本，在给女儿阅读的同时，自己也可以偷偷地阅读，还可以将个别绘本作为教学案例，供学生们在课堂中享用，真是一举三得。

印象当中，女儿特别喜欢看有关兔子的绘本。所以，每次在遇到有关"兔子"的绘本时，总是会把它们买下来。比如《猜猜我有多爱你!》《折耳兔瑞奇》《汤姆兔》《米菲兔》等，每次看她认真听和认真翻看的样子，总是不禁在想：绘本，真是了不起！能把处在好动阶段的婴幼儿的注意力吸引过来，并且能让他们十分专注地阅读。

著名的日本绘本大家松居直说过，绘本是0～99岁的人都能读的。作为高校学前教育专业的老师，在平时给学生们讲专业课的过程中，发现学生们对绘本很感兴趣，除了在课堂上翻看我分享的绘本外，他们还在课下跟我讨论有关绘本如何进行幼儿园教学，如何给他们家亲戚的小孩子选择绘本等话题。

绘本广受成人和孩子欢迎的原因，应该是它不仅可以培养读者的美学素养，发展艺术教育，还可以激起阅读兴趣，诱发阅读行动，所以它吸引了不同年龄阶段的绘本爱好者。我想，绘本既简单又复杂，简单的是只有一些文字、一些图画，几分钟就可以读完；复杂的是虽然只有一些文字、一些图画，但其中蕴含的道理很深刻。每翻一遍，都会有新的发现，让人再去回味。我们在读绘本时，首先通过对图像的感知展开丰富的联想，然后结合生活经验，调动思维来响应图像的信息，从而发生由外而内的心智活动，将具体的图像转化为特定的意象,理解插画家、作者所传达的思想。通过这样的阅读历程,能将具体的形象、抽象的思维和观念进行有效的结合,从而达到深层次阅读的水平。

绘本的用处可真大,作为一位绘本爱好者,充分挖掘绘本中的美学价值和教育意义。比如,组织大学生创编以绘本为载体的儿童舞台剧,挖掘故事中的人物形象和特点,以角色扮演的形式,绘声绘色地表演出来,演绎出一幅美的画面;将绘本带到家庭和社区,让更多的人了解绘本,通过图文并茂的画面以及富含深意的教育思想,让家长和孩子都能领略其中的美与教育价值,孩子们享受其中,仿佛和小主人公进行对话,家长们追忆童年,仿佛又回到了孩童时代,静享那无忧无虑的生活;学习绘本的不同表现技法,带着学生一起制作绘本,在纸上一笔一画、一刀一刻,感受绘本制作的辛苦,每当成功地做完一本属于自己的绘本,内心的那股富有成就感的暖流,就会激励着我们不断地探索绘本中的奥秘;通过了解绘本蕴含的美育价值,探索基于绘本的幼儿园美术教学活动,挖掘美学元素,精心设计幼儿喜欢的教学活动,在绘画、手工制作、美术欣赏活动中,领略绘本的美。

绘本,有什么了不起?了不起的原因,大概就是它能为人们搭建阅读的桥梁,使人们拥有一片辽阔的心灵视野,能在小绘本里看见大世界。

目 录

理论篇

第一章　热爱绘本 ………………………………………………………………… 002
第二章　基于绘本的学前教育专业第二课堂开展的意义 ……………………… 004
　　一、第二课堂 ………………………………………………………………… 004
　　二、绘本和第二课堂 ………………………………………………………… 008
　　三、基于绘本的学前教育专业第二课堂的构建 …………………………… 009

实践篇

第三章　一起读绘本，还好遇见你 ……………………………………………… 012
　　一、开设优秀绘本的艺术欣赏沙龙 ………………………………………… 012
　　二、绘本阅读分享活动 ……………………………………………………… 025
第四章　一起制作绘本，因为喜欢你 …………………………………………… 077
　　一、绘本 DIY 工作坊 ………………………………………………………… 077
　　二、红色故事我来"绘"工作坊 …………………………………………… 136
第五章　一起用绘本，一直陪伴你 ……………………………………………… 143
　　一、基于绘本的儿童舞台剧创编活动 ……………………………………… 143
　　二、基于绘本的幼儿园主题墙创设活动 …………………………………… 151
　　三、基于绘本的幼儿园美术活动的探索与实践 …………………………… 157
　　四、基于绘本的社会实践活动 ……………………………………………… 203

参考文献 …………………………………………………………………………… 236
附录 ………………………………………………………………………………… 238
后记 ………………………………………………………………………………… 256

理论篇

LILUNPIAN

第一章

热爱绘本

著名的日本绘本大家松居直说过,绘本是0~99岁的人都能读的,作为高校学前教育专业的老师,在平时专业课的教学过程中,发现学生们对绘本很感兴趣,于是结合着学院的第二课堂活动,以绘本为载体,进行课堂活动的探索和实践。

在课下和学生们聊天的过程中,询问他们是怎么认识、看待绘本的,有的学生说:"自己在读任何一本绘本的时候,能用自己已储备的知识进行探索与联想,响应学习内容,即使是一本简单的绘本,也能从中获得深刻的领悟。"从话语中,我们不难看出绘本对于读者来讲,有提升阅读兴趣的作用,而阅读兴趣恰恰是打开阅读大门的钥匙,阅读能力更是阅读乐趣持续的基石。有的学生说:"读每本绘本,感觉其中的故事充满了魔力、秘密、惊喜或是恐惧,最重要的是,和已有经验、经历建立连接之后,给人以慰藉。"通过从所阅读的绘本中提取到的信息,作为后续推论与发展阅读线索的铺垫,捕捉、接收到的信息越多,学生对绘本的领悟也就越丰富。

绘本在西方的发展历史最早可以追溯到17世纪欧洲出现的第一本带插画的儿童书——《世界图解》(*Obis Sensualium Pictus*),虽然其只是图画书的一个雏形,但在图画书发展的历程中功不可没。绘本的诞生,要归功于19世纪彩色印刷术的发明以及英国出版家爱德蒙·埃文斯的开拓。爱德蒙·埃文斯不仅致力于将彩色印刷提升到了艺术水平,还影响了几位绘本的先驱,其中一位便是伦道夫·凯迪克(Randolph Caldecott,1846—1886)。[1]

伦道夫·凯迪克不仅积极探索图画和文字之间的关系,还进行实践,强调只有图文在视觉上合为一体,彼此之间才能真正融合。1878年,伦道夫·凯迪克为爱德蒙·埃文斯的《约翰·吉卜林的趣事》绘制插图,其中约翰骑在马上驰骋的插图(图1-1),后来成为美国凯迪克奖(图1-2)的标志。虽然伦道夫·凯迪克一生只有短短的四十年,

---

[1] 方素珍.绘本阅读时代[M].杭州:浙江少年儿童出版社,2013:3.

但却创作了十六本书，构筑了现代绘本的基础，被称为"现代绘本之父"。美国凯迪克大奖（The Caldecott Medal），正是为了纪念这位十九世纪英国最杰出的绘本画家伦道夫·凯迪克而设立的。中国台湾图画书大家林真美女士曾经这样写道："我们几乎可以说，是凯迪克'发明'了绘本这种巧妙的形式，他灵活地创造出图与文如音乐般的对位关系，并在主旋律与变奏的往来间，完成了一首又一首完整又扣人心弦的绘本曲目"。

图 1-1

图 1-2

可以说，绘本在17世纪起源于欧洲，1930年传入美国，并进入了黄金时代。1950年左右，绘本在日本掀起了风潮。1960年左右，我国的台湾地区陆续关注绘本，近年来，大陆也开始引进绘本，并如火如荼地掀起了师生共读、亲子共读的风潮。

绘本主要由图或图文搭配来传达信息，培养敏锐的图文感知能力有助于在绘本中获取丰富的信息，就如侦探在办案过程中采集的种种蛛丝马迹，作为后续深入探究的准备一样。①通过阅读绘本，他们听了故事，看了图画，学了知识，构筑了个人的精神家园。绘本的用处如此之大，我们必须巧妙地开发利用它，以开启学生们的绘本探索之旅。

绘本就像百科全书，打开绘本，会发现其中的内容五花八门，人文地理、自然社会等常识都会出现在绘本中。学生们在阅读的过程中能学会观察、思考、感受，增长认知经验。

---

① 林美琴. 绘本有什么了不起 [M]. 乌鲁木齐：新疆青少年出版社，2011：36.

第二章

基于绘本的学前教育专业第二课堂开展的意义

一、第二课堂

在学校学前教育人才培养过程中,第二课堂在培养学生创新意识、塑造人格、激发潜能等方面的作用越来越突出。在学前教育专业改革探索过程中,坚持以学生为中心,产出为导向,多举措并举开展富有特色的第二课堂。

(一)第二课堂的定位

第二课堂坚持以学生为主体,基于人才培养方案,充分利用课余时间,开展体现素质教育内涵的实践活动,具有学生自主性、课程计划性、地点广泛性等特点。相对于第一课堂,它可以在学习时间、学习内容、学习方式上发生变化。从学习时间上看,第二课堂是在第一课堂,也就是正常教学时间之外开展的;从学习内容上看,除了对专业知识的学习,更多的是以兴趣为中心,开展个性化的活动;从学习方式上看,第二课堂更加开放和多元,可通过开展工作坊、社会实践活动、高校和幼儿园对接活动、志愿者活动等形式进行学习。

1. 解决实践教育个性不足、特色不明等问题

当前本科学前教育的矛盾主要表现在毕业生的供给重理论轻技能与就业市场需求多样、个性之间的矛盾。运用恰当的教育理念,开展丰富多样的第二课堂活动,就是要解决在教育教学过程中出现的新问题,彰显学前教育的专业特色,培养学生的职业精神和综合素养。把学生培养成社会需要的理论和技能并重的人才,更要将学生培养成全面发展的人,以及具有创造力、主动性的人文素养水平高的社会主义建设者和接班人。

2. 弥补第一课堂重理论知识轻实践技能的不足

随着"互联网+教育"时代的到来以及信息技术的快速发展,对学生在综合素养和

实践能力方面的要求也在发生变化，尤其突显出第二课堂实践育人的重要作用。从人才培养目标上看，第一课堂的教学模式大多数以教师讲授专业知识、学生学习知识为主。各门课程之间的分隔以及上课时间和地点的限制，使得第一课堂在学生综合素养形成方面存在一定的不足。第二课堂可以通过实践体验、动手操作、模拟训练等方式，以发挥学生的主体性为主，促进学生综合素养的塑造和培养。从内容设置上看，第二课堂是以体验式教育方式为主导，集德育教育、课程实践、素质拓展、专业训练和创新创业等内容于一体的实践探索。总之，第二课堂与第一课堂相比，在整体育人方面，和第一课堂相互补充，运用科学合理的运行模式，体现出全员育人、全方位育人的理念，在学生的综合素质提升和能力塑造方面发挥合力。

（二）第二课堂的实施模式

1. 构建基于学校、家庭、社会一体化学习的综合体

在第二课堂的实施过程中，始终秉持着地点广泛的原则，不仅仅局限于学校，还可以将其拓宽到其他的空间地域。构建学校—家庭一体的活动，可以利用绘本开展亲子共读活动，学前教育专业学生为亲子共读活动提供指导；构建学校—家庭—社会一体化的综合体活动，学前教育专业的学生可以为留守儿童组织绘本阅读活动，进一步弥补留守儿童因父母不在身边或者祖父母、外祖父母文化程度低，不能为其阅读的遗憾。

2. 与学前教育专业培养方案相契合，构建项目式的课程

学前教育第一课堂以增强学生的理论知识水平为主，而第二课堂主要侧重于学生的专业实践能力的培养。在平时和学生谈心谈话的过程中，调查了解到学生的学习需求是既想学理论又想强实践技能。基于此，积极探索学前教育专业人才培养的全新模式，将第一课堂和第二课堂有机地结合起来，构建全新的育人之路，是当务之急。比如当讲到学前儿童语言教育活动设计与指导这门课中的绘本阅读部分时，学生通过课上所学的绘本阅读理论知识，可以在第二课堂中进一步将绘本阅读加以实践。当讲到《猜猜我有多爱你》这本绘本时，可以将这本绘本讲给幼儿，邀请家长在家长开放日的时候进行观摩。直观地感受进行幼儿语言教育活动的真实意义，回到家之后，幼儿和家长可以进一步地进行亲子共读，积极探索更多爱的表达方式。比如在给学生们介绍绘本的组成结构时，由于当时正值建党 100 周年，学生们准备了很多有关红色教育故事的经典绘本，比如《鸡毛信》《小英雄雨来》《小兵张嘎》《闪闪的红星》《长征路上的红小丫》。在分析完绘本的组成结构后，学生们就绘本内容展开更多的探索，比如针对《长征路上的红小丫》绘本（图 2-1），大家开始对长征之路进行探索，于是我们便组织学生们去宁夏固原当地的"六盘山红军长征纪念馆"走一走红军小道（图 2-2），进一步加深大家对长征之

路以及长征路上发生的各种感人故事的了解。

图 2-1

图 2-2

附：《长征路上的红小丫》绘本故事[①]

- 绘本介绍

《长征路上的红小丫》是一部弘扬爱国主义，坚守革命真理，拥有坚强理想信念和大无畏牺牲精神的红色革命传统故事。教育孩子们在今后的人生道路中，不畏艰难、勇往直前，坚守心中的理想信念，树立正确的价值观、人生观。它讲述的是一位12岁的小女孩红小丫历尽艰辛走完长征的人生奇迹。她在长征途中帮助伤员，用自己的才艺鼓励大哥哥大姐姐们，和大哥哥大姐姐们互相帮助，一起走完长征。

- 绘本欣赏

红军长征的队伍里有一名小红军，她加入红军的时候才11岁，所以大家都叫她"红小丫"。1935年，不满12岁的红小丫跟着宣传队的大哥哥、大姐姐们踏上了漫漫的长征路。

队伍不分白天黑夜一直往西走，她不知道部队要走向哪里，只知道千万不能掉队，掉队就意味着死亡。红小丫还是一名宣传队员。唱山歌，说快板，敲小鼓，她样样在行。红小丫和其他宣传队员们一边艰难地行军，一边做宣传工作。战士们听到红小丫的歌声，觉得浑身都是劲儿。红小丫不仅会说快板和唱歌，还会讲笑话，她走到哪里，哪里就有

[①] 资料来源：微信公众号"东莞市长安镇乌沙幼儿园"。

笑声。

可是，没过多久就听不到她的笑声了，她生病了。红小丫躺在担架上，心里非常难受，她实在不愿意拖累大家，一再要求把她留下。

同志们都说："那可不行，等你好了，还要看你跳舞，听你唱歌呢！"

红小丫听着大家暖心的话，暗下决心：我一定要坚强，一定要早点好起来！

奇迹发生了。同志们抬着红小丫走了个把月，她开始能吃东西了，脸色也好多了，也能坐起来了。在大家的精心照料下，红小丫痊愈了。

不知道经过多少生死考验，长征部队来到了雪山脚下。

宣传队长给每人发了一块布，把脚裹上，每人还喝了一碗辣椒水。

队长说山上冷，让大家把所有能穿的衣服都套上。

他们刚走到山前，就感到雪山的严酷，地下的雪冻得硬邦邦，越往上爬，空气越稀薄，呼吸十分困难。

红小丫打起了小竹板：同志们，加劲走，胜利已经在招手。红军都是英雄汉，定能征服大雪山！

冷风像刀子一样割着她的脸，但红小丫心里好似有一团火，她要和宣传队的伙伴们一起给大家鼓励，给大家信心。

宣传队跟着大部队继续艰难地前进着。由于年龄太小，红小丫有时候只能拉着马尾巴向上爬。

翻过大雪山，红小丫又跟着部队走过草地，最后胜利地到达了陕北。

红军长征是世界军事史上一个奇迹，年纪尚小的红小丫一路艰辛走完长征，也同时创造了她自己人生的奇迹。

3.倡导体验式教育模式

学校在人才培养的过程中，强调以学生为中心，在教学方式上倡导体验式教育的模式。学生可以根据自己的特长、兴趣选择自己喜欢的课程，充分发挥他们的主观能动性，教师根据学生的不同特点，发挥团队的力量，采用小组化、个性化的教学方式，通过动手操作、亲自实践等方式，体验第二课堂活动带来的乐趣。

（三）第二课堂的教学评价

1.探索多元的评价方式

第二课堂具有地点丰富、形式多样等特点，给活动的评价带来的难度较大。但是，学校可以把握多元评价的总方针，采用教师评价、个人评价、小组评价、家长评价以及社会评价的综合评价方式，针对不同的活动，评价的方式有所侧重。比如开展的工作坊活动，主要以学生个人评价、教师评价、小组评价为主，而开展的亲子共读活动，是将学校与家庭进行有效连接的活动，主要以家长评价和社会评价为主。

2.评价标准更为综合

在第二课堂的实践中，对学生进行评价时，可淡化学生的分值评价标准，更多地以等级评价为标准，提高优秀的比例。学校对学生在活动中的表现等进行奖项的评优并颁发荣誉证书，并将学生的作品通过学院、学校的微信公众号等平台进行宣传，不仅提高学生的学习热情，还能增强学生的学习自信。

第二课堂是学校人才培养体系的重要组成部分，它的实施开展不仅靠组织活动的老师指导完成，还应贯彻以学生为中心的全员育人的理念。学前教育专业主要培养专业基础扎实、实践能力强、热爱学前教育专业、师德至上、具有专业发展意识和成长后劲足的高素质、技能型幼儿园教师。而第二课堂的活动实施关键在于教师。在项目实施过程中，党政部门和高校相关部门要充分发挥协调引领作用，根据所分管的工作密切协调，积极配合学生工作部门、院系做好第二课堂相关工作。

实践表明，第一课堂和第二课堂各有其重要的作用，不能彼此取代但可以有机融合。第一课堂是第二课堂的出发点，第二课堂是第一课堂的有机延伸和重要补充，是全面贯彻人才培养目标的重要教育教学环节。因此，高等院校应有机融合第一、第二课堂，明确第二课堂的重要地位，规范第二课堂实施路径，从而共建一个系统的育人体系。第二课堂的有效开展，突出学生为本的理念，注重专业知识的实践，在实施开展中，创新多种实施模式，全面推进素质教育，更好地为社会、为用人单位提供满意的高层次的技能应用型人才。

二、绘本和第二课堂

绘本，作为低幼儿童群体的阅读读物，书中不仅体现出浓浓的趣味性、游戏性和欢愉性，还能用孩子们喜欢的图像语言，及他们能够理解的图画表现手法，向孩子们展现一个神奇的、充满想象的世界。而对于学前教育专业大学生，他们平时该怎样理解绘本，怎样在日后的幼儿园教师工作中，积极引导孩子们对绘本进行感受和理解呢？

宁夏师范学院作为一所应用型师范高校，学前教育专业在培养人才的过程中，主要宗旨即为培养具有学前教育专业知识、热爱学前教育事业，能够在幼儿园及其他学前教育机构从事教育教学、科学研究及管理等方面工作的高素质应用型人才。学院坚持面向基层，培养"下得去、用得上、留得住"的学前教育优秀师资。强化见习、实习、研习一体化的实践教学体系建设，以突出"专业技能+艺术技能"的培养特色，通过"教师工作坊"特色项目等品牌活动，全面提升学生专业教学技能和艺术素养。

在学院人才培养目标的指引下，作为学前教育专业教师，笔者充分思考利用第二课堂的专业技能实践，结合学前教育专业教师教育系列课程中所涉及的绘本理论以及日常生活中学生对绘本的兴趣爱好，将绘本如何在第二课堂中运用和实践进行思考。

三、基于绘本的学前教育专业第二课堂的构建

在日常生活中，经常会听到有人说，有人用童年治愈一生，有人用一生治愈童年。从成人的角度来讲，我们每个人都曾经是儿童，我们过往的历史和眼前的现实都从童年一路走来。这就是为什么绘本这种图文并茂的读物，被认为是可以给0~99岁的人阅读的读物。因为，每个人心里都住着一个孩子，每个人心里的那个孩子都可以跑出来陪他共读眼前的这本绘本。

因此，作为成人的大学生，绘本更适合其阅读，并要从绘本阅读中进行思考和创造。同时，也可阅读关于成人如何看绘本的书，比如柳田邦男先生的《感动大人的图画书》、河合隼雄先生的《绘本之力》等，这些书不仅能让我们了解相关绘本的故事情节画面等，还能让我们认识到绘本的另一面，带给我们成人更多的启发。

在接触学前教育这一专业的过程中，不管是通过幼儿园的见习、实习，自己的双师锻炼，还是观察自己的孩子，笔者发现绘本在家长、教师、大学生以及幼儿的视野中出现的频率还是比较高的。所以，为了更好地和当代充满热情、有创造力的大学生们共同挖掘绘本的价值，特开展第二课堂活动，将绘本和学前教育专业第二课堂进行有效的结合。

实践篇

SHIJIANPIAN

第三章

一起读绘本,还好遇见你

学校坚持立德树人的根本任务,实施"五育并举",发扬"宁师精神",培养造就理想信念坚定、品德修养优良、教育情怀深厚、专业基础扎实、善于综合育人等的应用型人才和复合型人才。而学院确定学前教育专业立足宁夏、服务西部、面向全国,培养德、智、体、美、劳全面发展,身心健康,师德高尚,热爱学前教育事业,具备扎实的儿童发展与学前教育理论与基本知识,拥有科学的保教和研究能力,能够在幼儿园及其他学前教育机构从事教育教学、科学研究及管理等方面工作的高素质应用型人才的培养目标后,开设多样化的工作坊,成为学院的亮点。根据学前教育专业的特点,成立了以儿歌弹唱、幼儿舞蹈创编、三笔字等亮点工作坊,同时基于在学前教育专业有着独特优势的"绘本"这一载体,也进入了开展工作坊的视野。因此,基于绘本,在第二课堂中进行了以下活动实践。

一、开设优秀绘本的艺术欣赏沙龙

朱光潜先生说得好:"许多人在这车如流水马如龙的世界过活,恰如在阿尔卑斯山谷中乘汽车兜风,匆匆忙忙地疾驰而过,无瑕回首流连风景,于是这丰富华丽的世界便成为一个了无生趣的囚牢。这是一件多么可惋惜的事啊!"[1]当代大学生作为社会主义建设的接班人,不应该将人生留下这样的遗憾。所以,我们慢慢走,慢慢欣赏!

优秀的绘本适合0~99岁的人阅读,绘本的最奇妙之处在于能将最具哲理的内容通过最具智慧的方式呈现。而一本优秀的绘本,往往通过文字和图画的结合,透露出作者的多方面的思考,使得拥有不同生活经验和阅读体验的读者都可以读出其中的不同趣味。

一本优秀的绘本,创意是其有效的表达形式,当我们拿起它时,会有耳目一新的感觉,我们不仅会被作者的文字故事的创意所感动,而且插画家的美术设计方面的创意也显得非常重要。因此,我们在欣赏优秀绘本时,可以从文字故事、美术设计、整体呈现、图文关系等方面进行欣赏。

---

[1]闫学. 绘本课程这样做[M]. 北京:中国人民大学出版社. 2017: 84.

(一)文字故事

在众多的绘本中,除了无字的绘本,其他基本上都是以图文并茂的方式呈现的绘本。在欣赏绘本的文字故事的过程中,我们可以从绘本文字、文字叙述、故事意蕴这三方面来领略绘本大师的创意佳作。

1. 绘本文字

被誉为"创意产业之父"的约翰·霍金斯认为,只要一个人所说所做所造是新颖的,无论是'从无到有'还是赋予某物新的特征,创意就存在。如果依据霍金斯对创意的诠释,《数学诗》(图3-1)就是典型的创意绘本,因为这本绘本的很多艺术表现都堪称"从无到有",尤其这本绘本的文字表现部分,更是让人眼前一亮。

图 3-1

首先,看这本书的封面设计,"文字+数学+季节=数学诗!""贝琦·佛朗哥著+史蒂文·沙莱诺绘+林良译=奇妙的数学诗让你欲罢不能"。在所读过的书籍中,这样为书籍命名,这样介绍作者、画家、译者的绝无仅有,真是充满了无限的创意。绘本的内页中也呈现出这样的风格,将"文字""数学""季节"整合在一起,给读者带来独特的艺术享受。

比如内页中,作者将文字和数学相结合,用有趣的文字取代了数字,放在各种数学"算式"里,包括加法(枫叶+水塘=红色的小船)、减法(鸟窝-鸟儿=绳头羽毛树枝树叶)、乘法(蒲公英×风=白色的愿望)、除法(果园÷篮子=成熟的苹果)、几何学等等(图3-2、图3-3)。这种诗意的、充满想象的文字将读者带入了无比美好的意境当中,充满着对生活深刻感悟的同时,又讴歌了大自然的美好。

图 3-2

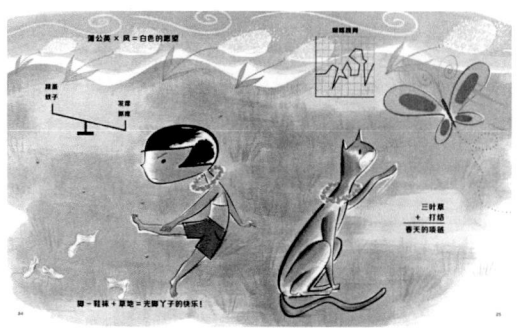
图 3-3

2.叙述方式

朱自强老师说:"绘本富含节奏的叙述方式,能带给孩子更多的乐趣。"[①]通过绘本中叙事节奏的变化,呈现绘本的创意效果,比如比尔·马丁和艾瑞·卡尔的作品《棕色的熊、棕色的熊,你在看什么?》(图3-4),通过"棕色的熊、棕色的熊,你在看什么?""我看见一只红色的鸟在看我。""红色的鸟、红色的鸟,你在看什么?""我看见一只黄色的鸭子在看我。"……这样一问一答、重复的韵律与节奏,一本充满各种动物与色彩的图画书在读者面前便慢慢展开了。(图3-5、图3-6)这本书深受小读者们的喜爱。孩子们可在连锁式的语言和情节中,感受、欣赏语言的节奏性和韵律感,并从中学会各种动物的名称,认识颜色,拓宽视野。通过阅读,不仅学习了语言,更体会到了阅读的快乐。

图 3-4

---

①朱自强.绘本为什么这么好?:全面升级你的绘本认知[M].广州:新世纪出版社,2021:10.

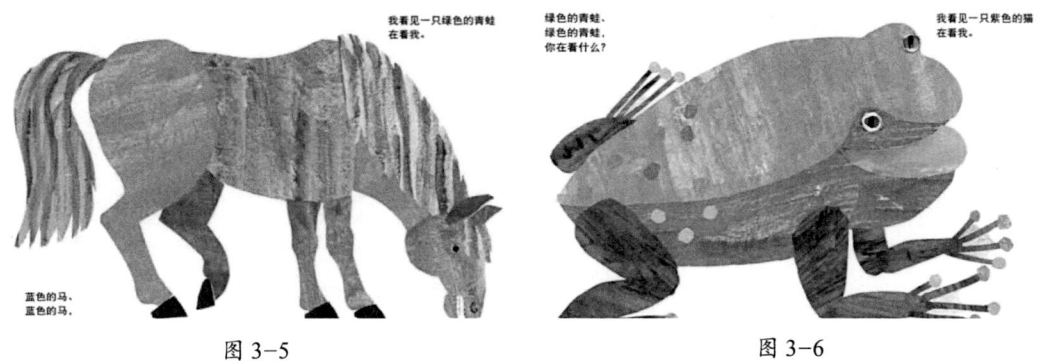

图 3-5　　　　　　　　　　　　　　图 3-6

3. 故事意蕴

意蕴是指艺术作品里所表述的主题、所渗透的情感和理性内涵，是艺术体内的精神能量。[①]绘本中通过文字的描述，表现出来的理性内涵，需要在欣赏绘本时用心地感悟和思考。在体会绘本故事意蕴方面，《爱花的牛》（图 3-7）是一个很好的例子。

图 3-7

《爱花的牛》是美国的曼罗·里夫和罗伯特·劳森的作品，书中所讲故事梗概如下：公牛名叫费迪南，它滑稽有趣、想法多多。它看不上其他年轻公牛之间的顶角和踢腿，总觉得它们太粗野了。它的想法却很特别，最爱的是慵懒地待在一棵软木树的树荫里，慢慢品味树上的花香。后来，从马德里来的一群人中，想专门挑选一些性格暴戾的公牛用在斗牛竞技场进行表演。偏偏不巧的是，费迪南在这个时候被一只蜜蜂叮了一下。它

[①] 朱自强. 绘本为什么这么好？：全面升级你的绘本认知[M]. 广州：新世纪出版社，2021：2.

的那些滑稽举动让这些人相信它就是牛群中最为粗野狂暴的那头。然而，有意思的是，在斗牛场上，它因闻到了女士们帽子上的花香，竟然迷迷糊糊地睡着了。它在斗牛表演中，一直都没能被激怒，甚至把那些斗牛士们给气哭了。于是，费迪南被遣送回了故乡，一如既往地待在那个美丽的树荫下继续沉醉。

这本书的插图被画在整张的单页上，画面风格是黑白画。画中的人物形象、空间构图以及文字与图画之间的搭配关系，是那么融洽、相得益彰。不仅表现出幽默有趣的故事，故事中隐含的意蕴也能发人深省，比如人和动物应该如何相处以及人生的理想等。

（二）美术设计

在绘本的美术设计中，设置"机关"是其中的一种美术设计技巧，可以通过剪切、镂空、挖洞、遮挡、立体图形等方式，使画面出现丰富的变化，展现出空间的效果，比如《海洋的奥秘》《欢乐中国年》《做包子，香喷喷》《光线投影变变变》《我们的身体》等绘本。

《海洋的奥秘》（图3-8）利用纸雕（图3-9）以及翻页和拉页等"机关"（图3-10），层层叠叠展现海洋生态系统。海洋是生命之源。人类已知的海洋生物有30多万种，而据推测，仍有超过1000万种等待被发现与描述。纸艺大师联手动物学家、环保卫士，以极致精细的激光镂空工艺结合翻页、拉页等设计，打造出一座炫目灵动的海洋立体剧场。这样的一座炫目灵动的纸上海洋世界，全景式呈现海洋风貌，知识丰富，科学权威，带孩子从海岸到海洋深渊，层层开启缤纷奇幻的海洋探险之旅，帮助孩子建立起对海洋的立体认知。

图3-8

 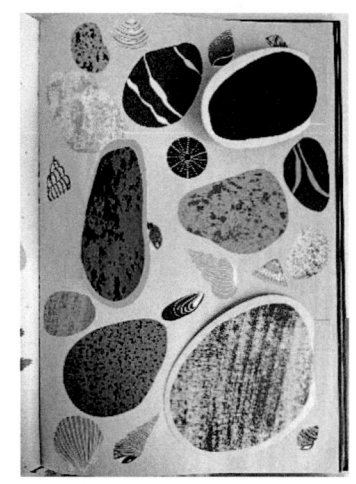

图 3-9　　　　　　　　　　图 3-10

在绘本《欢乐中国年》（图 3-11）中，通过立体翻页的设计，围绕两个小主人公团团和圆圆的春节经历，很好地讲述了整个春节前后的故事，涵盖了：关于"年"的传说，过年前的准备（扫尘、办年货），大年三十（贴春联、贴窗花、换新衣、年夜饭、放鞭炮），大年初一（拜年、压岁钱、逛庙会、看舞龙舞狮）（图 3-12、图 3-13）和元宵节（看花灯、猜谜语等等）。让孩子们充分体验传统中国年那些丰富多彩的年俗，了解春节文化，感受中国传统新年的无穷乐趣及满满的仪式感。①

图 3-11

---

①资料来源：微信公众号"一起读绘本吧"。

图 3-12　　　　　　　　　　　　　　图 3-13

0~3岁亲子游戏纸板书《做包子，香喷喷》（图3-14），通过14个花样翻页，在书上玩做包子，比如设计者巧妙地利用"遮挡—翻开"的方式，让孩子感受到动手的快乐及合作、分享、互助的乐趣，从而在书中体验做包子的快乐。如在包包子时，引导宝贝两手并用，把四个角都折回来，小手的精细动作就能得到锻炼了。

图 3-14

在埃尔维·杜莱的代表作"杜莱百变创意玩具书"系列中的《光线投影变变变》（图3-15）这本绘本中，将镂空、光线、造型、形状等作为游戏元素融入书中（图3-16、图3-17），通过翻翻、触摸、观察等多种体验方式，培养小读者的感知力、想象力和创造力。

图 3-15

图 3-16

图 3-17

在黑暗中打开手电筒，对着空白的墙，在光线的照射下各种形状映到墙面，前后移动图书，影子还会忽大忽小。想象一下，读书变成玩书，变成用手电筒照这个、照那个，孩子会多开心啊。

《我们的身体》（图 3-18）是一本内容全面、好玩的幼儿人体百科书，它能帮助孩子轻松地学习和身体有关的知识，养成良好的生活习惯，比如刷牙、细嚼慢咽等；还能让孩子明确"男女有别"，树立自我保护意识，知道身体是自己的，坚决不能让别人随便触碰，避免受到侵犯。

它是一本好玩的幼儿人体百科，书里巧妙地设置了各式各样的小机关，翻翻、拉拉、转转……吸引孩子动手去玩，充分和书互动起来。

书里有翻翻页：轻轻一翻，关于五官的视觉、听觉、嗅觉、味觉四大感觉系统就展现眼前了，每个感觉系统内还可以继续探索，还有更精细的知识哦。

有拉拉页：小手拉一拉体验下身体长高的变化吧！

有转转页：快乐、难过、生气等情绪都是由大脑控制的，从小姑娘的嘴巴和大脑变化，你感受到了吗？

有触摸页：四个不同的手感体验，宝贝的小手摸一摸，粗糙和扎手的感觉是什么样？甚至还有带香味的页面，宝贝闻一闻，它是什么味？

这里有没有很吃惊,居然还有"羊水袋"(图3-19),宝妈们肯定没有忘记怀孕时宝宝在肚子里拳打脚踢的场面吧!为了让宝贝们了解自己在妈妈肚子里长大的样子,《我们的身体》特别设计的"羊水袋",好玩之余是真实的认知,尊重每一位小读者的好奇心。

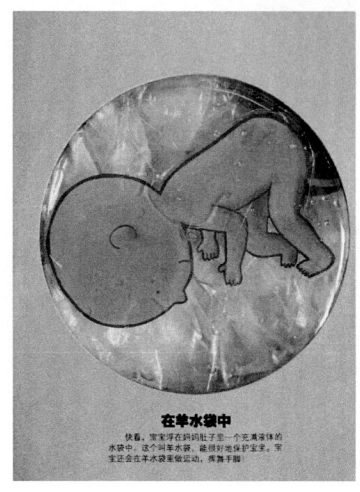

图 3-18　　　　　　　　　　　　　图 3-19

书里的小机关还远远不止这些,这些机关的设计(图3-20、图3-21)既新鲜有趣又寓教于乐,小朋友玩着玩着就轻松学到了知识。科普阅读的意义就在于它是一个认识真世界、认识真我的过程。[①]

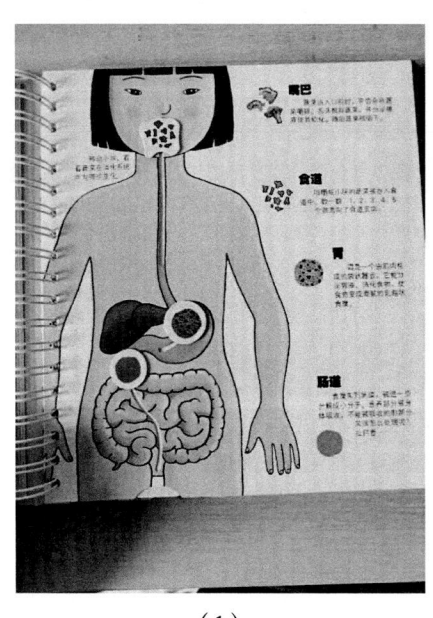
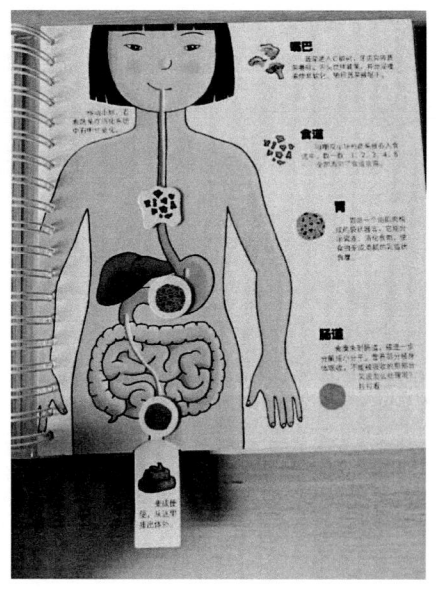

(1)　　　　　　　　　　　　　　(2)

图 3-20

---

①资料来源:微信公众号"Candy 妈妈绘本分享"。

第三章 一起读绘本，还好遇见你

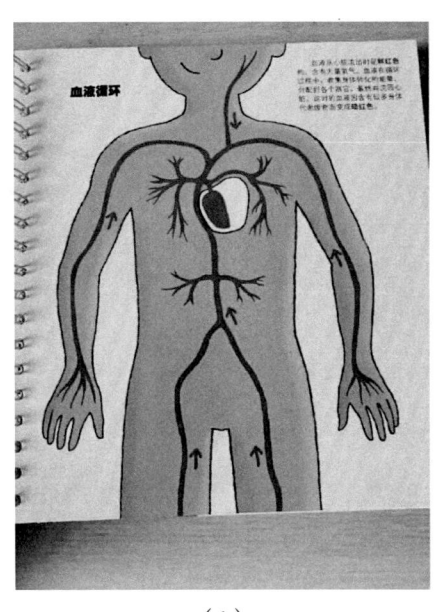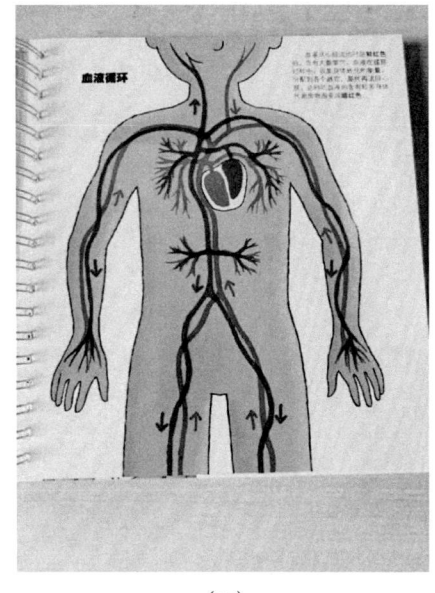

（1） （2）

图 3-21

（三）整体呈现方面

我国的原创绘本《跑跑镇》（图 3-22）风格独特，是一本有魔力的绘本，书中充满了创意和趣味，在整体的呈现上，读者可以跟着哒哒哒的脚步声，把不相关的东西通过快跑的形式，碰撞到一起，然后变成"新"事物。比如"仙人球，哒哒哒……小鱼，哒哒哒……""咣！"它们撞到了一起，小鱼不仅没有受伤，还撞出了一只河豚（图 3-23）。接下来，公主和海豚在哒哒哒的脚步声中，"咣"的一声撞成了美人鱼（图 3-24）。具有韵律感的文字，读起来不仅朗朗上口，而且还特别富有创意。尤其在最后，绘本画面中传递出富有爱意的情感，由爸爸妈妈撞在一起，撞出了非常幸福的一家三口，真是出人意料，让人眼前一亮。

图 3-22

作者从单一的大家熟悉的事物，经过想象和创造，不断挑战思维的极限，从儿童的角度出发，揣摩、感知、想象孩子的感觉，将无限的创意作品展现出来。

图 3-23

图 3-24

附：学生读绘本《跑跑镇》的感悟

奇妙的"碰撞"

——读绘本《跑跑镇》有感

（2019级学前教育1班　赫颖璇）

如果要从众多国产绘本中选取一本最喜欢的，我想我会毫不犹豫地选择《跑跑镇》。《跑跑镇》出版于2015年，初次问世便荣获第四届"信谊图画书奖"图画书创作佳作奖、首届"图画书时代奖"银奖、"陈伯吹国际儿童文学奖"绘本奖。

《跑跑镇》是一本兼具创意与趣味的绘本，通过"哒哒哒"拟声词，将两个不相关的事物联系在了一起；同时，又以变魔法的游戏化形式，串联了快跑碰撞出"新"事物的各种情境。该绘本是亚东与麦克小奎对"碰撞"元素的思索，描绘了在一个名叫跑跑镇的小镇中，居民们都非常喜欢快速的奔跑，跑步时脚上会发出哒哒哒的声音，跑着跑着"咣"的一声就会撞在一起。正说着,这边小猫,哒哒哒;小鹰,哒哒哒。马上就要撞到一起了,它们撞在一起后会变成什么呢?咣!变成了一只猫头鹰。接着是"黑熊"和"白熊"碰撞出"大熊猫","公主"和"海豚"碰撞出"美人鱼","红宝石"和"苹果"碰撞出"石榴","馒头"和"肉丸"碰撞出"肉包子","爸爸"和"妈妈"碰撞出"小宝宝"……原来,在作者的视角下"碰撞"无处不在,世界因"碰撞"而精彩。

说到此绘本,就不得不提其画面色彩所呈现出的视觉冲击力,比如图画颜色的搭配,每一个翻页之间,左右两幅图画的颜色均有关联,比如绘本跨页1和跨页2就紧紧承接了绘本封面的颜色。也正是这种潜在的内在联系使整本绘本更加引人入胜,让人眼前一亮。

与此同时,这本绘本深受大朋友们和小朋友们的喜爱。作为一个20岁大朋友的我,也因《跑跑镇》第一次感受到了绘本世界的魅力。于是,我便尝试将其作为一次幼儿园语言教育活动运用于模拟试讲,同样也让大学同班的大朋友们感受到了"跑跑镇"的奇妙有趣。这本绘本也可以应用于"亲子共读",构思巧妙的故事定能引起幼儿的好奇,家长可以通过让幼儿猜想故事情节,发散幼儿的想象力,使幼儿的思维得到开阔,进而增强幼儿情绪情感体验,激发对图画书的兴趣,为日后的学习奠定良好的基础。

绘本出版短短几年深受大众喜爱,于亚东和麦克小奎而言,这是对他们创作最大的认同和鼓励,也更加坚定了他们的创作信念。因此,《跑跑镇》也出版了相关音乐——《跑跑镇之歌》,由绘者麦克小奎亲自演唱。亚东和麦克小奎继《跑跑镇》后,再度联手出版了《超级跑跑镇》《睡睡镇》。《超级跑跑镇》顾名思义是《跑跑镇》的续集,它延续了《跑跑镇》的设计理念,而《睡睡镇》则重在让读者感知生命周期的变化,描绘了一个名叫睡睡镇的小镇,居民们都喜欢睡觉,睡醒后就大变样的故事。

如果要用一个词来概括《跑跑镇》,我想我会选择"碰撞",亚东和麦克小奎思想"碰撞"产生了《跑跑镇》,跑跑镇上两事物"碰撞"变成了新事物,而我与作者思想间的"碰撞"变成了以上指尖流动出的文字。

(四)文图关系

在绘本的文图关系方面,通过文字的描述使画面发生改变的,要属法国童书作家爱德华·蒙松著、重庆出版社出版的《挠挠大怪物》(图3-25)这本超具创意的绘本了。全书从头至尾以孩子的口吻与一个大怪物对话,在阅读过程中幼儿可以根据语言的提示,用手不断去触摸大怪物、挠挠大怪物。在边说边挠的过程中,大怪物逐渐解体,同时又不断被组合成新的图形,非常有趣,游戏性超强。

图3-25

这本绘本采取竖开本的设计，将画面聚焦于主角身上，引领读者关注大怪物的变化过程。封面以书中的主角——张牙舞爪的大怪物为封面，深深吸引读者的目光，让读者产生想要进一步展开阅读的欲望。尤其这个主角是由不同颜色和不同形状组合而成。封面通过主角的大比例表现出它现在的地位和情势是比较强的一方，我们可以慢慢从后面的故事来发现它设计的奥秘。

　　绘本的背景色是黑色的，通过封面上大怪物的表情让小朋友感觉到害怕和恐惧的情绪。内文作者时而采取图文分页，让画面可以完整呈现静谧气氛，时而图文合页，用来逐渐推进故事情节的发展。在故事发展的过程中，大怪物的比例不断变小，也在说明它的地位在发生变化，它的情势也在变弱。小读者们每挠一个部位，它就变成新的组合，比如小房子、小汽车等，特别有趣！绘本采用的文字也都是比较生动的引导性强的文字，如"我现在要挠一挠你胳肢窝下的痒痒肉……"，在阅读的过程中，可以更好地激发幼儿继续读下去的兴趣，对低年龄段幼儿的语言发展有很大的促进作用。[①]

　　在亲子阅读的过程中，尤其看到孩子跟着父母所读文字的指示挠挠大怪物的犄角，再看到大怪物的犄角掉下来变成天上的月亮。在边听边参与的过程中，大怪物逐渐变化，新的东西（小房子、小汽车等）不断出现。富有创意的构思、设计巧妙的结尾，真是出人意料，让人欢喜。当孩子们认识到他们亲自参与，变身成了战胜大怪物的英雄，这让他们的内心更是得到满足和自豪。

　　日本绘本大师松居直对绘本的文图关系用乘法关系的数学算式进行说明，从而揭示了绘本文图关系的普遍规律。除无字绘本外，绘本中都会有文字和图画，充分地利用文字和图画的长处，规避两者短处，文字和图画两者之间相互取长补短，创作出来的绘本形成互利互惠、和谐相融的画面，只有这样绘本才会呈现出独特性，真正地为孩子呈现不一样的想象世界。

　　一本优秀的绘本，要有精彩的贴近孩子的生活经验故事，要有有趣的会讲故事的图画，要有简洁清晰朗朗上口的叙述和生动活泼的对话。这样的绘本才能真正走进孩子的心灵，成为孩子感受和审美的对象。作为儿童阅读的辅助者，成人可以把这本绘本放心地交给孩子去慢慢品味和欣赏，不必急着考量他们有没有读懂。因为几乎每个孩子都有可能遇到这个故事中类似的情境：不被欢迎，不被接纳；或者刚好相反，处于强势地位时要考虑是否接纳和自己不一样的人。无论他们处于弱势还是强势，这些故事已经在他们的心里埋下了一颗种子，让他们看待世界时有了不同的视角和态度，那么，他们就会有力量、有胸怀去拔除或者软化自己心里的那根刺，这恐怕就是文学的力量、阅读的力量吧。

[①]资料来源：微信公众号"咸阳市秦都区秦都花苑幼儿园"。

二、绘本阅读分享活动

童年是多么的美好,多么的令人向往,著名诗人、英国儿童文学桂冠作家——迈克尔·罗森在给童书下定义时认为,童书并不完全是为孩子创作的书,而是介于儿童世界与成人世界之间的中间地带。无论如何,所有的童书都要涉及这一中间地带。[①]罗森的定义就解释了儿童书籍为何仍如此受到成人的喜爱,不仅仅是因为绘本属于"中间地带"提供了一个通道,让成人重新回到儿童时期那永恒不变的事物中,同时绘本作为童书中的一种,不仅反映了孩子们生活的真实世界,也展示了不同人千差万别的童年,它不仅能带给人们欢乐,还能教育儿童,提高其文化素养。绘本中与插画一起呈现的故事,能让成人读者朋友迅速走进他们的孩童时期,这一点是其他读物很难做到的。

本书将带领读者踏上伟大、富有创造力的旅途,走进那奇幻、神秘、冒险、历史与现实交织的世界。不管绘本的形式是文字、图画,还是两者都有,相信这些绘本不仅是孩子们的最佳选择,也是大学生们的最佳伙伴,因为它们可以再次带领他们回忆、拥抱一个充满想象力、充满故事的美好童年,也将带领他们了解当今世界上最棒的绘本作家和插画家。

(一)在阅读中回望自己

人在成长的过程中会接触到各种各样的读物,而作为大学生,在阅读绘本的过程中,也会遇到一些"好玩的"绘本,如果将这些绘本呈现给孩子,孩子们会和这些"书"亲密接触,无拘无束地和它们玩起来。那么,这一类的绘本,我们可以把它们称为"低幼绘本"。优秀的低幼绘本会用它们的色彩、造型、构图、功能等吸引孩子的注意力,如洞洞书、翻翻书、触摸书、音像书等等,而成人要做的就是引导孩子"玩起来",至于玩多久,那要看孩子自己了。

我们关注"低幼绘本"不仅是因为教育需要打牢基础,还有一个原因是,绘本在适用年龄上是"没上限"的。所谓的"没上限"就是一本绘本不仅孩子喜欢看,成人也喜欢看,就像绘本的宣传语中说绘本适合0~99岁的读者阅读。绘本是富有趣味性、游戏性的读物,拥有这些好玩的特点,成人怎么能不动心呢?而且那些看起来很简单的低幼绘本其实有很多有趣的东西,对成人来讲也是有价值的。阅读就是这样的,随着年龄的增长、知识的积累、经验的丰富、能力的提升,读者会不断地从同样的内容中发现新的东西。刚好可以在自己阅读或者陪伴孩子阅读的过程中回望一下自己的童年,丰富一下自己的阅读感受。

---

① 埃克谢尔.长大之前一定要看的1001本童书[M].陈小齐,等译.北京:中国画报出版社,2018:9.

阅读示例1

1. 绘本信息

书名：从头动到脚

作者：[美]艾瑞·卡尔

译者：林良

出版社：明天出版社

2. 作者信息

艾瑞·卡尔，是闻名世界的图画作家，他的图画书作品深受幼儿的喜爱。艾瑞·卡尔出生于1929年美国纽约州的锡拉丘兹，父母是从德国到新大陆打拼的年轻移民者。六岁以前他的生活一直充满无忧与欢乐，幼儿园阶段接受自由开放的学习风气，园内的环境宽大明亮，让他尽情地挥洒与涂鸦，他的创作天分很快被老师发现，老师正式邀请他的母亲到学校，希望母亲能够重视他的才能，并且能够给予他支持与鼓励。

他年近四十才开始创作图画书，迄今为止，已经创作了《棕色的熊，棕色的熊，你在看什么？》《1，2，3，去动物园》《好饿的毛毛虫》《好忙的蜘蛛》《爸爸，我要月亮》等七十多本色彩缤纷的拼贴画风格的图画书，被翻译成三十多种语言，小读者遍布世界各地。2002年12月，他的个人美术馆——艾瑞·卡尔图画书美术馆在马萨诸塞州开馆，这也是美国的第一个图画书美术馆。

3. 绘本内容简介

绘本《从头动到脚》中，艾瑞·卡尔用独特的拼贴画，画出了大象会跺脚、大猩猩会捶胸、野牛会耸肩膀等十二种不同动物的"招牌动作"，并以"我是……，我会……。你会吗？""这个我会！"的重复句型，邀请孩子一起来转头、弯脖子、摆动胳膊，让孩子在玩乐中学会认真倾听、集中注意力、听从指挥……通过《从头动到脚》，孩子们可以熟悉各种身体部位及动作的名称，充分发挥想象、发现与思考的能力。更重要的是，在一次次地大声重复"你会吗？""这个我会！"下，孩子们能够建立起基本的自信心，在自信、愉悦的状态下，主动学习舞蹈、律动、体操以及其他更复杂的运动技能。

4. 获取信息与推论想象

封面与书名页

（1） （2）

图 3-26

从封面和书名页的画面对比来看，左边是大猩猩，右边是小男孩，两者是同一个动作：一只手指着头，另一只手指着脚，充分展示出了身体的两个重要的部位：头和脚，对于身体的认知和身体的教育，是先于书本知识的教育的。利用身体教育能让孩子充分活动起来，对于孩子来讲，这是他们获得身体快乐和生命快乐的重要源泉。在人的整个身体中，会有很多重要的身体部位，我们继续看一下，动物和人的互动中，还会涉及哪些部位呢？

内页

第 1 幅画面①

图 3-27

---

① 为保护绘本版权，本书中的画面排序并非与原绘本页码一致，作者已经进行了处理。

不管是动物还是人,头部都是非常重要的部位,转头这个动作是经常发生在动物和我们身上的。而孩子又有喜欢模仿的天性,刚好,就可以在边说边做动作的过程中,和孩子一起活动起来。

第 2 幅画面

图 3-28

长颈鹿的长脖子是它的典型特点之一,而弯脖子也是身体运动的一个非常经典的动作,和孩子一起用语言:"我是长颈鹿,我会弯脖子,你会吗?""这个我会!"一起和孩子玩起来吧。

第 3 幅画面

图 3-29

野牛耸肩、猴子摆动胳膊、海豹拍手、大猩猩捶胸,快跟孩子一起从头到脚动起来吧!这样不仅增进亲子关系,还能让孩子认识更多的身体部位。

第 4 幅画面

图 3-30

学鳄鱼扭扭屁股,学骆驼跪下来,学驴子踢后腿,学大象跺脚,我们都在学动物做动作。那么,有一天,我不再模仿了,我也真正地做一次自己,让动物朋友模仿一下,这真是充满趣味性又有意思的互动游戏。

5. 线索联想与统整

从头动到脚,从动物到人类,从转头到弯脖子,再到最后的动动脚趾头,这是一本充满趣味性、游戏性,可以陪孩子一起互动游戏的书。艾瑞·卡尔用独特的拼贴画,画出了大象会跺脚、大猩猩会捶胸、野牛会耸肩膀等十二种不同动物的"招牌动作",并以"我会……,你会吗?"和"这个我会"的重复句型,邀请孩子一起转头、弯脖子、摆动胳膊等,让孩子在玩乐中掌握一些重要的技能,比如认真倾听、集中注意力、听从指挥。1~2 岁的幼儿喜欢模仿,大人的各种动作他们也会模仿,比如当妈妈做家务时,他们会跟着,学着大人的样子打扫卫生,也会学着大人的样子看书。在这个时期,爸爸妈妈要鼓励孩子多模仿,充分发挥孩子的模仿力。爸爸妈妈可以陪伴孩子阅读这本《从头动到脚》,一起模仿书中的动作,增进孩子的大动作发展。

6. 发展意义

每个幼儿都有很强的模仿能力。通过模仿,幼儿可以学到许多东西,还可以培养动作的灵敏性和协调性以及思维能力和表达能力,对身心发展有很好的促进作用。

别看这本绘本画面简单,文字又少,但孩子们很喜欢,因为身体的活动能给他们带来精神上的愉悦。很多成人也很喜欢,在陪伴孩子阅读的过程中,不仅让孩子了解人的身体部位知识,还能让成人和孩子一起动起来。由此,充满欢笑的亲子互动画面扑面而来。

阅读示例2

1. 绘本信息

书名：开灯关灯

作者：［日］齐藤忍

译者：周龙梅

出版社：长江少年儿童出版社

2. 作者信息

齐藤忍，1966年生于日本大阪府堺市，京都嵯峨艺术大学西洋画专业毕业。曾任织物图案设计师，后进入国际美术学院绘本教室学习。现在，一边创作绘本，一边在亲子绘本教室教孩子和大人制作绘本，做绘本推广活动。著有《小一的一天》《食物和五十音图》《一二一，一二一》《十二属相之歌》《睡前的吻》《章鱼丸子幼儿园》等多部作品。

3. 绘本内容简介

这是一本能让0～3岁婴幼儿和爸爸妈妈玩起来的互动纸板书，模拟了孩子们爱玩的开关灯游戏。为了让游戏玩起来更有趣，书里增加了百分百还原关上灯后黑乎乎的只能看到猫咪眼睛的洞洞。在游戏过程中，孩子不仅能翻翻抠抠玩起来，还能在故事中理解圆形的特点，感受开灯关灯后的惊喜。

4. 获取信息与推论想象

封面

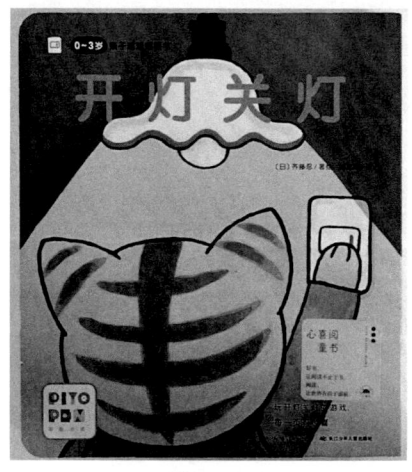

图3-31

图中一盏灯下，一个小动物背对着读者在按灯的开关，"开灯关灯"这四个大字，映入眼前,到底发生了怎样的开灯关灯的故事呢?接下来我们一起欣赏一下这本绘本的精彩画面。

内页

第 1 幅画面

图 3-32

画面左边是小动物的影子,右边是灯的开关。有人来了,谁来了?啪嗒一下,开开灯看一下吧!于是小手就可以放到开关上,把灯打开。看到小动物的眼睛上面是两个洞洞,小宝宝可以用手感受一下圆形,通过看小动物的影子,猜一猜这只小动物是谁吧。

第 2 幅画面

图 3-33

打开灯,就能看到小动物了,原来是小猫妹妹,小宝宝猜对了吗?通过这种看影子猜是谁的游戏,增加了阅读的神秘感,充分激发幼儿的阅读兴趣。小猫妹妹在问:"你好!"这时,小宝宝也可以和小猫妹妹打声招呼呢。

第 3 幅画面

图 3-34

小兔妹妹、大象姐姐陆续来到了家里,原来他们是来参加派对的,为了更好地营造过生日的欢乐氛围,大家一起把蜡烛吹灭,家长和孩子一起吹蜡烛,是很好玩的一件事,孩子们还是很愿意参与其中的。

第 4 幅画面

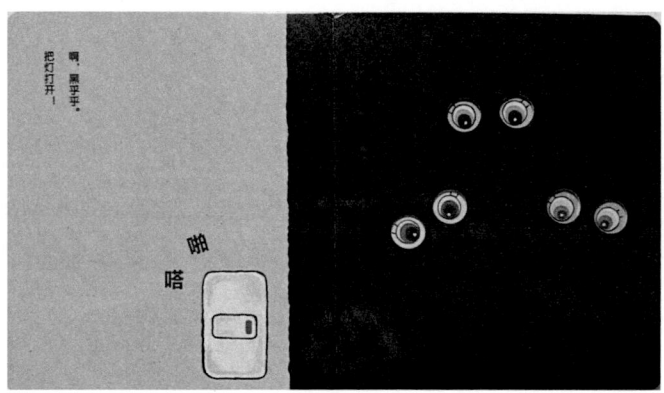

图 3-35

蜡烛吹灭了,屋子一片漆黑,"啪嗒"一下快把灯打开。这时,小宝宝可以用手抠一下这三只小动物的六只眼睛,再次感受一下圆形。

第 5 幅画面

图 3-36

黄色的背景，鲜亮的颜色，笑容满面的小动物们，它们一起开派对的欢乐画面，尽显在读者面前，相信通过在书上玩开灯关灯的游戏以及用小手指感受圆形，孩子们的内心也是很开心呢。

5. 线索联想与统整

绘本《开灯关灯》是孩子和家长在书上玩开灯关灯游戏的书。故事其实从封面就开始了：这是哪只小动物的小脑袋？家长可以按照书上的文字读给孩子。谁来了呢？按照书的右下角一行小字的提示去做：按开关把灯打开。在翻页之前，不妨和孩子停顿一下，一起猜猜：尖尖耳朵，圆圆脸，一闪一闪的大眼睛，这是谁？可能作者给出的线索并不多，没关系，最重要的是让孩子发挥自己的想象力去说，孩子天马行空，充分发挥想象力，说出自己猜出来的小动物名称。那么，到底是什么呢？翻开翻页，揭晓答案吧！

是小猫妹妹！小猫妹妹，欢迎你。小猫妹妹说："你好！嗨，是谁在说'小猫妹妹，欢迎你'呢？是你吗，宝宝？"这是一本让家长和孩子作为主人公，和书中的小动物互动的书，真有趣，好玩！

再往后面读，我们才知道，噢，原来是小动物们来"宝宝家里"参加派对。一本非常适合和孩子一起角色扮演的游戏书。读完之后，不妨把书中的内容表演一遍吧。可以让孩子扮演各种小动物，家长来猜，也可以反过来。最后，不妨也和孩子一起开一场欢乐的家庭派对吧！

6. 发展意义

有那么一段时间，孩子特别喜欢按各种开关、遥控器、电梯按键……手指一按，啪的一声，灯亮/关了、电视开/关了、电梯到达指定楼层……这是一件多么神奇有趣的事情，通过自己的行为，使得某件事发生了某种变化。

除此之外，也有一种获得了新技能的自豪感不是吗？在这些体验中，开灯关灯尤其好玩，由黑暗变光明，看不见的东西又出现，看不清的东西又看清了，带有某种惊喜突然出现的感觉。

绘本《开灯关灯》充满了趣味性和游戏性。首先,读者参与的乐趣,小读者会以为是他自己的行为使灯发生了变化,因而参与度特别高。其次,是游戏的乐趣。整个阅读过程对幼儿来说就是玩。让幼儿充满期待的过程是对幼儿思维的一种训练,是对心理预期的一种利用,就像施了魔法一样。所以,这种能够让幼儿产生预测的绘本,能给幼儿带来极大的阅读乐趣,最重要的是能不断给幼儿带来惊喜。不要说幼儿了,就是我们成人,看完之后也觉得很好玩,有种马上给幼儿分享的冲动呢。

(二)在阅读中丰富想象力

不管是图文并茂的绘本,还是无字的绘本,当读者翻阅时,总会在图画面前驻足片刻,观看、猜想图画中蕴含了哪些韵味。尤其是幼儿,通过发挥其想象力,才能让阅读从对图像的外部观看进展为内在思维与感受的心灵活动。而作为大学生群体,也可以从绘本中开启想象力,体验阅读的畅意自由。

阅读示例

1. 绘本信息

书名:米莉的帽子变变变

作者:[日]喜多村惠

译者:方素珍

出版社:未来出版社

2. 作者信息

喜多村惠,1956年出生于日本,受当地文化的影响,他从小就喜欢读卡通漫画,在进行绘本创作之前,喜多村惠并没有接受过专业的绘画训练。他的绘本绘画材料也非常简单,只有钢笔、墨水和水彩颜料。都说绘画工具决定绘画风格,喜多村惠乐于使用颤抖的钢笔线条、蓝紫的水彩色调表现场景。因此,他的作品都呈现出卡通漫画的风格特色。

喜多村惠被《星期日泰晤士报》评为"全球最具独创性的、格调鲜明的童书插画家之一",代表作品有《生气的亚瑟》《小羊睡不着》《莉莉去散步》等,都是多彩有趣而富有深刻内涵的好故事、好作品。

3. 绘本内容简介

不用钱就可以拥有一顶漂亮的帽子,这不算什么稀奇,但是不用钱还可以拥有一顶能够变换各种尺寸、各种款式、各种颜色的帽子,这是不是很神奇?米莉的帽子就可以!如果你也想有这样的一顶帽子,那么,就跟着米莉的小脑袋一起,开始天马行空的想象吧!

4. 获取信息与推论想象

封面

图 3-37

通过观察，不难发现，绘本的封面有一位活泼又充满朝气的小女孩，而看到封面上的文字"米莉的帽子变变变"，一下子就可以猜出，这位俏皮可爱的小女孩就是米莉。图中米莉的头上，戴着一顶极不普通的帽子，这顶帽子我们从来没见过，帽子上有花、小鸟、小房子、星星和树。在她的身旁还围绕着蹦蹦跳跳的小兔子和松鼠。画面远方，则由建筑、田野和树木作为背景，整幅画面充满了自然的气息，尤其是嫩黄色的小路给人以轻松愉快之感，充满了希望和活力。从画面占据的篇幅来看，她那缀满花朵的帽子，占据了画面的一半，好像整个世界都包容在了那顶神奇的帽子里，那么，米莉的帽子怎么这么神奇？她是怎么拥有这顶魔法帽子的？这顶神奇的帽子究竟是怎么"变"的？它究竟还有什么秘密呢？作为读者，可以发挥想象力猜测一下故事的内容，带着这份好奇与这本绘本温馨相遇了。

序页

图 3-38

序页中又出现了一顶帽子和"米莉的帽子变变变"这八个字，背景换成了纯白色，给读者更多的想象空间，在此处出现的这顶帽子为什么是这样的呢？字体采用了自由的连体，最后一个"变"字变得很大很酷，作者为什么这样设计呢？让我们继续往下看。

书名页

图 3-39

在高楼林立、车水马龙的大街上，米莉的帽子怎么变成了一座摩天大厦？它高过身高数倍，也比身后的高楼大厦更高耸更漂亮，这真是顶神奇的帽子，到底她是怎么变的呢？是不是米莉看到眼前的高楼大厦，然后突发奇想把高楼大厦变成自己的帽子的？当然，此处的文字依然是自由的连体，最后的"变"字变得很大，是不是和米莉帽子变高变大相对应的呢？图文的协调一致，相互互补，构成了一幅和谐、完美的画面。

内页

第 1 幅画面

图 3-40

米莉走在放学的路上，路过一家帽子店，看到橱窗里摆着很多帽子，而它最喜欢的帽子就是那顶插着彩色羽毛的帽子（解开了序页所画那顶帽子之谜，原来是这顶帽子，促使米莉发挥想象力，让帽子在变变变）。于是，米莉走进了这家装饰精美的帽子店。从整幅画面上看，马路上逗留的小狗，窗台上摆放的鲜花，来往的汽车，道路上的下水道，等等，为读者呈现出一个生活气息浓厚的街区生活画面。

第 2 幅画面

图 3-41

米莉走进这家帽子店，看到店中摆着多种男女帽子。而画面中的店员，从他西装革履的穿着打扮上，就可以看出应该是一位很有涵养的男人。

而观察画面，可以发现三幅小图动态地展示了米莉和店员互动的画面。第一幅图中传达出店员威严以对，第二幅图店员弯下腰，很有礼貌地和米莉互动，第三幅图店员望向天花板凝思遥想。也许就是这样传神的动态和互动的画面，为后面店员让米莉发挥想象力，让她的帽子变变变埋下了伏笔。

通过文字和画面，不得不提一下店老板的态度：一脸正经的店老板，穿着西装，打着领带，站在高级精品店的柜台后面，令人望而却步，但是天真的米莉，却敢问她可否试戴那顶彩色羽毛的帽子，店老板礼貌地说没问题，还尊称米莉为"女士"，并夸赞米莉很有眼光，当然最有趣的对话是米莉问他有便宜一点的帽子吗？他仍然彬彬有礼地问她多少钱比较合适。

第 3 幅画面

图 3-42

米莉试戴了那顶帽子，真的很漂亮，可米莉没有钱，一分钱也没有。看着可爱的米莉，店员不忍让她失望，想到了一个非常非常棒的主意，他进入商店的后面，拿回一个盒子。告诉米莉，这里面是一顶神奇的帽子，它可以变成你想要的各种尺寸、形状和颜色，你唯一需要做的就是运用你的想象力。

盒子里面装着一顶看不见的、需要想象的"帽子"，店员小心翼翼地把这顶帽子戴在了米莉的头上，米莉用同样的看不见的、需要想象的"钱"交换了这顶帽子。这一幕有如"办家家酒"的画面，让读者相当感动，店员不但有童心，而且懂得尊重小小的消费者，懂得如何保护好孩子的好奇、尊严和想象力。

当看到这幅画面时，作为大学生的读者们谈了他们的感受，有的说："这个店员真好，在知道米莉没有钱的情况下，他不但没有任何怨怒，还郑重其事地替米莉想起了办法。然后，认真地取出那顶他想到的神奇的帽子，小心翼翼地给米莉戴上，认真地收下米莉付的钱。他们玩的仅仅是个假扮游戏，从中我们可以感受到店员对孩子的理解体贴和接纳，这才是懂孩子的成人。孩子都喜欢玩假扮游戏，在游戏中得到自我认同和自我满足，既符合孩子的身心发展又促进孩子的心理成长。"还有的同学说："米莉可真幸运，可爱的店员用自己的童心和想象力，催生了米莉想象的萌芽，激发起了米莉潜在的巨大想象力，这让米莉可以天马行空，任意驰骋。店员是米莉想象力的启发者、引路人，试想一下，如果当时店员大声呵斥，把没有钱的米莉轰出店去，米莉之后的孔雀帽子、蛋糕帽子等等都将不复存在。希望所有的孩子身边都有像这位店员一样保护孩子想象力的保护神，为他们的成长引路，为他们的未来筑路。"

第 4 幅画面

图 3-43

走出帽子店后,米莉就开始了自己的想象之旅。"我现在必须想象它看起来是哪一种帽子。"也就是说再现一种想象中的帽子,或许是彩色羽毛的帽子,或是更多羽毛的……于是,米莉的想象开始了,作为读者的你,是不是也可以跟着米莉一起畅游在充满想象的世界里了呢?店员先生用他的童心和智慧向米莉传递了"想象之帽",这项奇特的帽子激发出了米莉潜在的想象力,之后的精彩故事围绕着米莉的新帽子展开。

第 5 幅画面

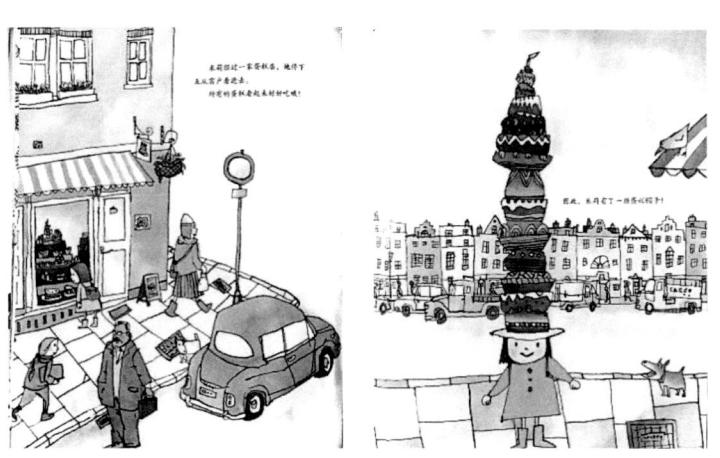

图 3-44

接下来,书中的很多画面都围绕米莉的想象。比如米莉路过蛋糕店时,看见美味的蛋糕就变出了一顶高大的千层蛋糕帽子。这一部分值得一提的是米莉的渴望,米莉想吃蛋糕的渴望促使米莉戴上了蛋糕帽子,体现的是儿童内在驱动对想象力的影响,也就是儿童对事物本身产生的兴趣,这样的兴趣对想象力发展起着重要作用。蛋糕是米莉眼睛所见之物,是现实生活在儿童脑中的投影。

尤其看到画面中的细节部分，有蛋糕店的店面信息、墙面上的店牌、立地的广告、房檐的牌匾鲜花和门牌号，还有进店的脚垫。路边站立的那位男士，若有思索的样子，是闻到了蛋糕的味道吗？是犹豫不决吗？以及路边的小狗出现在这两个画面中，就像是那几只小鸟看到了米莉的千层蛋糕了吗？有一只小鸟跟踪而来了！

第 6 幅画面

图 3-45

看到这一页发现，熙熙攘攘人群中每个人都有自己的帽子，而且全都不一样哦！有河马帽、恐龙帽、长颈鹿帽、袋鼠帽等，说明每个人的想象力都是不同的。很明显，米莉的想象从自我延伸到了他人，她的观察对象也发生了转变，由单一的物品到宏大的场景，再到复杂的人。她能够自主地对他人情绪和思维进行观察，说明想象已经由客观世界进入主观世界，体现了想象力从具象到抽象的转化。作为读者，你也可以将自己置身情境之中，大胆地发挥想象，想象一下你的帽子是什么样子的呢。

第 7 幅画面

图 3-46

看到这一页，画面感扑面而来，实在太让人震撼了，米莉的头上不仅仅顶的是帽子，更是她那充满变化的想象世界。看画面中米莉的表情：心情大好，愉快地唱着歌，而她的帽子也随之高歌。再看看帽子上出现了什么呢？有鸟、树、房子，还有钢琴。真是想象力十足的画面啊！

经历了这一段神奇的想象之旅，米莉的想象到达了创造的阶段，这一顶帽子蕴含着大千世界，甚至会唱歌了，有了声音，更加丰富多彩。她的想象已经不局限于事物的具体类别、形状、形式，展示出了儿童想象力的独特性和新颖性。

"创造"是一个从无到有的过程，饱含着本体强烈的主观意识和情感，完全脱离了现实的影子，对于儿童而言这一步发展有着质的飞跃，摆脱了单纯的模仿复制，开始进行更为有趣的创造过程。

第 8 幅画面

图 3-47

这一页米莉看到爸爸妈妈的时候，问他们："你们喜欢我的帽子吗？""帽子？"妈妈说，"没有看到啊！"突然，妈妈停了一下，微笑着说："哦！真的是一顶很神奇的帽子，我真希望自己也有这样的帽子呢！"米莉说："你有啊！你只要想象，它就会戴在你的头上。"在米莉和妈妈的对话中，文字"停了一下"运用得恰到好处。正是她的配合，明明没有看到米莉头上有任何帽子，却突然会心一笑，希望自己也有一顶和米莉一样的神奇帽子，这是肯定米莉的想象力，保护了米莉的想象力。作为家长，米莉爸爸妈妈的态度也很值得家长们学习。从米莉回答妈妈的话中，我们也能想起店员先生的话，店员把"想象之帽"传递给了米莉，米莉又将戴上"想象之帽"的方法教授给了妈妈，形成了一个"想象之帽"传递的链条。

幼小的孩子身上，拥有想象力是一件非常难得的事，当然，这得益于孩子身边大人的细心呵护和培养。绘本中店员的做法和米莉妈妈的做法都是对米莉想象力的保护和呵护。佩服米莉妈妈的教育机智，给了米莉积极肯定的回应。成人对孩子想象力的认可非常重要，孩子的内部驱动决定了兴趣的发展，而兴趣的保持便得益于外部的反馈和认可，希望孩子们都能得到社会和家长的鼓励和精心呵护。

第 9 幅画面

图 3-48

看这一家人,每个人都有自己神奇的帽子,而且每个人头上的帽子,看起来都很可爱呢!那么,读者朋友们,也可以展开天马行空的想象,给自己戴上一顶喜欢的帽子吧!

第 10 幅画面

图 3-49

米莉睡着了,她头上仍然有顶可爱的帽子,不过,帽子上的动物也睡着了,就连家里的小猫头上也有了帽子呢!再看米莉睡着时候的表情是那么的安心与宁静。米莉真是幸运,遇到了用自己童心和想象力,开启她想象大门的店员先生,让她天马行空,任意驰骋,更幸运的是,她有一位富有想象力的妈妈,鼓励和肯定她的想象力,让她继续插上想象力的翅膀,快乐地发散思维,获得无限愉悦。

5. 线索联想与统整

在以直线进行的叙事结构中，可以发现米莉的帽子变变变是整本书的关键，掌握帽子的变化就可以了解到此书的主题：想象力。米莉想要一顶插着彩色羽毛的帽子，可是她没有钱，可爱的店员并没有因此而瞧不起米莉，相反，他送给她一顶"魔力"的帽子。所谓的魔力就是想象力，你希望你的帽子是什么样子的，它就是什么样子的。一路上，帽子变成开屏的孔雀、好吃的蛋糕、美丽的花朵……之后，她发现周围的人也戴着各式各样特别的帽子。奇特的想象，丰富的画面，是这本书的独特魅力。从故事开始到结束的情境对照中，也能体会到作者所传递的信息：我们每个人都有丰富的想象力，这是人类的本能，特别是孩子们的想象力更加丰富。而孩子想象力的保持除了孩子自身的内驱力之外，还应有外部环境中，如教师、家长、社会人士对孩子想象力的鼓励和认可。作为成人，也可以在阅读结束后，接过米莉的"想象之帽"，为自己戴上这顶"想象之帽"，打开想象之门，开启想象之旅。

6. 发展意义

绘本《米莉的帽子变变变》不仅用绚丽美妙的颜色给小朋友展现了一幅丰富多彩、美轮美奂的想象画面，还鼓励孩子拒绝平庸，激发孩子们的多彩想象，让孩子们快乐地发散思维，培养他们的无限创造力、观察力和想象力，是启发智慧的良作。在本书中米莉是一个天真活泼善良的小女孩，没有因为得不到帽子而沮丧，反而通过自己独特的思维方式，完成自己想要一顶帽子的心愿，文中米莉乐观积极的生活态度更值得我们所有成年人学习。尤其米莉的帽子变化了很多次，在帽子进行变化的同时，米莉的想象力也随之发展、演化，帽子的变化顺序体现了儿童想象力的内在发展过程。

儿童时期是一个人想象力形成和发展的关键时期，而孩子的想象力为其本体所带来的一系列变化，将影响孩子的一生，一定程度上决定着孩子的人生发展方向。想象力是儿童天性的外在表现，通过这种表现，成人可以了解探索孩子的内心世界。从这本绘本中，我们看到故事中的大人对米莉天真幻想的悉心呵护。其实每个人都有一顶这样的帽子，我们心中所想，就是"帽子"的体现。就像爱因斯坦所说："想象力比知识重要。"有了想象力才能不受现实的局限，触动奇思妙想，才有创造与发明的无限可能。尤其作为具有想象力的读者，从想象力开始，与作者神游，爱上阅读能让心灵翱翔的独特魅力，你会穿梭在现实和想象之间，深刻体会阅读的美好。

（三）在阅读中学会做自己

许多人有偏见，觉得绘本能有什么思想深度呢，有一部分绘本确实只适合婴幼儿阅读，但是有很多好的绘本，能征服所有年龄的读者，成人读这样的书，同样能获得感动和深思。作为成人，在阅读绘本过程中，大家可能关注文字比较多，而关注图画比较少，所以，在阅读的过程中，可能或多或少就缺少了对画面的欣赏和追问。在欣赏绘本时，对成人读者来讲，阅读绘本的过程中我们在主宰着整本绘本，同时，书也对应地主宰着成人的情感，激发着我们的好奇心。何塞·加塞特说："思想是宇宙中唯一无法否认其存在的东西，因为否认本身就是一种思考。生命无法逃避哲学思考。"所以，微笑着迎上去吧，让学生在绘本的世界与自己相遇，在阅读中学会做自己。

绘本的主题特别多，有人对主题进行了归类，有关于生命的，有关于人生的，有关于亲情的，有关于战争的，有关于自然的，有关于环保的，等等。对于一些绘本，比如《别说你快点快点》《活了100万次的猫》《小房子》等，不仅适合孩子们读，成人读了，也会被它们所蕴含的思想所打动。

阅读示例 1

1. 绘本信息

书名：别说你快点快点

作者：［日］益田米莉/文　［日］平泽一平/图

译者：彭懿

出版社：北京联合出版公司

2. 作者信息

益田米莉，1969年出生于日本大阪，毕业于京都艺术短期大学。现为插画家、漫画家、散文作家。主要作品有《小好》《不结婚，好吗？——小好的明天》《我的在家生活：平凡的我与悠闲的作家岁月》《一个女人走遍47个都道府县》。"米莉"不是她的本名，是小学时代别人给她起的绰号。可是，她连问都没有问过给她起这个绰号的人"为什么叫我米莉"，就长成大人了。直到今天，她也不知道"米莉"这个绰号是什么意思。

平泽一平，插画家，1967年出生于日本秋田，毕业于中央美术学院。曾获得过多项大奖，活跃于广告、出版等多个领域。

3. 绘本内容简介

《别说你快点快点》，与其说是绘本，更不如说是给父母上了一堂生动的课。一本小小的绘本，它把大人对孩子的催促，催促带来的紧张压迫和缩小的感受，用孩子的话语表达了出来。讲述了一个深刻的道理，是我们大人的脚步太匆匆，还是我们成人的内心太急躁，是否是我们忽略了孩子太多的感受呢。

4. 获取信息与推论想象

封面

图 3-50

蓝色的背景中，有一艘小船，又和封面的文字"别说你快点快点"有什么联系呢？再仔细一看，蓝色不是可以代表蓝蓝的大海嘛，一艘小船在大海中航行，为什么会配上"别说你快点快点"这几个字呢？这是讲的什么故事？这艘小船和大海之间又有什么关系呢？

蝴蝶页

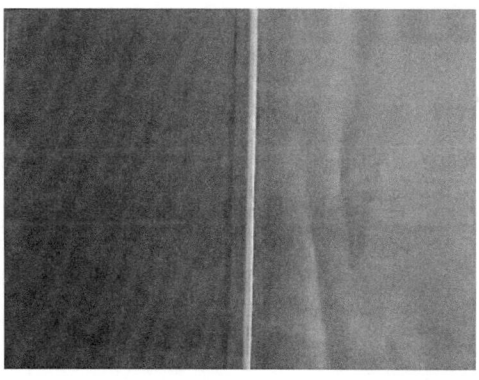

图 3-51

翻开绘本，蓝色的蝴蝶页让人感受到大海的无限辽阔。想到大海，再回忆封面中的小船，到底发生了什么故事呢？故事由此拉开了序幕。

内页

第 1 幅画面

图 3-52

绚丽清新的水彩画风格中,一只小船轻声诉说着他的心声:"别说你快点快点"。书中大块色彩涂抹的水彩画,似孩童般稚嫩的画笔,简单笨拙的线条分明就是孩子画的图画,诉说着 TA 的委屈。

第 2 幅画面

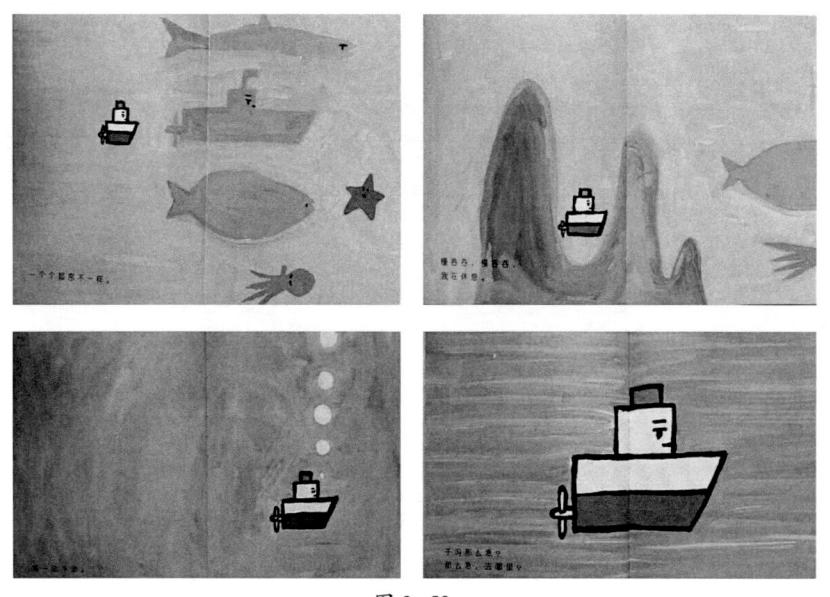

图 3-53

"一个个顺序不一样"

"慢吞吞,慢吞吞,我在休息"

"我一动不动"。

"干吗那么急？那么急，去哪里？"

看到每一页上的小船，都让人联想到孩子所将面临的不同环境。每一句都好像在诉说着"船儿，你快点快点"。就像孩子的成长历程，没有两个是永远一样的。

第 3 幅画面

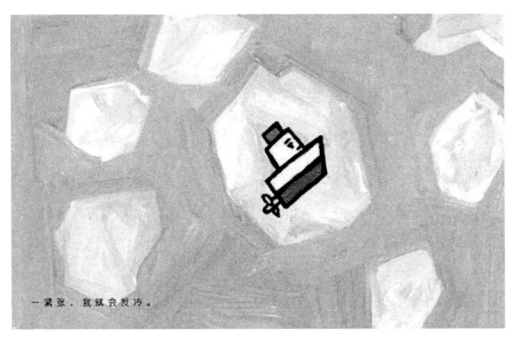

图 3-54

"一个个大小不一样。一个个重量不一样。"

"拿我跟它们比，我会紧张的。"

一紧张，会怎么样？

一紧张，我就会发冷！

一紧张，我就会缩小！

看到书中的这些图文搭配的画面，不得不让读者联想到孩子在不同的阶段，有不同的成长方式，各有特色。孩子如同小船，各个时期的成长，并没有标杆可以比较，也是比较不得的。每个孩子都是天使，都有着自己独特的生长规则。

第 4 幅画面

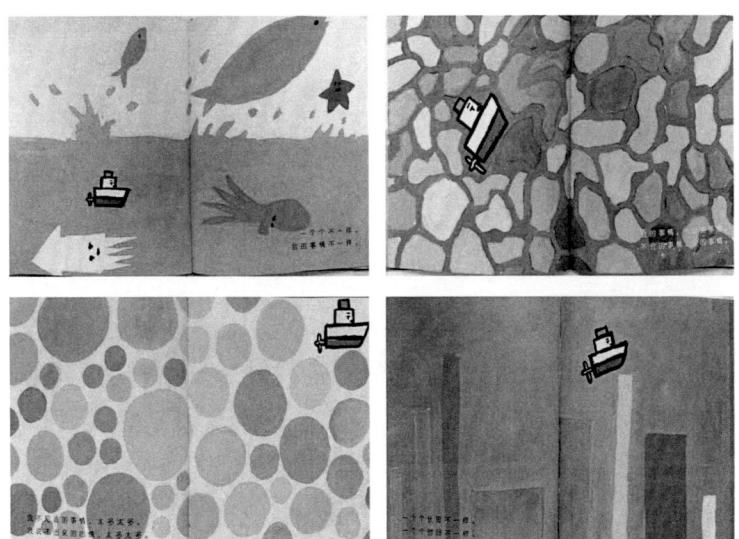

图 3-55

一个个不一样，会的事情不一样。

会的事情，不会的事情。

不会的事情，会的事情。

我不知道的事情，太多太多。

我说不出来的心情，太多太多！

一个个长短不一样。

一个个时间不一样。

所以啊，别说快点快点。

请别说快点快点，这是孩子说给大人们多么认真的诉求啊。大人常常站得高高的，俯视他们，怪他们如蜗牛般慢速，催促他"快点快点"。殊不知长辈的催促，并不能让孩子加快脚步，更多的啰唆只能让孩子感觉到厌烦。在日常生活中，会看到或者听到妈妈将孩子和别人家的孩子进行比较，妈妈在各种情况下，催促孩子快点快点。对于孩子的成长，如果长期以"比妈妈"或"催妈妈"的身份来对待孩子，长久之后，孩子必定会没有了自信。若是转变态度，耐心点儿，以鼓励的口吻、安慰的话语来面对孩子，等待孩子的成长，这才是对孩子最有利的。所以，就像阅读完绘本的学生们所说的唯有耐心等待，用心守护，鼓励与等待才是孩子最好的陪伴！

5. 线索联想与统整

一艘小船在大海中航行，就如同孩子在面对生活中各种各样的环境，孩子的成长，如同小船在行走，各个时期的成长，并没有标杆可以比较，也是比较不得的，每个孩子都有着自己独特的生长规则，你催，TA还是不紧不慢地成长着，你不催，TA依然自在地成长着。虽然有时孩子的成长稍事停滞着，那就把它当作是休息，累了需要歇一歇。给予安慰，给予鼓励，那才是孩子成长中的动力。所以，未来作为幼儿园老师或者家长，我们都应遵循每个孩子的个体差异性，按照他们的成长进度，耐心地等待、鼓励他们的成长，只有这样才能让孩子健康、快乐地成长。

6. 发展意义

"别说你快点快点"，这是孩子的声音，也是我们每个人的声音。这是一本任何年龄段都值得阅读和思考的绘本，全书只有两百多字，却能触动读者那颗柔软的心。它让我们知道，每个生命都值得敬畏。不要催促，不要比较，不要用自己的眼光去衡量不一样的人生，学会审视和珍爱每个生命。生活中，对于孩子的磨蹭，大人们总是无可奈何，只能常常催促甚至呵斥。但是，在催促的过程中，殊不知会被我们忽略掉孩子成长过程中多少重要的东西。所以，我们要静下来，学会牵一只蜗牛去散步或者让一只蜗牛牵我们去散步。

阅读示例 2

1. 绘本信息

书名：活了 100 万次的猫

作者：［日］佐野洋子

译者：唐亚明

出版社：接力出版社

2. 作者信息

佐野洋子，日本著名绘本作家，出生于中国北京，毕业于日本东京武藏野美术大学设计系，曾在德国柏林造型大学学习石版画。

归国后，一边从事设计、插图，一边开始创作图画书。佐野洋子曾创作过《我的帽子》《绅士的雨伞》《请等一等》等大量儿童图画作品，其中《绅士的雨伞》曾获产经儿童文化推荐奖，《我的帽子》曾获讲谈社出版文化绘本奖。

2004 年 4 月，她因为《活了 100 万次的猫》《老伯伯的伞》等对图画书的杰出贡献，获得日本政府颁发的以艺术家为对象的紫绶褒章。她的丈夫，是日本著名的诗人、图画书作家谷川俊太郎。

《活了 100 万次的猫》是佐野洋子的代表作，她的其他作品也有以猫为主角的。但她却表示，其实自己并不喜欢猫。"大家都把我当作画猫人，其实我并不喜欢猫，之所以画猫，仅仅是因为画狗我担心画不好，而猫比较好画。"

谈到作品的创作灵感，她说那时，她只有 30 多岁，"有一天突然一只活了 100 万次的猫出现我的脑海中，然后这个故事就基本成型，可以说这个故事的创作是一气呵成。"说到这里，佐野洋子突然像个孩子似的笑了："所以说，我也算得上个天才。"

3. 绘本内容简介

有一只 100 万年也不死的猫，其实它死了 100 万次，又活了 100 万次。它是一只漂亮的虎皮花猫。有 100 万个人宠爱过它，有 100 万个人在它死的时候哭过，可是它连一次也没有哭过。这是有关生与死、情与爱的伟大寓言。

4. 获取信息与推论想象

封面

图 3-56

封面上画着一只高冷的虎斑猫，它表情冷漠，色调也冷，线条细而直，占据着一大部分页面，一副谁都勿近的样子。坦率地说，佐野洋子画的这只猫看上去有点儿吓人。再看封面上的文字"活了100万次的猫"，真是够吸引读者眼球的，它让人一下子想起婉达·盖格的不朽名作《100万只猫》。但《100万只猫》讲了100万只猫的故事，而它只讲了一只猫。这是一只不死猫，如果套用西方"猫有九条命"的传说的话，那么它就有一百万条命了。为什么这只猫能活100万次呢？这100万次期间都发生了哪些事情呢？

封底

图 3-57

翻看封底，两只猫依偎在一起，看起来温馨、幸福，那么，这只白色的猫又是谁呢？它们之间发生了哪些故事呢？

书名页

图 3-58

将封面中虎斑猫的两只爪子向内收紧进行对比,虎斑猫开始向外展开两只爪子,给读者的感觉好像是想要拥抱谁,或者有种想去接受他人的想法。究竟故事中发生了哪些事情呢?可以打开书的内页继续欣赏了。

内页

第 1 幅画面

图 3-59

第一幅画是对封面上这只虎斑猫的简单介绍,"有一只 100 万年也不死的猫,其实它死了 100 万次,又活了 100 万次。它是一只漂亮的虎皮花猫。有 100 万个人宠爱过它,有 100 万个人在它死的时候哭过,可是它连一次也没有哭过。"

绘本一开始,以介绍这只猫,交代这只猫是 100 万年也不死的猫拉开了故事的序幕。通过对文字的详细描述,发现这只猫在它死的时候有 100 万个人哭过,可是它却一次也没有哭过,这只猫还真是特别。

第 2 幅画面

图 3-60

猫曾经是国王的猫、水手的猫、小女孩的猫。猫讨厌发动战争的国王、讨厌大海、讨厌什么小女孩，它被冷箭射死过、被淹死过、还被背孩子的带子勒死过，不过，它已经不在乎死亡了。

通过绘本图画中虎斑猫的表情和所配的文字，我们不难发现，他成了一只什么都厌恶、对所有的一切都漠不关心、都拒绝的猫。它活到最后，都不知道自己为什么而活，已经麻木。

第 3 幅画面

图 3-61

图画中满月无光，高大的路灯散发着微弱的光，色调很暗，气氛紧张，猫站在小偷肩上时，四肢收紧，直立着身子，全身紧绷着，不安、恐惧、警惕。而成了野猫之后，月牙弯弯，月光十分柔和，小小的灯光，温暖明亮，猫静静地躺着，四肢伸开，把肚皮暴露在外，这是猫极其放松和有安全感的表现。

从文字和画面可知，之前虎斑猫都是别人的猫，而现在的它成为一只属于自己的猫，那么，做了自己之后会发生哪些故事呢？

第4幅画面

图 3-62

画面中，除了这只熟悉的虎斑猫，还多了一只白猫以及其他的小猫。再细看此时虎斑猫眼珠的颜色，是蓝色的，从眼光里透漏出快乐和幸福。和白猫在一起的这段时光，是他在漫长的生涯中从未有过的感情，它深刻地体验到爱与被爱的感觉，也头一次知道为什么而活了。

第5幅画面

图 3-63

通过看图画中佐野洋子所画猫的表情，细致入微，逼真传神，不得不佩服佐野洋子的绘画能力。尤其将白猫和虎斑猫依偎在一起以及虎斑猫怀抱死去的白猫眼泪迸溅的悲痛之情表现得淋漓尽致。看到此画面真是让人感到揪心，这只死了一百万次都没有哭过的野猫，终于张开嘴放声痛哭了。它是在为无法挽救爱人的生命而悲伤啊。而在故事的最后一页，画着一株并蒂双生的花，这便是最美丽的爱。

5. 线索联想与统整

将绘本中的前后画面和文字串联起来，能让读者掌握作者传递的信息，引发读者的丰富联想，触动读者的理解机制。读者的情绪也被画面和文字故事所牵动，虎斑猫一直都在跟随主人（别人）的意愿而活，从来没有为自己而活。直到它遇见了自己的真爱，它不再只爱自己，它爱白猫和小猫们胜过自己。正是这种刻骨铭心的爱与付出，让它觉得活着不再乏味。所以，当白猫永远离开它时，它第一次哭了，那种悲痛欲绝的哭，直到有一天它自己也随白猫而去。这样的死反而死得其所。

6. 发展意义

寻找自己，进而学会"做自己"，这是人生的功课。只有学会"做自己"，才能具备独立思考的能力，了解自己的人生愿望，构筑美好的愿景。这世界上的每个人都是独一无二的个体，每个人的人生重要课题就是学会如何建立起自知、自信，勇敢地做自己，活出自在、快乐的人生。

在许多谈"做自己"的书中，都以不同的方式探讨了寻找自我的路径，而这本书凸显了爱与被爱的力量，讨论生命的价值，探讨爱与付出的关系。当爱转化为亲情、友情的温暖，就会让人感到被需要、被关爱，不但不再孤独，而且也有了"做自己"的勇气与自信，不再是"微不足道"的小不点，生命因此有了珍贵的价值。就像大学生读者朋友们所说："生命要有意义，否则再漫长又有什么用。死亡的意义，就是让生命变得真正有限。终将逝去的生命中有一些人、一些事，尤为可贵。"

如果用虎斑猫一生中的三种生命状态：被动接受的、独立自醒的、爱与奉献的，映照一下我们每个人当下的生命状态，有多少人该警醒和汗颜？如果说虎斑猫的100万次生命中只有一次是真正活过，那么，有多少人是白白在这个世上走了一遭呢？活着，未必就拥有生命；活着，就要永远追寻生命的真谛。那我们就可以静下心来思考：什么样的生命才是有意义的呢？

（四）在阅读中进行多元探索

相同的主题，不同的作家，由于诠释手法和展现风格的不同，所描写的观点也会有所不同，而读者通过阅读，会吸纳不同作家作品的养分，拥有多元而丰富的体会，从中获得深刻的启发。作为学前教育专业的大学生，在平时见习、实习的过程中总能遇见小班幼儿刚刚脱离熟悉的家庭环境，到了幼儿园之后产生分离焦虑，在幼儿园哭个不停的情况，所以，作为未来要走上幼儿园教师岗位的学生来说，对于纾解幼儿和幼儿家长的入园焦虑的问题，可以从多元阅读的角度，通过阅读绘本了解丰富多彩的幼儿园生活。以下三本绘本都是以"幼儿园"为主题的绘本,就让我们一起阅读,感受不一样的幼儿园生活。

阅读示例 1

1. 绘本信息

书名:我爱幼儿园

作者:[法]塞尔日·布洛克

译者:张艳

出版社:北京科学技术出版社

2. 作者信息

塞尔日·布洛克(Serge Bloch),1956 年出生于法国东北部城市科尔马,毕业于斯特拉斯堡装饰艺术学,是法国著名童书和报刊画家、插画家、设计师。曾在 2005 年荣获美国插画家协会第 47 届年展金奖,2006 年荣获法国巴欧巴童书奖,2007 年荣获意大利博洛尼亚书展青少年图书奖。

3. 绘本内容简介

莱昂要上幼儿园了,入园开学那天,他不肯起床,觉得幼儿园"真是恐怖",认为自己就要被卖掉,上完第一天就再也不想去了……但最后,他爱上了幼儿园,因为那里有他的老师和朋友,他学会了运动、分享、照顾自己……他骄傲地宣布:我爱幼儿园。

4. 获取信息与推论想象

封面

图 3-64

画面中一个小男孩面带微笑地站在幼儿园教室前,身后是园内小朋友们在透过教室窗户看这个小男孩,小男孩身旁还有滑梯和轮胎玩具,这是对幼儿园会出现的人和物简单地进行了交代,那么对于这位小男孩,他的名字叫什么?将会在幼儿园中发生哪些事情?他是怎么爱上幼儿园的呢?我们将通过阅读此绘本揭晓答案。

书名页

图 3-65

在书名页用彩色的字体,展示出了绘本的名字"我爱幼儿园",你会发现,作者把一个"玩"字上面打了红色的叉,这说明作者很了解幼儿的身心发展特点,尤其有时候在语言表达方面,可能还存在咬字不清等现象,以幼儿的口吻,诙谐幽默地展现了幼儿真实的一面。这一页中,小男孩拿起彩色铅笔画画,以及脸上骄傲、自豪的表情,尽显出孩子在幼儿园生活舒适的画面,怪不得这本书的书名叫作"我爱幼儿园"呢!既然爱幼儿园,就说明幼儿园的环境是贴近幼儿生活实际,尊重他们的想法,呵护他们幼小的心灵的,不管是园内的物质环境还是心理环境,对于孩子来讲,都是他们喜欢的,感到舒服的。

内页

第1幅画面

图 3-66

此页的画面中,出现了小男孩和一位女士,通过阅读文字,不难发现,这就是小男孩的幼儿园老师,名叫"琳达",她长得很漂亮,像公主一样有着长长的头发。可见,小男孩已经认识了他幼儿园的老师,而老师的出现也就说明他要开始上幼儿园了,为后面故事的开始做好了铺垫。

第 2 幅画面

图 3-67

通过简单的线条勾勒出地面低处的高楼大厦、汽车和地势高处的高楼等,交代了小男孩上幼儿园的地点是离家比较近的地方,这样很方便,只需要"往上走""往下走"就可以了,幼儿园距离的远近,也是幼儿入园时家长考虑的一个方面,因为这既能方便家长的接送,也能避免路途中的交通问题。幼儿园离家近,这对幼儿和家长来讲都是一件好事。

第 3 幅画面

图 3-68

画面中的文字交代了小男孩的名字叫"莱昂",从今年开始他要上幼儿园了,上幼儿园的真正意义,也就意味着早晨要按时起床。尤其画面中妈妈叫莱昂起床而他想继续睡一会儿的情景,真实地刻画出了一些孩子上学时起床难的现实情况。

第 4 幅画面

图 3-69

通过画面,不难发现莱昂由于昨晚上起来几次,还是没有睡好,但是因为今天又是开学的日子,可不能迟到,所以,还是妈妈帮他穿好衣服,他吃了丰盛的早餐,然后出发去幼儿园了。由自由、松散的家庭生活进入有纪律、有要求的幼儿园生活,是孩子们入园第一天都会遇到的问题,所以,孩子一拖拉就会让家长手忙脚乱,尤其通过出门时爸爸妈妈送莱昂的走路姿势,就能看出他们还是需要赶时间的。

第 5 幅画面

图 3-70

走在去幼儿园的路上,爸爸妈妈用语言安慰了有些紧张的莱昂,于是,幼儿园的生活就开始了。首先,就是入园,为了更快更方便找到所在班级,一般都会在孩子的衣服或者脖子上挂上胸牌,而书中所配文字,诙谐幽默地刻画了孩子的心里所想,以及爸爸的耐心解释。入园问候之后,就是进入班级的重要时刻了,那么,班里究竟会发生哪些事情呢?

第 6 幅画面

图 3-71

恐怖的情景出现了,这是孩子们第一天入园最真实的画面,好多孩子在一起大哭,而好多家长由于担心,舍不得孩子哭,在一旁不停地安慰孩子。而老师站在孩子们中间,如同站在一座小岛上,孤立无助。

第 7 幅画面

图 3-72

莱昂看到许多小伙伴一起大哭，自己也在心里哭了起来，而幼儿园是幼儿适应社会生活开始的地方，爸爸妈妈总会挥手道别离开幼儿园，尤其妈妈眼角流下了一滴泪，也反映了对于幼儿入园这件事，不仅幼儿会焦虑，家长也会感到焦虑。

第8幅画面

图 3-73

在幼儿园中，一日生活还是比较丰富的，老师会给孩子们唱歌，会和小朋友一起贴贴画，还会吃点心，当然，还有的孩子会哭上一整天，直到放学妈妈来接孩子离园。对于陌生的环境，大多数孩子会想以后再也不用来了，可是妈妈会说，以后每天早上都要上学的。因为只有这样，孩子们才能逐渐适应幼儿园的生活。

第9幅画面

图 3-74

图 3-75

接下来开始展示我爱幼儿园的原因了,因为有好多大人照顾他们,有园长、音乐老师、手工老师、生活老师、厨师等,还有很多小伙伴,他们性格各异,但是为了遵守幼儿园的规则,如不许打架、不许抓人、不许拔花花草草等,都在努力地改变自己,争做幼儿园的好宝宝。幼儿园的一日生活实在是丰富多彩,忙了一上午,终于可以午睡了。午休结束后自己穿衣服起床,再跟着老师做各种活动,如唱喜欢的歌、听老师讲故事等。

第 10 幅画面

图 3-76

终于可以放学回家了,不管是家里的谁来接,放学的那一刻真是开心极了,就这样日复一日,在幼儿园里有小伙伴的陪伴,交了很多朋友,在哭笑中,孩子们健康、快乐地成长着。

5. 线索联想与统整

书中用简单的线条，以莱昂小朋友遇到这样的困扰：入园开学那天，他起不来床、觉得幼儿园"真是恐怖"，认为自己就要被卖掉，上完一天就再也不想去了。到最后他爱上幼儿园，因为那里有他的老师和朋友，虽然他一开始不懂"开学"和"上学"的区别，也没理解什么是老师说的"社交生活"，但是他学会了运动、分享、照顾自己及其他许许多多的事情……作者就是用这样一个邻家小孩的故事，来唤起同龄孩子们的心理共鸣，抚慰他们焦虑的内心，释放他们对幼儿园的抵触情绪。当然，对于幼儿家长来讲，也可以全面了解幼儿在幼儿园的一日生活流程，能放心地将孩子送到幼儿园，让他们初次体验社会生活。作为幼儿园教师，虽然看到第一天入园时许多孩子一起大哭的情景也是百般无奈，但是，还是希望通过家园合作、家园共育，共同帮助幼儿适应幼儿园的生活，让幼儿由恐惧上幼儿园变成爱上幼儿园。当然，阅读有关"幼儿园"主题的绘本将会是一个很好的选择，您不妨一试。

6. 发展意义

《我爱幼儿园》是展现幼儿园场景最为"真实"的幼儿园绘本。它没有将幼儿园描绘得过于恐怖，也没有过分地美化，它展现给孩子的是一个真实的幼儿园状态。对于初次入园的幼儿以及第一次送幼儿入园的家长来讲，分离焦虑是两者都要面临的正常心理现象。为了更好地让幼儿打心底爱上幼儿园，提前通过绘本阅读的形式熟悉幼儿园的一日生活流程是个不错的方法。作为大人，我们首先要放下心中的不舍与担忧，多鼓励孩子适应新环境，相信幼儿园的老师们能照顾好孩子。

总之，我们需要做的并不是阻挡孩子的眼泪，而是陪伴孩子用坚定的脚步走向人生的新阶段。正如故事最后莱昂所说："在幼儿园里，我有许多朋友。有时我会哭，有时我会笑。在幼儿园里，我长大了！"

阅读示例2

1. 绘本信息

书名：幼儿园之王

作者：［美］德里克·巴恩斯/著　［美］凡妮莎·布兰特利–牛顿/绘

译者：孙莉莉

出版社：北京出版集团　北京少年儿童出版社

2. 作者信息

德里克·巴恩斯，曾获得凯迪克大奖、纽伯瑞大奖、科瑞塔史考特金图书奖和

2018年的以斯拉杰克济慈新作家奖。他拥有"出口成章"复本写作公司,并创建了广受欢迎的育儿博客"养育全能男孩",在那里他记录了在美国培养四个漂亮的黑人男孩的经历。他现在与妻子和四个儿子住在北卡罗来纳州的夏洛特。

凡妮莎·布兰特利-牛顿,曾为无数的经典图画书绘过插图,包括《听到颜色的女孩》《玛丽的华丽造型》《一份爱》《与妈妈共度的夜晚》《最年轻的马歇尔》以及《露比和布克家男孩》畅销书系列、《贾达·琼斯》等。她还独自著绘了《让自由歌唱》和《奶奶的钱包》。

3. 绘本内容简介

上幼儿园是孩子成长中一座重要的里程碑。《幼儿园之王》是一本帮助孩子轻松适应幼儿园生活的绘本,这本书最突出的特点是将入园适应的"主动权"交给了孩子,让孩子成为幼儿园的"国王"。

4. 获取信息与推论想象

封面

图 3-77

是国王就要戴王冠,所以,看到绘本《幼儿园之王》的封面上这个黑色皮肤的孩子头上也戴着一顶王冠。小男孩背着书包,身后是一辆校车,校车里坐着两个白色皮肤的小孩,两个小孩的表情看上去很开心、很享受的样子。看来,这是围绕孩子们一起要去幼儿园发生的故事。那么,这个黑色皮肤的孩子为什么是幼儿园之王?他做了什么了不起的事情呢?

书名页

图 3-78

再看绘本的书名页,这个小孩手里拿着一把尺子,当然头上依然戴着一顶王冠,但是,不管是封面还是书名页上的这顶王冠,好像和咱们平时看到的真王冠不一样,它看上去是用粉笔画上去的假的王冠。看来,这是绘画者为了紧扣绘本主题和突出游戏性,进一步吸引读者对主题加以注意精心设计的结果。

内页

第 1 幅画面

图 3-79

在这一页中,我们不难发现,小男孩坐在床上,而头顶上那金灿灿的太阳刚好就像一顶王冠,他的妈妈说了,今天,他就要成为幼儿园之王!这是与前面封面、书名页上不一样的王冠,这顶太阳王冠看起来真是神奇。

第 2 幅画面

图 3-80

上幼儿园的第一天早上,作者用直接跟孩子对话的方式,鼓励孩子自己刷牙穿衣吃饭。"用金闪闪的牙刷,把你的牙齿刷得闪亮。用绣着家族徽章的毛巾,把你的小脸洗得发光!"画面中黑色皮肤的小孩身上穿的背心和擦脸用的毛巾上也印有王冠的印记,可见,将"我是国王,我要一统天下"的理念时刻贯穿到一日生活中,在幼儿园经历的每一件事都勇敢、坚定、自信。

第 3 幅画面

图 3-81

当走到幼儿园门口时,男孩想起妈妈说过的话:"昂起你的头,向每个人绽放你灿烂、明亮又高贵的笑容吧,因为你是幼儿园之王!"。画面中,小男孩自信满满地照着门上的镜子,给自己戴上了一顶王冠,假想他就是幼儿园之王,应勇敢、自信、大方地面对幼儿园的一切。

第 4 幅画面

图 3-82

画面中就是幼儿园中的一日生活相关的流程了,有晨间问候、上课、户外活动、午餐、午睡……这样的画面展示不仅可以让读者感受画面的温馨和有趣,还能让第一次上幼儿园或者很久未入园的小朋友快速地熟悉幼儿园的生活。而王冠也时刻在幼儿园出现,因为它能随时提醒孩子做一位幼儿园之王,勇敢、自信地面对幼儿园的人和事。

第 5 幅画面

图 3-83

在幼儿园中，还有什么比与新朋友一起分享更酷的事呢？良好的人际关系，交到几个一起玩耍、一起说话的好朋友，也是让孩子在幼儿园不感到孤单和寂寞的方法。画面中黑皮肤的小孩头戴太阳王冠和旁边白皮肤的小孩一起分享交流，并配以文字说明："我们相亲相爱"。这种友好的画面，相信读者看到后，也能发出会心的微笑，大家友好相处、互相分享的氛围真好，真让人放心。

第 6 幅画面

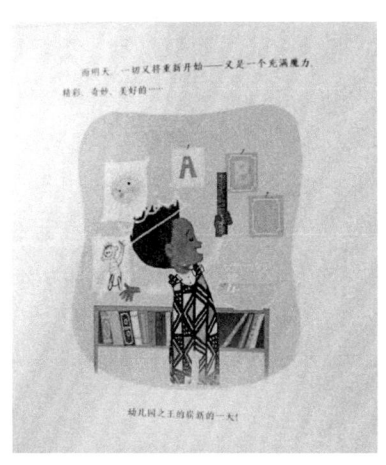

图 3-84

画面中黑皮肤小孩依然头戴王冠拿着一把尺子，身后以太阳、小孩、字母 ABC 等图画为背景，好像小孩回忆总结了自己经历的幼儿园之王第一天的生活一样，骄傲、自豪、开心之情已经写在了脸上，同时也对崭新的幼儿园之王的一天充满期待。

5. 线索联想与统整

作者用诗一样的语言，介绍了黑皮肤小男孩上幼儿园的故事。用对国王的尊敬和仰慕来赞扬孩子们在成长过程中做出的努力，尤其面对陌生的幼儿园环境，他们勇敢、坚定、自信，圆满地度过了幼儿园一天的生活。在书中，我们不仅看到了用粉笔或彩色铅笔画的王冠，还看到了频繁出现的太阳王冠。前者带有游戏性，充满了趣味性，意旨每个孩子可以赋予自己权利。而太阳是自然的象征，它给予孩子们与生俱来的王者的称号。孩子们是有权利受到肯定、接受、关爱和保护的，更有权利勇敢、坚定、自信地成长。不管是大人和孩子看这本书，应该都会被触动。大人看会被书中鼓舞人心的文字和鲜明生动的绘画所感动，将文中所传递的信息"真诚地欣赏儿童、尊重儿童、信任儿童"植入内心。孩子们看，会被书中运用的鲜艳的色彩、可爱的图案以及大面积的纹理效果所感动，直接而生动地为他们呈现了一个充满朝气、活力的幼儿园，从而消释对幼儿园的陌生感，让上幼儿园的经历变得精彩非凡。

6. 发展意义

绘本中的题记引用了本杰明·梅斯关于儿童权利的名言:"一个孩子必须尽早学会相信自己是一个有价值的人,相信自己可以做许多值得称赞的事情。儿童必须得到来自家庭的关爱和保护,才能生存和茁壮成长。"从名言中,爱和自信构成孩子生存和健康成长的基本要素,而让孩子们在充满爱的环境中,勇敢自信地成长是作为家庭、幼儿园和社会应该共同思考的话题。面对从未离开过家的孩子,对幼儿园陌生的环境会有一种莫名的恐惧感。但是,幼儿园是孩子走进社会的第一个场所,第一个课堂,在这里,他们可以学着交新朋友、与同伴相处,学着在集体中生活……假如你的孩子害怕上幼儿园,那么和他一起来听听这个故事《幼儿园之王》吧。作者德里克·巴恩斯把小朋友去上幼儿园当作是一场有趣的游戏——你是幼儿园之王,幼儿园就是你的领地,你将是幼儿园的主人,体验各种各样有趣的活动,换一种心态,换一种情绪,幼儿园就是孩子展示自己的舞台。把自己当成幼儿园的主人,孩子的内心就会有一股责任心,会将幼儿园当成是自己的家,在幼儿园里发生的事就是自己的事,这样孩子或许会更容易适应。

阅读示例 3

1. 绘本信息

书名:小鼠波波去幼儿园

作者:[英]露西·卡曾斯

译者:张文葳

出版社:北京联合出版公司

2. 作者信息

露西·卡曾斯是受幼儿欢迎的插画家,屡获诸多儿童插画大奖,包括英国麦克米林奖、意大利波隆那插画奖等。

小鼠波波这一个经典的角色产生的过程却是作者露西·卡曾斯无心插柳的结果。她逗趣地表示波波就这么突然蹦出来了:当时为了寻找灵感,她随意在纸上画了一些动物的图形,而其中之一就是现今享誉全球的波波。她在研究所毕业后画出了波波系列的绘本,出版后即受到旋风式的回响,也得了无数大奖。露西·卡曾斯说波波受欢迎是因为她的行为模式就像是世界上每一个小朋友一样,而创作的灵感正是从她自己的四个孩子中得来的,她甚至幽默地说孩子就是家里面的市场研究团队。

3. 绘本内容简介

这本书讲了小鼠波波在幼儿园度过的美好一天,从早晨进入幼儿园,自己把大衣挂在自己名字下面的挂钩上,然后向老师、同学问好,画图画,吃点心和水果,上厕所及上完厕所一定要洗手,再接着是读书时间、午睡时间、音乐时间、户外活动时间,最后放学了,和老师、同学说再见。

4. 获取信息与推论

封面

图 3-85

《小鼠波波去幼儿园》的封面展示了小鼠波波和小马多蒂的可爱形象。画面中小鼠波波穿着黄色的衣服,衣服上粘了红色和绿色的颜料,手上拿着一支画笔,它在笑着和小马多蒂打招呼。这个封面设计符合绘本故事的主题,通过小鼠波波和小马多蒂的形象,可以让孩子们更好地了解绘本故事的内容和情感。同时,这个封面也非常吸引人,可以激发孩子们的阅读兴趣和好奇心。

内页

第 1 幅画面

图 3-86

鲜亮的黄色背景,加上红色和蓝色等颜色的加入,从颜色上已经开始夺读者的眼球了。而看到小鼠波波和小马多蒂在挂衣服,这不就是幼儿在幼儿园要经历的情景嘛!"你好,多蒂。""你好,波波。"波波和多蒂互相打了招呼。是的,来到幼儿园,首先要把衣服挂好，和小朋友们问好。打完招呼接下来在幼儿园干什么呢？

第 2 幅画面

图 3-87

绿色的背景，穿着黄色衣服的小鼠波波以及以蓝色色调为主的孔雀老师等，再结合着文中所配的文字，可以看出，这是小鼠波波在幼儿园上的画画活动课，他画了新房子，多蒂画了自己和波波在跳舞。他们身上虽然粘了颜料，但脸上洋溢着开心和满足，毕竟完成了一幅超棒的作品呢！孔雀老师还把他们的画贴在墙上，一一展示出来。还有幼儿园的读书时间，小鼠波波和其他小动物们认真地听孔雀老师讲故事，看着他们脸上的表情，每个人都好开心，好享受这样的故事时间。

第 3 幅画面

图 3-88

看图中画面，发现小鼠波波和其他小动物们每人在演奏一种乐器，大家一起唱歌。这种场景不正是和我们见到的幼儿园一日流程相符的画面嘛。快到中午时，小朋友们一起吃午餐、听故事、睡午觉。醒来以后,吃点心,然后小朋友们参加各种活动,幼儿园一下子又热闹起来。

第 4 幅画面

图 3-89

画面中小松鼠挖沙子,小鼠波波开红色的玩具车,总之,可以看到小朋友们在户外活动时,玩得不亦乐乎。这一场景也正是幼儿在幼儿园户外活动中的画面,有玩滑滑梯的,有玩跷跷板的,他们想玩什么就玩什么,很快就到了放学的时候,大家一一和孔雀老师说再见。

第 5 幅画面

图 3-90

画面中小鼠波波和小马多蒂跟孔雀老师再见,以"好棒的一天啊"作为结尾,从他们脸上开心的表情来看,给孩子进行积极的心理暗示,让孩子认识到幼儿园是一个可以唱歌、跳舞、玩游戏、听故事,和很多小朋友一起玩的地方,从而帮助孩子更快地接受并适应幼儿园的生活。

5. 线索联想与统整

这个简单的故事讲述了小鼠波波第一天上幼儿园的经历:他画画、听故事、演奏乐器、玩玩具等。这些活动不仅是小鼠波波在幼儿园进行的丰富多彩的活动,也是现实中孩子们在幼儿园的熟悉场景,当孩子们看到绘本中的这些画面,可以帮助幼儿在第一次上幼儿园时平复焦虑的情绪。

6. 发展意义

除了家以外，幼儿园将会是孩子最常待的场所。而好的第一印象，对第一次去幼儿园的孩子来说很重要。对于幼儿园，他们免不了会有这样那样的提问，也会因为离开家来到陌生的环境，而产生恐惧和抵触心理。去幼儿园之前，跟孩子一起读绘本《小鼠波波去幼儿园》作为准备，就显得尤为重要。

（五）读有所思、所感、所获

大学生读绘本，成了他们每天必做的一件事情。选择自己喜欢的绘本，在繁忙的学习生活中，静享那一刻的宁静，翻开书页，用心看着美丽的画面，仔细阅读书中的文字，再结合着自己的已有经验，用心记录下阅读后的所思、所想，俨然成了课下生活中的美好画面。以下为学前教育专业大学生们阅读绘本后的读后感：

◎绘本《没有耳朵的兔子》

图 3-91

《没有耳朵的兔子》读后感

（2019 级学前教育 1 班　海嘉新）

作为一名学前教育专业的学生，幼儿教师是我们未来的身份。要想认识孩子，走进孩子，首先要走进绘本，在一幅幅生动形象的画面中去感悟、去体会。有幸阅读绘本《没有耳朵的兔子》，跟随没有耳朵的兔子与有两只耳朵的小鸡的脚步，在故事中去认识孩子、认识自我，体悟人生。

记得惠特曼先生在《大路之歌》中说道："我比我自己所想象的还要巨大、美好，我从没想到我会有这么多的美好品质。"初识不明其意，再读已会其中韵味。这正如没有耳朵的兔子一样,天底下有胖耳朵、瘦耳朵、长耳朵、短耳朵、方耳朵、圆耳朵和弯耳朵的兔子,但也有这一只独一无二的、没有耳朵的兔子,它和其他所有的兔子都不一样,饶是如此,任何一只兔子会做的事情,它都会,甚至它做得比其他的兔子更好。后来,它的生活中闯入了一枚鸡蛋,它认真地陪伴、照料鸡蛋,最终遇见了这位特别的朋友——有两只耳朵的小鸡,它们惺惺相惜,相互成长,在对方的生活里留下美好的回忆。

或许在那个时空里,它们都是各自群体中的另类,但另类又何尝不是一种独特呢?放眼当下,我们每个人都有自己独特的地方,但我们总对自己的独特缺乏认识,成人的内心世界永远住着小孩,孩子的成长也会迎来未来世界的大人,人生巧妙绝伦,独特又不失个性是我们认识自我的标签,不要觉得自己异于他人,不要觉得自己格格不入,其实,无论什么时候,前行的路上,每一个不同的你都是自己最坚实的后盾、最特别的礼物。正确地认识独特的自己吧,积极地引导可爱的孩子们吧,让每一个孩子都能像没有耳朵的兔子一样,独特并自信,开心且美好,来这趟珍贵的人间,特别地认识特别的自己,特别的爱给特别的我们。

◎麦克小奎游戏绘本系列

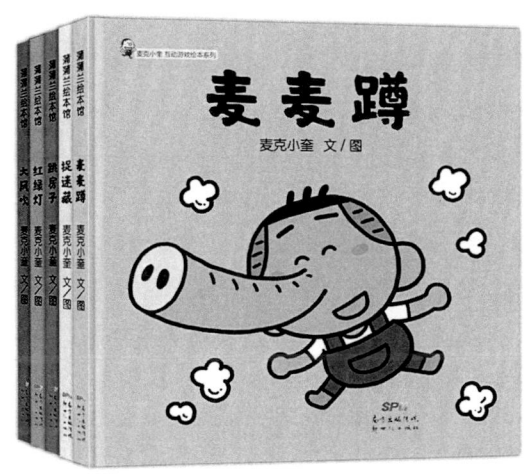

图 3-92

"麦克小奎游戏绘本系列"读后感
——打开"新世界"之门

(2019 级学前教育 1 班 赫颖璇)

2020 年 4 月,"蒲蒲兰绘本馆"出版了一部别具一格的绘本,它不仅满足了小孩子对游戏的憧憬,还给了大人一次追忆童年的机会。它就是荣获"2020 年度桂冠童书奖"的麦克小奎游戏绘本系列,它将父辈们热衷的传统游戏以绘本的形式形象直观地呈现了出来。该绘本系列作者从可爱男孩"麦麦"的视角,向读者讲解了五项民间游戏的玩法与规则。

这部系列共有5册，分别是《麦麦蹲》《跳房子》《红绿灯》《捉迷藏》以及《大风吹》。其中《麦麦蹲》创新了民间游戏"萝卜蹲"，将故事的主角定为麦麦和一群小动物们。游戏的玩法变为：麦麦蹲、麦麦蹲、麦麦蹲完——大象蹲，麦麦就变成了大象的样子。大象蹲、大象蹲、大象蹲完——长颈鹿蹲，大象就变成了长颈鹿的样子……即"麦麦蹲"是一个魔幻版的"萝卜蹲"！《跳房子》基于传统游戏"跳房子"，但又高于传统"跳房子"，融入了排序、数数等数学知识，增加了螺旋房、苹果房、黑白房和超级网格房，使得"跳房子"的玩法得到了延伸。《红绿灯》重在以游戏化的形式介绍"红灯停，绿灯行"的交通规则。《捉迷藏》介绍了游戏"躲猫猫"的玩法，紧抓孩子喜好，符合孩子"客体永久性"的认知特征。《大风吹》则侧重以风吹的游戏形式，教孩子描述事物的外形特征。最后，每本绘本都附有相关主题歌及主题舞链接，可以扫码进行查看，"互联网+"模式的运用为读者打开了"新世界"之门，使静止的纸质版绘本"动"了起来。

读完这部绘本后，我发现它也适用于幼儿园教育。作者将游戏精神贯穿于绘本始终，打开绘本就如同打开了一扇"新世界"之门！教师可以通过开展综合主题活动，以"故事+游戏+主题歌+主题舞"的形式践行"课程游戏化"及"STEM课程"的教育理念，给予幼儿更加深刻的活动体验，让幼儿能够在活动中读玩唱跳起来。这种兼具游戏性和互动性的活动，能够使幼儿感受到绘本的魅力，自然而然地对图书产生兴趣，萌发求知欲。其次，绘本中的五项游戏蕴含了多种精细化动作，使幼儿肢体的灵活性协调性能够得到更加全面的锻炼，教师可以从体育游戏着手，在轻松的游戏氛围中引导幼儿全面运动，逐渐增强幼儿体质，进而为幼儿全面发展奠定坚实的基础。同时，借助体育游戏，幼儿之间有了更多面对面交流的契机，这有利于促进幼儿社会性的发展。除此之外，教师可以在教学实践中，开展美术欣赏活动，绘者萌趣的画风、鲜艳多彩的画面能够给予幼儿深刻的视觉体验，有利于培养幼儿自我审美；开展歌唱活动，以绘本游戏主题曲《麦麦蹲》为例，此歌由绘者麦克小奎作词，曲调借鉴了蒙古族民歌的创作风格，简单明了的歌词、轻快的节奏，便于幼儿朗朗上口地演唱！

这样一部巧妙融合了互动性和游戏性的绘本，同样也适用于亲子互动。对父母来说，可以在多元互动式的亲子阅读中，为宝宝讲读绘本故事，让宝宝做故事的主人公，以寓教于乐的形式，让宝宝体验沉浸式阅读的乐趣；可以将此绘本作为亲子游戏的素材，带着宝宝跟绘本中可爱的动物们一起做游戏，重温童年游戏的快乐，建立良好的亲子联结；父母还可以和宝宝一起合唱绘本主题曲，跳绘本舞蹈。在麦克小奎的绘本岛，为宝宝创建一所"迪士尼乐园"，让故事丰富宝宝的认知，游戏点燃宝宝的热情，音乐唤醒宝宝的创造，和宝宝共享绘本世界的美好！

如果不是深入了解这部游戏绘本，我也同大多数人一样，对绘本存在着一定的认知偏差，这种认知偏差是认为绘本仅仅适合小朋友来读。但读完麦克小奎的这部绘本后，我发现一本好的绘本是能打破年龄界限的，它既可以符合孩子的认知，又可以给成人带来精神上的共鸣，帮他们重新寻回内心的宁静，而这并不亚于追一部剧。换种角度来看，成人要想孩子热爱阅读，那"打铁还需自身硬"，成人首先要爱上绘本，只有这样才会试图去给孩子寻找更多优质的绘本，而这些绘本也将塑造孩子的三观，这又从另一个层面印证了成人阅读绘本的必要性。

希望在麦克小奎游戏绘本系列中，孩子们能成为自己心目中的样子，大人们也能逃离烦琐的日常，重温美好的童年！

◎绘本《哈！永远永远不要搞错！》

图 3-93

《哈！永远永远不要搞错！》读后感

（2019级学前教育1班　妥博）

基于专业的需要，我的学生时期不得不去接触阅读许多的绘本，然而大多数情况都是阅读一些老师分享的或者是网上查阅的电子绘本。我也参加过绘本工作坊，并在老师的指导下制作过一些绘本，甚至还为自己的作品沾沾自喜。直到我买了一本正版绘本，我的第一感觉就是贵，第二感觉是神奇，绘本原来真的可以表达出脱离书面的东西。这本绘本的名字叫《哈！永远永远不要搞错！》

《哈！永远永远不要搞错！》是埃尔维·杜莱的代表作。作者杜莱也是享誉欧洲的童书大师，他的作品以天才的创意、天真的童趣、杰出的绘画技艺征服了全球无数孩子的心，被孩子和家长亲切地唤作"童书王子"。他创作的图画书被翻译成27种语言，并斩获欧洲乃至全世界一系列重要的童书奖项，包括"博洛尼亚国际儿童书展最佳童书奖""儿童文学小人书奖""女巫奖""蒙特勒伊童书节金砖奖"等。

阅读后才发现自己真的很幸运，能在学生时代拜读这么优秀的绘本。一拿到书就很惊喜，书是精装的，书面上有个洞，我以前没看过这样的书，可以用手穿过那个洞去，观察从洞里看到的东西。埃尔维·杜莱真的很厉害，从孩子的角度去创作，把很多难以跟孩子解释的对比和反义词，通过画面，让孩子瞬间就明白了，简单清晰又易懂。特别是里面的生命和死亡能够很好地为孩子解释成人难以解释的问题，因此这部绘本的教育意义是极其巨大的。比如，书中一幅画里鱼在水里游是活着，有生命，对比的一幅画中鱼到沙滩上了，是死亡。通常从大人的角度给孩子解释这些词语，我们解释得很累，孩子不一定能懂，通过这本书孩子明白了很多，比如白天和黑夜、香和臭、害怕和不害怕等等。

这本书在最后还给孩子留了两页空白纸，给孩子想象的空间，创作自己的作品。整本书既满足了孩子的好奇心，也激发了孩子的想象力，引领他们探索与发现世界的奥秘。杜莱用他的画启发孩子：只要有一颗热爱生活的心灵与一双善于发现的眼睛，每个人都能创造出一个充满创意、乐趣、自由的世界。这部绘本适合上幼儿园的小朋友看，可以亲子阅读也可以独立阅读。

第四章

一起制作绘本，因为喜欢你

一、绘本 DIY 工作坊

绘本是幼儿最初接触到的文化载体，由于它涵盖有趣的故事、图画和各种知识，深受孩子们的欢迎和喜欢。而作为大学生，依然可以阅读和欣赏绘本，了解绘本中形象鲜明的图画，获悉故事背后隐含的道理，结合已有的生活经验，感叹故事美好的同时还能进一步激发大学生们对绘本创作的热情。通过对丰富多样绘本的阅读和欣赏，提高审美能力，进一步观察生活，充分基于生活经历制作、创作绘本。

在学前教育第二课堂中，开展绘本 DIY 工作坊。在此工作坊中，第一，让学前教育专业学生感受绘本的新视界；第二，让学生观看实体绘本，如拼贴式、立体式、不同颜料画的绘本的不同制作技法；第三，教学生几种基本的手工绘本的制作步骤和方法；第四，通过选择自己喜欢的绘本，亲自进行临摹制作；最后，在模仿的基础上进行绘本的创作。

（一）感受绘本的新视界

1. 绘本的含义

绘本，英文多称为"picture book"，在很多文献中绘本有时候又被称作图画书。这两个名称在一般情况下是可以通用的。现在大部分研究中所说的"绘本"也好，"图画书"也好，其实指的都是那一类基于以图为主的图文关系创作的，具有文学性和独特艺术品质的，阅读与欣赏都有别于传统儿童图画故事读物的作品。[1]

绘本这个词最早出现在日本，在中国是先由台湾地区传入大陆的。绘本不仅仅有儿童绘本，还有成人绘本。如中国台湾作家几米的作品大部分都属于成人绘本。在西方国家，绘本的发展历史则更为久远。绘本在西方国家的称谓是图画书，最早的图画书是

---

[1] 陈晖. 图画书的讲读艺术 [M]. 南昌：二十一世纪出版社，2010：9.

1903年英国女作家创作的《比得兔的故事》系列。

一般人以为"绘本等同于有图画的书",这是一种广义的概念,所以,出现了很多用绘本形式来包装的儿歌绘本、数学绘本等。精准地说,绘本是一种独立的图书形式,尤其强调图文之间的内在关系,是用图画与文字共同叙述故事的一种图书形式,其中图画占据着非常重要的分量。而有些绘本,只有图画,没有文字,但依然有故事情节,这也是绘本中的另一特色。

一本绘本的呈现,其作者和画者就像电影导演一样,把一个故事,在有限的篇幅里,巧妙地将文字和图画进行组合,讲得好听,画得好看,令人读后爱不释手。因此,绘本的狭义概念可解释为:绘本用一组图画来叙述故事,依靠翻页推进剧情,即使不识字的人,也能通过看图画而猜出来大意。①

经典绘本《花婆婆》的作者芭芭拉·库尼曾说过,"绘本的图画就像一粒粒珍珠,而文字是串起珍珠的线。"将文字和图画的关系比喻成一串珍珠项链,真是很贴切。

依据儿童的身心发展特点,以读图为主的绘本符合其心理特点,所以,绘本被公认为儿童早期的最佳读物,尤其在长期的阅读过程中,能潜移默化地激发儿童的阅读兴趣,对其语言能力、审美能力、逻辑思维能力等方面带来很大提升。在绘本的世界中,有不少绘本在全民阅读的推广下,更是深受各行各业、各个年龄段的人喜爱。

2. 绘本的基本结构

一本绘本有完整的结构,每个部分都有着不可替代的作用,了解绘本的结构,才能帮助我们更好地利用好绘本的价值,不错过绘本的精彩内容。现在我们一起来了解绘本的基本结构。

(1)护封

护封又称书衣,是绘本的外包装纸。一般护封有三个作用:展示书名、作者、出版社等信息;保护绘本不易受损;装饰绘本,提高档次。(图4-1)

(2)腰封

腰封又称为书腰,是在绘本封面上加一条类似腰带的可以拆卸的纸条。腰封上可以印和这本图书相关的宣传性、推荐性文字,配合绘本销售和推荐。它的主要作

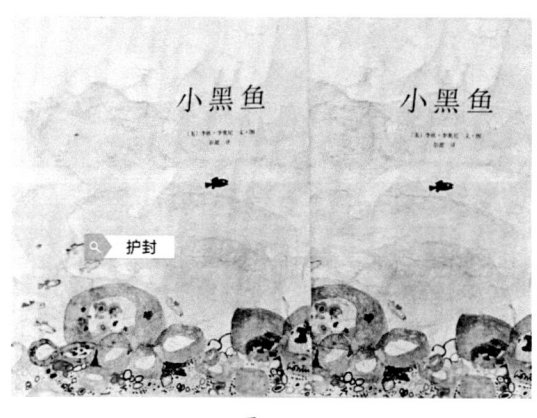

图4-1

---

① 方素珍.绘本阅读时代[M].杭州:浙江少年儿童出版社,2013:2.

用是装饰封面或弥补封面信息的不足。一般多用于精装书籍。（图4-2）

图 4-2

（3）勒口

护封前后都有一个向内的折扣，又称勒口。勒口上面可能会有内容简介、作者介绍以及相关绘本的推荐等，千万不能漏看。比如李欧·李奥尼的《小黑鱼》绘本护封的前勒口上就写着关于这本书作者的简介，后勒口上则是李欧·李奥尼的作品集介绍。（图4-3）

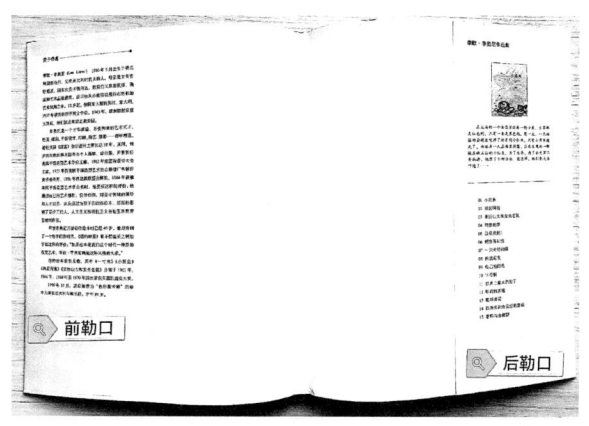

图 4-3

（4）封面和封底

封面是书的外观，就像书的窗口，封面内容包含书名、图文作者、出版社等信息，引进的绘本中还有译者姓名，从封面的图画上，我们往往就能猜出绘本的大概内容。如当看到《菲菲生气了》绘本的封面时，我们很容易就辨识出这是一张愤怒的面孔（图4-4）。有些绘本是封面和封底拼起来一幅完整的图画，比如《这样的尾巴可以做什么》，光看封面，我们并不知道这是一条什么尾巴，而封底一展开，谜底就揭晓了（图4-5）。

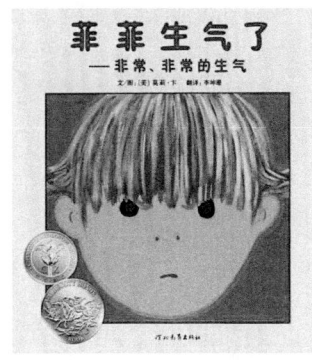 

图 4-4　　　　　　　　　　　　　　　图 4-5

合上绘本，故事就结束了吗？有些绘本的封底还有故事的延续，比如绘本《第一次上街买东西》，封底是一幅很温馨的画面，妈妈抱着小宝宝在喂奶，小女孩坐在妈妈对面喝牛奶，她的一条腿还放在妈妈的腿上，两个膝盖都贴上了创可贴（图4-6）。我们都知道在正文里，小女孩一个人去买牛奶，其间还摔破了膝盖，封底就是延续了小女孩买牛奶回家后的情节。大家可以拿出家里的绘本，看看有没有作者的小设计在里面。

图 4-6

一般绘本的装订形式，可分为精装和平装：

①精装：封面、封底均为硬皮，容易收藏保存，价格比平装本略贵。

②平装：封面、封底均为软皮，价格比较便宜。

（5）书脊

书脊又称书背，一般注有书名、作者、画者和出版社名称等信息，便于读者在书架上快速查找图书。

（6）书沟

在硬皮的精装书上有一条沟槽，即书沟，作用是方便翻阅。（图4-7）

第四章　一起制作绘本，因为喜欢你

图 4-7

（7）环衬

环衬是封面和内页之间的衬纸，由于环衬通常一半粘在封面的背后，一半是活动的，就好像蝴蝶的一对翅膀，分为前环衬和后环衬，又被称为"蝴蝶页"。环衬的内容一般为单一颜色的纸或者图画，估计它是最容易被读者看漏的一页，一翻就过去了，但其实这里是非常有讲究的。它们往往与绘本讲述的主题内容相吻合，也和故事情节息息相关。比如绘本《菲菲生气了》，前后环衬都是红色的，这个颜色的选择与正文的故事息息相关。红色象征着愤怒生气的情绪，而故事里小女孩菲菲生气的时候，就像一座快要喷发的红色火山。

还有绘本《好饿的小蛇》，好饿的小蛇是一条贪吃的小蛇，它一路上见什么吃什么，先后吃了苹果、香蕉、饭团、葡萄、菠萝，最后你猜它吃了什么？它竟然爬到一棵长满了苹果的大树顶上，啊的一声张开大嘴，从上到下吞下了一整棵大树！这下惨了，不要说尾巴变成了苹果树的形状，连眼睛上都打上了叉。许多小读者看到这个结尾，以为可爱的小蛇死了。可是，等一等，看一看前后环衬判断一下小蛇到底死没死呢？！翻到前环衬，画面上有九棵大树，只有右边数第四棵树上长着红苹果。接下来，再翻到后环衬，你会发现那棵长着红苹果的树断了。对，小蛇没有死，过了几天之后，小蛇把这棵苹果树消化掉了。你看它还高兴地扭过头来，告诉我们："啊——真好吃。"（图 4-8）

要是漏看了它的后环衬，我们真会得出一个完全不同的结果呢！

（1）　　　　　　　　　　　（2）

图 4-8

（8）书名页

书名页又名扉页，在环衬之后，正文之前，上面有书名、作者、画者、出版社等信息，有些绘本的扉页也会有图画，如绘本《蚂蚁和西瓜》在扉页上用图画交代了故事发生的背景：一家人在露营吃西瓜（图4-9）。

图 4-9

（9）版权页

版权页中，按规定记录有书名、著译者、印刷者、发行者、开本、书号、定价等有关信息。

（10）正文

即绘本的主体，这是大家最关注的部分，不仅包括文字，也包括图画。有的绘本会标示页码。

3. 绘本的开本

开本是指图书幅面大小。绘本的开本有大有小，小的不过巴掌大小，大的有时候会超过半张报纸。由于长宽的比例不同，还有横开本和竖开本的区别。当然，设计者将绘本的开本设计成各式各样，主要还是源于对读者对象与内容的考虑。

（1）小开本和大开本

世界上最早的小开本绘本，可能要属比阿特丽克斯·波特的《比得兔的故事》了（图4-10）。波特很喜欢小开本的绘本，她说 14.5cm*11cm 这个小尺寸是专为符合孩子的手设计的，因为它刚好可以让孩子自己拿在手上阅读。但据说她写完这个故事之后，曾经把画稿拿给六家出版社看过，但都遭到拒绝。拒绝的原因之一，就是她坚持要采用这种小开本。

对于小开本绘本,还有荷兰著名画家迪克·布鲁纳的"米菲"系列(图4-11)。该系列被誉为全球"孩子的第一本图画书",它的尺寸很固定,是永远不变的16cm*16cm。对于为什么设计成这样的开本,迪克·布鲁纳有自己的一套设计理念,他认为"拿在手里高高兴兴,小孩子的两只手也正好捧得住"。因为从"米菲"系列的读者来看,差不多为三岁左右的孩子,这个年龄阶段的孩子对书还没有什么概念,对于他们来说,书无非就是玩具,所以,比起大开本、复杂的形状来说,这种小开本、最基本的形状更容易让孩子们接受和喜欢。

与迪克·布鲁纳相反,《你好灯塔》的作者是两次获凯迪克金奖、三次获纽约时报最佳图书奖的苏菲·布莱科尔,她用她最喜欢的水彩创作了《你好灯塔》(图4-12)。她的《你好灯塔》运用大开本,是因为灯塔高且长的特点,只有这样的开本才能容纳下高耸的灯塔。你看,那高高耸立的灯塔,为海上航行的船只瞄定方向。愿我们每一个人都心中有灯塔,未来有方向。

图 4-10

图 4-11

图 4-12

(2)横开本和竖开本

横开本和竖开本也是在绘本中比较常见的开本。其中订口在书芯长边的开本叫竖开本。传统的文字书就是左右翻页的竖开本,上下的尺寸超过左右的尺寸。比如约翰·伯宁罕的《爱德华——世界上最恐怖的男孩》(图4-13),就是采用竖开本讲述了这样一个故事:爱德华原本是一个很普通的男孩。他早上起床、换衣服、吃早餐、去上学、玩游戏、吃晚餐、上床睡觉。和很多孩子一样:爱德华有时会踢东西;有时很吵闹;有时会欺负小朋友;偶尔他会捉弄动物,或追着小猫跑;也不太会把房间整理得干干净净;有时会忘记刷牙和洗脸……而且每次都会有人生气地对他说,"爱德华,你是世界上最……的男孩!"一天又一天,一周又一周,一月又一月,爱德华变得越来越不爱干净、野蛮、脏乱、邋遢、粗鲁和笨手笨脚的……直到有一天,他们说:"爱德华,你是世界上最恐怖的男孩。"爱德华也变得越来越粗鲁了。突然一天爱德华遇到了不一样的人,在他们的鼓励和赞赏下，这个被人们称为"世界上最恐怖的男孩"摇身一变，成了世界上最可爱的男孩。

书中看似随手乱画的涂鸦线条，仿佛像刚入学孩子自己的笔触一般，这让小读者看后有身临其境之感，好玩又亲切。巧妙的构图，诙谐幽默的故事，普普通通的竖开本，看似简单的儿童成长故事，却发人深省。

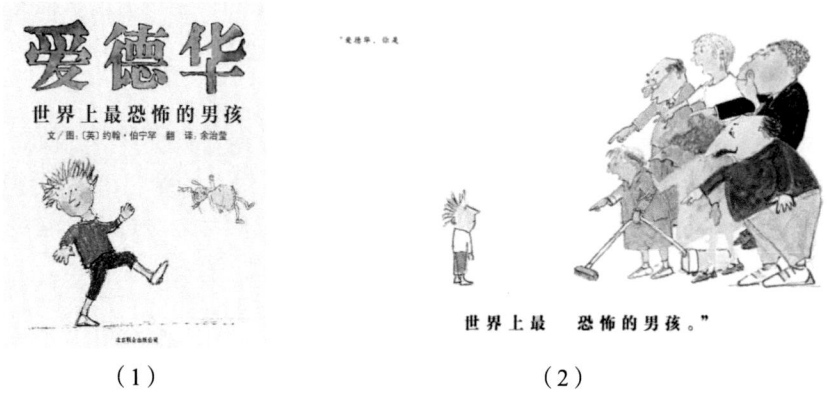

（1） （2）

图 4-13

订口在书芯短边的开本叫横开本。许多图画书是左右翻页的横开本，左右的尺寸超过上下的尺寸。（波兰）伊娃娜·奇米勒斯卡的绘本《十个脚趾去旅行》（图 4-14）就是横开本的形式，以我们日常生活中常见的脚趾头为主角，创作出了一本创意无限的形状游戏书："晚安！"我对忙了一天的脚说。可是，十个好奇的脚趾还不想睡，于是，静静地躺在被窝里开始了一场奇妙的变身之旅：变成十级台阶，让人跑上跑下；变成遥远太平洋上的十个岛屿；变成十只企鹅；变成十棵树；还可以变成十种美味的点心、神奇的字母……（图 4-15）

无拘的想象，诗意的表达，让睡前时光充满神奇色彩，把平庸和日常变得如此不可思议。所有的奇思妙想仿佛都是从孩子的心里流淌出来，充溢着童真和趣味！

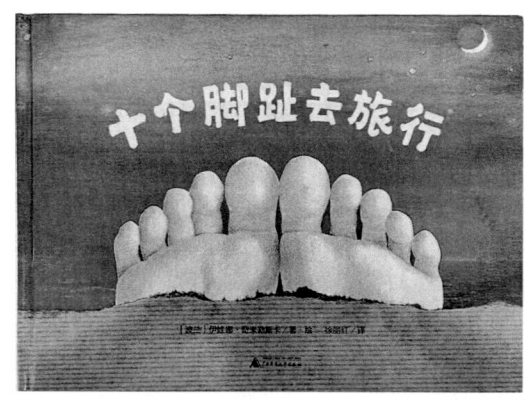

图 4-14

图 4-15

(3) 异型开本

正规开本都是全张纸按长边一次次对折而成的，开本数是几何级数，除此以外的都叫异型开本。图画书为方便图片排版，大量采用长宽比例接近的异型开本，如 20 开和 24 开等。①

2017 年博洛尼亚童书展国际插画奖得主曼努埃尔·马索尔的作品《山中》（图 4-16），开本的尺寸为 34cm*16cm，长宽比例悬殊，近乎 2∶1 看上去长长窄窄的一条。《山中》这本书以奇幻神秘的笔调，描绘了人与自然如地下暗河般隐秘却源源不绝的联系。这本书奇幻又充满哲思，读者看后流连忘返，赞美有加，相信跟异型开本的设计，和画面根据从左向右阅读的顺序，人物和场景的方向感以及时空定位有关。从读者的身体感受来说，感官就好像一下子放大了一样，瞬间释放；身体本身则骤然渺小，一刹那竟似感觉不到它的存在。

图 4-16

---

① 彭懿. 世界图画书阅读与经典 [M]. 南宁：接力出版社，2011：22.

4. 图画与文字的关系

在绝大多数绘本中,图画和文字呈现出一种互补的关系,缺一不可,具有一种所谓的交互作用。所以,就像佩里·诺德曼在《儿童文学的乐趣》中所说:"一本图画书至少包含三个故事:一个是文字讲述的故事,一个是图画暗示的故事,以及两者相结合而产生的故事。"

从佩里·诺德曼的话中我们不难看出,绘本中不仅有文字的故事和图画的故事,还有文字和图画共同演绎出来的故事,所以,读者在欣赏绘本时,将文字和图画所暗示的故事信息进行整合、建构、想象,最终创造出属于读者自己的故事。也就是朱自强老师在《绘本为什么这么好》这本书中提到的:绘本是最具有建构性的书籍。

大家都熟知的经典绘本《母鸡萝丝去散步》(图4-17)最能说明图画与文字的关系,因为它在画面里叙述了一个文字里并没有提到的故事,让文字与图画形成非常好的互补关系。它是美国绘本画家佩特·哈群斯的作品,绘本中的文字非常简单,只有四十字左右:"母鸡萝丝出门去散步,她走过院子,绕过池塘,越过干草堆,经过磨坊,穿过篱笆,钻过蜜蜂房,按时回家吃晚饭。"从文字的表述上看,里面只提到了母鸡和它经过的地方。但是,再看图画,从封面中我们就发现母鸡萝丝出门散步时,有一只狐狸躲在后面(图4-18)。当母鸡"走过院子"时,看到狐狸扑了过去,被钉耙打了个正着……可以发现,文字和图画暗示的故事是截然不同的。正如约翰·洛威·汤森在《英语儿童文学史纲》中所提到的:《母鸡萝丝去散步》叙述的重点在于隐藏于文字背后的事实。

图 4-17

母鸡萝丝出门去散步

图 4-18

什么是优质的绘本？

绘本能展现作者和画者的个人创作风格，而古今中外普遍受大众欢迎的绘本，几乎都是故事符合孩子的心理特点，图画风格富于新意和美感。优质绘本大致有以下特点：

1. 具有鲜明的视觉图像，适合孩子阅读。
2. 图画富有想象力，符合孩子心理的需求。
3. 有优美的文字和画面，能引导孩子进入典雅的世界。
4. 有故事性，让孩子易于理解且能接受、吸收。
5. 符合孩子的生活经验，能培养理解力、想象力、创造力和爱的能力。
6. 故事主题符合孩子的思考逻辑、语言和行为的发展。
7. 情节大都简洁、清晰，设有悬念，令人迫不及待地想预知故事的结尾。
8. 画面不论是写实或写意，是淡彩或油彩，都具有美感，令人赏心悦目。[1]

5. 不同主题的绘本

1）**自我教育绘本**

早在古代，我国著名教育家孔子就已经提出过"见贤思齐，见不贤而内自省"的自我教育思想；以及 20 世纪苏联教育理论家苏霍姆林斯基提道："只有能够激发学生去进行自我教育的教育，才是真正的教育"的观点。当下，国际 21 世纪教育委员会向联合国教科文组织（UNESCO）提交的报告《教育——财富蕴藏其中》指出：终身学习是 21 世纪人的通行证，它建立在"四个学会"的基础上，即学会认知、学会做事、学会共同生活、学会生存。改变以往以传统知识技能传授的方式，提出了一种培养学生"四会"能力的新的教育理念，该教育理念旨在使学生获得一种可持续发展的素养，关注学

---

[1] 方素珍. 绘本阅读时代 [M]. 杭州：浙江少年儿童出版社. 2013：6.

生自我教育能力的发展。而且，随着网络化社会的出现、人类自我意识的增强以及相比于传统意义上环境可控性的减弱，自我教育作为一种"何时何地都能够开展"的教育模式，受到了前所未有的重视。

由此可见，培养学生自我教育能力是时代发展的必然要求，也是创新教育的需要。创新教育不同于传统的"教师讲，学生记"的模式，而是致力于探索能力的提升。其目标在于让学习者能够主动探索知识，自觉自愿地学习，即有一定的自我教育能力。

幼儿教育作为基础教育的基础、终身教育的开端、国民教育的重要组成部分，是个体和社会健康发展的必要保证。研究表明，3岁之后，幼儿自我意识继续发展，从这一时期开始，着手培养个体自我教育能力能够促使个体从小养成自我反思的习惯，反思行为的对错，反思解决问题的更好办法，这一习惯可使其受用终身。

国内外学者对"自我教育"的观点中指出，"自我教育"既不是实现"教育"的途径，也不是教育系统的组成成分，而是教育的目的或者应该取得的结果。就像叶圣陶先生所说"教是为了不教"。这进一步体现出对教育对象的支持与把握及对人的主体性本质和力量的肯定：个体始终作为一个有待进一步完善的实体，将尽其所能去提高和完善自我。[①]这种观念的实现，不仅和特定的历史条件有关，还取决于教育工作者的努力。"自我教育"的理念承载着人们的希望和寄托，一旦这种理念成为现实，将会使个体更加稳重，社会更加稳定，国家更加稳固。因此，将"自我教育"付诸实践，将有利于我国教育事业的长久发展。

在众多的绘本中，践行自我教育理念的绘本也有很多，比如著名绘本大师李欧·李奥尼的作品《自己的颜色》《亚历山大和发条老鼠》《佩泽提诺》《玛修的梦》《小黑鱼》《鱼就是鱼》等和谢尔·希尔弗斯坦的作品《失落的一角》等。

示例1：《自己的颜色》

图4-19

---

① 钟芸.自我教育的概念与教育的关系[J].教育评论，2011（6）：75-77.

（1）绘本简介

变色龙很苦恼，因为它没有自己的颜色，它走到哪儿，它的颜色就会随之变化。有一天，它遇见了另外一只变色龙，它们待在一起，总是变成同样的颜色，于是有了幸福的结局。

变色龙身上的颜色会随着季节的变化而变色，随着地方的挪动而变色，通过绘本我们可以很容易感受到变色龙那种找不到自己时的无助感。但是，当它遇到另一条变色龙的时候，它最终找到自己，变色龙最终明白：做自己，才是最重要的，要让孩子学会认识自我，敢于做真实的自己，你的存在就是一抹独特的颜色，接纳自己，才能获得真正的认同。

（2）作者简介

李欧·李奥尼（1910—1999），他精通绘画、雕刻、平面设计、印刷、陶艺等，是一个才华横溢、不受拘束的艺术天才。他采用拼贴、拓印等技法创作绘本，给读者一种耳目一新的感觉，由此带来一种新的视觉艺术体验。

他的绘本获奖无数，其中《一寸虫》《小黑鱼》《田鼠阿佛》《亚历山大和发条老鼠》分别于1961年、1964年、1968年及1970年四次荣获美国凯迪克大奖。

1984年美国平面造型艺术学会对他的颁奖词中写道：人文主义和理性主义自始至终贯穿着他的作品。他的作品中有关自我接纳、自我认知等方面的体现，无疑能为读者的自我教育提供非常好的阅读参考。

示例2：《失落的一角》

图4-20

（1）绘本简介

这本绘本讲的是一个圆缺了一角，它不快乐，所以它动身去找它那失落的一角。它一边滚动一边唱着歌，因为缺了一角，它滚不了太快，所以它会停下来和虫儿说话，或者闻闻花香。有时它会超过一只甲虫，有时甲虫又超过了它，蝴蝶会停在它身上……

它觉得："这是它最美好的时光。"

它就这样不停地滚着，漂洋过海，穿过沼泽与丛林，直到有一天它终于找到了看起来合适的一角。

结果，那一角说："我不是你失落的一角。我不是任何人的一角。我就是我，就算我是别人失落的一角，那也不会是你的！"

圆继续滚动，又发现了许多个一角，但这一角太小了，那一角又太大，这一角尖了点，那一角又太方了。

有一回它似乎找到了非常合适的一角，但是没有握紧，掉了。另一回它又握得太紧，弄碎了……

圆一直滚动着，险象环生，掉进坑洞，撞到石墙。

有一天，它又偶然碰到一角，这一角看上去非常合适，也愿意成为圆的一角，于是，圆变得完整了。

它又开始滚动，因为它现在完整了，它滚得越来越快，从来都没有这么快过，快得不能停下来和虫儿说话，或闻闻花香，快得蝴蝶不能落在它身上歇脚，快得它连歌都唱不了了。

于是，它停下来，把那一角轻轻地放下，慢慢地往前滚动。

它一边滚动一边大声地唱着："噢，我在找我那失落的一角，我在找我那失落的一角，嗨——哟——哟，我要去寻找我那失落的一角。"

最后，蝴蝶就停在它的头上。

在圆寻找失落的一角的过程中，它觉得"这是它最美好的时光"时，画面上，正是一只蝴蝶停留在它的头上。

结尾与前面相互呼应，充满了哲学的意味。

从这本书看，运用简单的故事，却寓意深刻地体现出应更多地关注接纳自己的不完美，不要过于追求完美的哲学意蕴。

（2）作者简介

谢尔·希尔弗斯坦（Sheldon Alan Silverstein, 1932—1999），享誉世界的艺术天才，集诗人、插画家、剧作家、作曲家、乡村歌手于一身（图4-21）。他的绘本作品幽默温馨，简单朴实的插图和浅显的文字中，充满淡淡的人生讽刺与生活哲学。在美国，只要书店卖儿童书，就一定会卖谢尔的作品。他的作品不只吸引儿童，更俘获了成人的心。

图4-21

2）人本教育绘本

所谓人本教育，就是以人为本，充分尊重人的价值和意义，发扬人的主体性和个性，极大丰富人的生活和生命，推动人的科学发展的教育。培养完整的人、自我实现的人以及关注人的品格发展和情谊发展是人本教育倡导的理念。在哲学理论层面上，西方现代的现象学、存在主义以及生命哲学深刻地影响着人本教育，使其深入学生的情感深处，注重学生的生命存在，呼唤真正实现潜能、拥有完美人性的人的形成。

有意义的教育一定是"以人为本"的教育，意指把人当作教育的起始点，也意指人是教育的价值导向。"以人为本"的教育应该用人的思维来理解人，用人的方法来把握人。人本教育非常强调人的生成发展，将教育过程当作生成人的过程。

马斯洛作为"人本主义心理学之父"，认为教育的目的以及人的目的，最终都是为了人的自我实现，是人所能达到的最高水平的发展，也就是帮助人到达他所能达到的最好状况。实现人的"内在价值"是自我实现追求的内容。马斯洛认为人具有其天生的潜在能力，发掘施展自己的潜在能力，最终打破自己现有的水平，突破自己，是人的根本目标。环境在一定程度上能帮助人发掘并实现潜在能力，但是并不是所有的环境都能帮人实现潜在的能力，只有人与人的关系是彼此信任的，是真诚交往的，是相互理解的，在此类的和睦的氛围下，才能帮助人发掘并将潜力发挥出来。①

培养"全人"和"完人"历来都是人本主义教育的理想和传统。罗杰斯作为人本主义心理学最有影响的代表人物之一，承袭了"完人"的教育理念，主张教育即培养"完整的人"，指躯体、情感、心智、精神和心理力量融为一体的人，知情合一的人。他所指的"完整的人"就是自我实现的人。②罗杰斯还强调，人都有一种心理倾向，这种心理倾向是先天的或是被生物学基础所决定的，是促进和决定人类行为的原始的、基础的动机。他称之为"自我实现倾向"，这种倾向表现为一种求生存、求强盛、求完满的趋向。

很多教育家的理论都闪现了人本教育的光芒。教育家赫伯特强调，加强人与人之间的亲近和合作，用情感来促使学生个性化是教育的基本目的。教育家夸美纽斯以儿童的天性为依据，即以儿童身心发展的秩序为依据，指出了教育要遵循自然，认为适应人的本性才是真正的教育，学校教育和教学一定要适合儿童的发展天性。杜威强调教育要以儿童为中心，他主张有价值和意义的教育一定要切合幼儿的自身特色。

不只在西方，在中国人本教育思想的发展也是由来已久。中国的人本教育思想是以中国古代人本思想为基础发展分化而形成的，中国各代也不断有先哲名士从人和人性出发来讨论"人"的地位及其存在的作用，并在此基础上阐明教育的目的和途径，期望借

---

① 杜红华.人本教育理念下初入园幼儿生活适应不良及对策研究：以深圳市S幼儿园为例[D].深圳：深圳大学，2017.

② 赵同森.解读人本主义教育思想[M].广州：广东教育出版社，2006：114.

助教育提升人性，改造人性，最终形成完美人格。

在众多的绘本中，有关人本教育方面的绘本也有很多，运用文字和图画的形式，向读者们诠释着人与自然、人与社会、人与人之间的关系。

示例1：《小房子》

图4-22

（1）绘本简介

《小房子》讲述了小房子每天站在山冈上看风景，除了日月星辰和四季的变化，它还看到乡村的景物随着挖马路、开商店、盖高楼、通地下铁……而一点一点地改变。后来，它身边的小雏菊和苹果树不见了，取而代之的是都市的乌烟瘴气和行色匆匆的人们。小房子又是幸运的。某一天，当初建造它的主人的后代在街上偶遇小房子，认出它原来是奶奶小时候待过的那个小房子。于是，小房子搬迁了，逃离了拥挤的城市，来到了一个和从前住过的山岗相似的地方安顿下来，又过上一年四季景色永远看不厌的生活。故事到这里就结束了，可后来呢？会不会还有后来，小房子会不会再一次被城市生活吞噬。

这是一本非常有意思的绘本，小房子向往城市的生活，乡村城镇化，是时代发展的必然，是经济的发展结果，当小房子感受到城市的热闹和便捷后，他内心还是依然向往着平静，向往着美好的大自然。小房子就是我们生活中的每一个人，心有所往，但依然不忘初心。

这是一个美丽的故事，也是一个弥漫着悲哀的故事。它能让读者体会到大自然的美好、人在城市化进程中对大自然的毁坏，进一步呼吁人类要更加热爱环境、热爱大自然、热爱生命。

（2）作者简介

维吉尼亚·李·伯顿（1909—1968），美国作家，童书插画家（图4-23）。1909年生于美国马萨诸塞州，她的父亲是麻省理工学院首位教务长，母亲则是一位英国诗人兼音乐家。

图 4-23

主要作品有《乘火车去》《迈克·马力干和他的蒸汽铲车》《神奇之马》、获得 1943 年凯迪克金奖的《小房子》、获得 1948 年凯迪克银奖的《罗宾·胡德之歌》以及被赞誉为是她的艺术与人生的集大成之作的《生命的故事》。

示例 2：《卡夫卡变虫记》

图 4-24

（1）绘本简介

一个名叫卡夫卡的小男孩一觉醒来发现自己变成了一只甲虫，可是一天整下来，除了他的好友迈克尔发现他变成虫子并跟他一起去找寻自己，卡夫卡身边的其他所有人，包括他的爸爸、妈妈、妹妹、老师，都没有发现这个如此巨大的变化。因为，除了他的好朋友之外，其他人都没有认真地看他、倾听他、感受他……到了傍晚放学回家，家人们终于发现卡夫卡原来变成了甲虫，但爸爸妈妈见到他变成甲虫也还是亲吻他，还是如以往一样爱他，卡夫卡安心地睡了一觉后又变回了原来的小男孩。

"我变成了甲虫，可根本没人发现，这算什么事？我是人还是虫子都无所谓吗？难道就没人在乎吗？"从这些话中，我们不难感受到人们在相处过程中"习以为常"的冷漠，就连自己身边最熟悉的人，也会对卡夫卡视而不见。在人与人的相处过程中，尤其对孩子成长过程中的关心与关注是必不可少的，我们要多去倾听孩子们内心的想法，多关心孩子们的一举一动，将冷漠化为暖阳，只有这样，才能不会错过每个孩子在不同阶段的成长巨变。

（2）作者简介

劳伦斯·大卫，1963年出生在美国波士顿（马萨诸塞州）。他既创作儿童图书，也为大人们写书。

戴勒菲妮·杜朗，儿童绘本作家，插画家。画风独特，画面细节丰富。

两位作者共同合作的绘本还有《好心的小女孩》。

示例3：《小老鼠和大老虎》

（1）

（2）

图 4-25

（1）绘本简介

这本绘本讲述的是一只高大威猛的大老虎和一只矮小瘦弱的小老鼠之间的友谊，尽管他们是好朋友，可是却存在着种种不平等，大老虎总是对小老鼠呼来唤去，有一天小老鼠终于忍无可忍，勇敢地做出了反抗并决定离开大老虎，最后在大老虎的诚心改过下他们终于又和好了。

什么是真正的朋友？真正的朋友需要以诚相待、平等交往，需要设身处地为对方着想。当发生冲突的时候，更需要双方都付出努力：一个学会妥协，一个学会原谅。故事里的小老鼠与大老虎就是这样化干戈为玉帛，最后成为一对最好的朋友。

友情意味着平等相待、同甘共苦，好朋友之间就要学会分享。故事的某些情节非常贴近孩子的生活，在孩子的日常生活中，与同伴之间相处时也会出现很多的矛盾和冲突。通过这个故事的学习，可以让孩子们体会到真正的朋友是需要以诚相待、同甘共苦，真正的朋友是需要设身处地为对方着想的。

（2）作者简介

庆子·凯萨兹（Keiko Kasza），日本著名艺术家（图4-26）。毕业于美国加利福尼亚大学，主攻绘图设计。从1981年开始创作绘本，代表作有《小老鼠和大老虎》《我的幸运一天》《不要再笑了，裘裘！》等。

图 4-26

3）多元文化教育绘本

随着全球化时代的来临，世界各国已经整合成为一个多元化的整体，各个国家在经济、政治、文化、安全等多方面都出现了一体化的趋势。这一发展也使得各个民族间不同的文化相互渗透和融合，但与此同时，不同民族文化间的碰撞与冲突也随即产生。这些冲突的根源，则主要是指每一种文化都相信自己所代表的是人类最先进的文化，其他文化种群需要向自己的文化俯首称臣。

面对全球化带来的种种挑战，多元文化主义应运而生。赫斯科维茨（M.J.Herskovits）曾经说过：每种文化都有独特的内涵和审美价值，都可以为自己的群体服务，因此，不同文化之间应相互尊重，要强调多种而不是一种生活方式的价值。这句话表明了多元文化主义的立场与态度：多元文化主义强调多元文化，认同多元文化，赋予不同文化以平等的地位。多元文化教育是多元文化主义思想的体现和深化，它肯定了各民族文化存在和发展的价值，主张包容、尊重各民族文化的差异，引导人们形成尊重差异的意识，增进不同文化和族群之间人与人的尊重、谅解、宽容、友好的精神。[①]

绘本富有教育性、儿童性、艺术性及趣味性，可将深邃的内容通过浅显的故事来阐述。研究指出，绘本可以扩大幼儿的生活领域，拓展生活知觉。幼儿可以透过绘本更贴近实际生活经验；除了可以认识自己的文化，更能够接触他国的风土人情，了解各民族的多元文化，增进生活适应能力。近年来，有学者已经把绘本教学与幼儿园的数学教育、品格教育相结合，并取得了良好的效果，也有台湾学者将绘本教学融入多元文化教育，但其研究对象都是小学生。因此，研究者认为可以将绘本资源融入幼儿园的多元文化教育中去，以达到提高幼儿多元文化意识的目的。

高校学前教育专业的大学生，应尽可能多地了解有关多元文化教育方面的绘本，对该类绘本的了解可以在以后的从教过程中，给学前儿童带来诸多益处。

第一，有助于加深幼儿对传统文化和民族文化的认识。多元文化教育能使幼儿园对本国的文化感到骄傲和自豪，增强民族自豪感。

第二，有助于开拓幼儿的视野。多元文化教育能使幼儿接触和体验到国外优秀的文化。

---

①张月琴.促进幼儿园多元文化教育的协同行动研究[D].浙江师范大学，2016.

第三，有利于提高学前儿童尊重他人的能力。学前儿童在接触到不同文化、群体的过程中，会慢慢意识到自己与他人的差异，意识到每个人都是平等的，在这个过程中形成尊重、宽容的意识。这就是多元文化教育最终的目的。

示例1：《桃太郎》

图4-27

（1）绘本简介

《桃太郎》在日本是一个家喻户晓的民间故事，它具有民间故事叙事性强、结构清晰、故事曲折等典型特点，桃太郎身上也具备了善良、勇敢、坚毅等民间故事主角的典型性格特征。松居直和赤羽末吉以绘本形式赋予了它新的生命力。赤羽末吉在创作中还融入了水墨画手法，使得画面带有浓郁的东方气息，增强了作品的感染力。本书出版后深受孩子们的喜爱，并获得日本学校图书馆协会特别推荐奖、日本产经儿童出版文化奖等日本儿童出版界重要奖项。

（2）作者简介

松居直，1926年生于日本京都，被誉为"日本绘本之父"（图4-28）。创作有《桃太郎》（获日本产经儿童出版文化奖）等绘本，并著有多部绘本理论著作，如《如何给孩子读绘本》《我的图画书论》等。

赤羽末吉，1910年生于日本东京，年轻时曾在中国东北和内蒙古生活过多年，49岁时与松居直相遇，开始了绘本创作，50岁时出版了绘本《地藏菩萨》，此后凭借雄厚的实力成为亚洲首位国际安徒生奖画家奖得主（图4-29）。赤羽末吉的画作结合了中、日两国的文化底蕴，代表作品有《苏和的白马》《桃太郎》等，作品曾获日本产经儿童出版文化奖、讲谈社出版文化奖、小学馆绘画奖、美国布鲁克林美术馆图画书奖、德国莱比锡国际图书设计展金奖等多项大奖。

图 4-28

图 4-29

示例 2：《玛德琳》

（1）

（2）

图 4-30

（1）绘本简介

在巴黎一栋爬满藤萝的老房子里，住着十二个女孩。他们常常排成两排吃面包、刷牙、上床睡觉。其中最小的是玛德琳，她非常勇敢。一天晚上，负责照顾她们的克拉菲老师觉得不对劲，原来是玛德琳得了盲肠炎。被紧急送往医院后，玛德琳的肚子上留下了一道伤疤。另外十一个女孩去医院看望玛德琳。结果她们回来后的夜里，克拉菲老师又被惊醒了，这次发生了什么不对劲的事情呢？

全书共融入了巴黎铁塔、巴黎歌剧院、旺多姆广场、巴黎圣母院、卢森堡公园、圣心大教堂、卢浮宫等多处巴黎有名的场景。最难能可贵的是，虽然这是为孩子们创作的图画书，但加入了这些平日里庄严肃重的著名建筑，却一点也不违和。这是因为作者多次借用了电影戏剧性的远景场面来布景。比如救护车驶过埃菲尔铁塔旁的街道以及下雨时大家经过巴黎圣母院前的广场。（图 4-31）

（1）　　　　　　　　　　（2）

图 4-31

《欢欣岁月》的作者李利安·H. 史密斯 在书中是这么评价这本书的绘画部分的：

路德维格·贝梅尔曼斯的图画书《玛德琳》并没有明显的设计之感，好像那些画小孩自己也能画出来。也许是他的意图正在于用轻松愉快的图画和儿童一起分享快乐，这也许就是这本书受儿童欢迎的原因所在。无论是用炭笔描绘的黄色大地，还是阳光下色彩艳丽的瓦砾花园，贝梅尔曼斯都在他严谨的图画中注入了繁茂的想象力、幽默感和微妙的细节。

（2）作者简介

路德维格·贝梅尔曼斯（Ludwig Bemelmans），1898 年 4 月 27 日出生于奥地利蒂罗尔州（图 4-32）。从小跟随外公长大的他，喜欢画画，却遭到了外公的反对。27 岁时，他和别人共同经营哈布斯堡王朝餐厅，在餐厅的墙壁上，在自己的公寓窗户、窗帘和墙壁上，都画满了故乡的风景。这引起了 Viking 出版社的童书编辑梅·玛斯的注意，鼓励他创作图画书。

1939 年出版的《玛德琳》不但成了他的代表作，还为他赢得了凯迪克奖银奖。

十几年后，他又推出了一系列以玛德琳为主人公的绘本：《玛德琳的救援》（Madeline's Rescue，1953）、《玛德琳和坏帽子》（Madeline and the Bad Hat，1956）、《玛德琳在伦敦》（Madeline in London，1961）等等。其中《玛德琳的救援》获得了 1954 年凯迪克奖金奖。

图 4-32

示例 3：《汉达的惊喜》

图 4-33

（1）绘本简介

《汉达的惊喜》是一本洋溢着非洲热带风情的绘本。书中描述了一个非洲的小姑娘汉达在自家水果丰收之后，精心挑选了其中七种水果装到篮子里，顶在头上出发去找自己的好朋友 Akeyo，准备给她一个惊喜。一路上遇到了七种动物，它们趁汉达不注意的时候，把她的水果都悄悄偷走了。幸好最后山羊碰到了橘子树，树上的橘子掉落下来，一下子把汉达的篮子又装满了。当她把装满橘子的篮子送给 Akeyo 的时候，才发现出发时的水果全都变成了橘子。这对两个女孩儿来说，都是一个惊喜呢！

（2）作者简介

艾琳·布朗（Eileen Browne），英国著名的插画家和童书作者（图 4-34）。代表作品有《汉达的惊喜》（*Handa's Surprise*）、《汉达的母鸡》（*Handa's Hen*）等。

图 4-34

示例4：《荷花镇的早市》

图4-35

（1）绘本简介

《荷花镇的早市》讲述了一个非常恬静的故事，没有跌宕起伏的情节，没有热闹搞笑的段子，没有丰满独立的人物，仅仅用一幅幅温馨的水乡集市画面，讲述了一个平凡的早晨。从阳阳第一次回到水乡给奶奶过70岁生日时的情景展开，通过阳阳的视角向读者们描绘出一派诗意盎然的水乡景色和朴素温暖的水乡人情。阳阳看着都市生活里从未出现的新鲜事物和乡俗风情：米酒、小猪、斑驳的船影、刚出壳的小鸡、露天的大戏、接新娘的花轿……随着阳阳的视野，江南的诗意缓缓流淌于绘本之中。水乡的水灵动而清澈；水乡的人聪颖而淳朴。在远离喧嚣的沉静与安宁里，江南人不事张扬、心无芥蒂地生活着，江南温暖、纯净如梦中的家园。在车水马龙的世界里，孩子还需要一方安静的角落；在花团锦簇的繁华里，孩子还需要一份质朴的诗意。也许，这就是画家的心愿，他在回忆里追寻渐渐逝去的美，在追寻里为孩子保留一处永不褪色的风景。

这部作品的销量在原创作品中高居榜首，给我们的启示就是绘本的艺术表现具有无限可能。对于孩子们来讲，阅读绘本，就是和自己生活经验去呼应。绘本的阅读，会给孩子们以心灵的慰藉和疗愈，让他们对生活更充满向阳生长的勇气的力量。

（2）作者简介

周翔，1956年生于陕西凤翔，在江苏南通度过童年，毕业于南京艺术学院美术系，现任江苏少年儿童出版社《东方娃娃》主编（图4-36）。其创作的绘本《小猫和老虎》于1987年获全国儿童美术邀请赛优秀作品奖；《泥阿福》于1992年获全国优

图4-36

秀少年儿童读物一等奖；《贝贝流浪记》获国际儿童读物联盟中国分会（CBBY）第一届小松树奖；《小青虫的梦》于 1992 年获五个一工程奖；获国际儿童读物联盟中国分会（CBBY）第二届小松树奖。

4）情感教育绘本

教育最根本的目标是培养身心健全的人，身心健全的人首先必须具有良好的情感素质。研究表明，情感素质比智商更重要，它决定着人们工作、交往、事业的成败和个人的幸福。而对于儿童早期教育来说，其最重要的目标不是知识的积累，也不是智力的开发，而是儿童美好心灵的培育。在幼儿期应该注意培养幼儿积极、健康、向上的情感，塑造完整人格。①

绘本是幼儿学前时期接触最多的阅读读物，也是几乎每个孩子在生命之初最喜欢、最吸引他们的读物。当幼儿刚开始喜欢探索外面的世界时，家长们可以给他们一套精美的绘本，从绘本中，他们认识毛毛虫、母鸡萝丝、彼得兔等等。在幼儿园里，幼儿接触到更多的绘本，让更多的绘本成为他们生活中的一部分，丰富其幼儿园生活。待到稍微识字后，孩子们会兴奋地用小手点着绘本上的字，并配合图画读书，这种兴奋与快乐不仅让孩子久久难忘，让家长也由衷地欣喜。可以说，绘本是幼儿在不同时期最受欢迎、最亲切的伙伴。

由于学前阶段的幼儿思维处于具体形象思维阶段，思维的进行还需要具体表象的支持。幼儿的知识单元孤立、单一、零星，从心理发展水平和认知所处的阶段看，他们还不具备成熟阅读者所拥有的阅读理解能力。这就限制了幼儿的阅读和理解水平。而绘本的鲜明生动的图画和简单明了的文字恰恰适合幼儿的阅读特点，许多优秀绘本人物的塑造、故事情节的铺陈、结构安排、构图、版式及装帧设计，都全面而充分地考虑到了幼儿的接受心理和阅读的趣味。

绘本为懵懵懂懂的孩子通往外部世界打开了一扇窗户，同时这些由精美的图画和诗意的文字构成的富有教育意义的故事，也为孩子们的情感提供了很好的发展空间。幼儿的思想很单纯，他们还没有经过世俗的浸染，只知道在阅读中去幻想，于是在一个个纯净而浪漫的故事中，他们能感受到最美丽的情感和最简单的幸福。阅读可以使孩子张开"灵魂的眼睛"，在情感上按照他自己的意愿自由地想象故事，以保持情感的安宁。也就是说，绘本阅读这种独特而影响深远的方法，能够疏解孩子的不良情绪情感，也能使孩子心灵得到安宁，还能培育孩子的幽默气质等。

作为高校学前教育专业的大学生，对情绪情感方面的绘本也应多加了解，为幼儿日后的情感教育做好充分的准备。当幼儿出现消极的情绪时，可以运用绘本纾解消极的情绪；当幼儿阅读浓浓诗意的绘本作品时，可以运用绘本让幼儿的心灵得到安宁；当幼儿

---

① 王彦波.幼儿园游戏中情感教育研究 [D].桂林：广西师范大学，2006.

阅读幽默搞笑的绘本时，可以培育幼儿幽默的气质情感。

第一类　纾解不良情绪的绘本

示例1：《野兽出没的地方》

图 4-37

（1）绘本简介

该绘本被认为是"美国第一本承认孩子具有强烈情感的图画书"。麦克斯因为遭到妈妈的惩罚，便开始用自己狂野的幻想来进行反抗、发泄。但是，在野兽出没的地方，他不再是一个弱者，因为他可以对其他野兽发号施令，能征服、支配他们，他命令野兽们对月狂舞，以牙还牙，不许野兽们吃晚饭就去睡觉，通过这种幻想中的权力，使得麦克斯的负面情绪得到了安抚。

莫里斯·桑达克把这本书看成是孩子们玩的一个游戏，他相信孩子们能通过游戏的方式排解他们内心的一些恐惧，当孩子们恐惧、愤怒、痛恨时，可以用幻想的方式进行解决。该绘本中，麦克斯就通过幻想，消解了对妈妈的愤怒，然后困倦、饥饿和心平气和地返回到真实的世界里……

（2）作者简介

莫里斯·桑达克，1928年6月10日出生于美国纽约的布鲁克林区。他喜欢画画，上中学时，他的绘画才能得到了美术老师的肯定。高中毕业之后，他并没有进入美术学校就读，而是一边白天在一家橱窗展示公司打工，一边晚上在艺术学生联盟进修写生油画课程。

他自写自画的《野兽出没的地方》，让他一举成名，这部作品获得了1964年凯迪克奖金奖。《野兽出没的地方》，再加上获得1971年凯迪克奖银奖的《厨房之夜狂想曲》和获得1982年凯迪克奖银奖的《在那遥远的地方》，被莫里斯·桑达克自己称为"三部曲"。他非凡的艺术成就受到全世界瞩目，对现代儿童文学的发展影响深远。

1970年他获得了国际安徒生奖画家奖。2003年,他还获得了阿斯特丽德·林格伦纪念奖。

示例2:《生气汤》

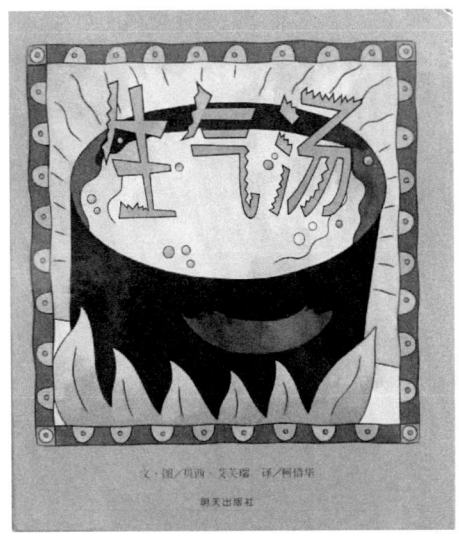

图 4-38

(1)绘本简介

霍斯这一天过得不太好,他想不出第三题的答案、被牛踩了一脚、放学时珍珠阿姨开车差点压死小狗,霍斯气得踩了花!但是,他妈妈却说要一起煮汤,妈妈对着锅子大叫,霍斯也这么做了。他们一起对着锅子叫喊、敲打锅子。最后,霍斯笑了,妈妈也笑了,他们煮了一锅"生气汤",把一天的不开心都搅散了。

该绘本中的妈妈用非常巧妙的方法化解了主人公的坏情绪,她并不是选择抑制幼儿的情绪,而是教幼儿学会自我疏导。它启示了幼儿家长要站在幼儿的角度上理解幼儿,使用更加积极的沟通方式帮助幼儿、引导幼儿,它是引发幼儿和幼儿家长共同思考与成长的绘本。家长在与幼儿共读绘本时可以举生活中的例子以及亲切询问幼儿在幼儿园遇到的不开心的事情,在生活中引导、帮助幼儿主动去化解情绪问题。

(2)作者简介

贝西·艾芙瑞(Betsy Everitt),1962年8月出生于美国洛杉矶,1986年在加州帕萨迪纳市的艺术中心设计学院取得艺术学士学位。她擅长创作水粉画,在杂志、图书、广告、包装、服饰、网页设计等多个领域都有杰出的表现。《生气汤》是她以个人亲身经历转化为创作灵感,自写自画的一本图画书,色彩鲜明,充满了夸张的幽默。

第二类 静享情感安宁的绘本
示例1：《猜猜我有多爱你》

图4-39

（1）绘本简介

《猜猜我有多爱你》是2005年明天出版社出版的图书，这本图画书的主人公是兔妈妈和一只小兔子。小兔子像所有的孩子一样爱比较。它们俩在比赛谁的爱更多一些。大兔子用智慧赢得了比赛和小兔子稍微少一点的爱，可小兔子用它的天真和想象赢得了大兔子多出一倍的爱。两只兔子都获胜了。整个作品充溢着爱的气氛和快乐的童趣，小兔子亲切可爱的形象、两只兔子相互较劲的故事构架以及形象、新奇的细节设置都对孩子有着极大的吸引力。

我们可以感受到，大兔子和小兔子表达爱的方式是完全不同的。小兔子的爱是主动外放的，它总是特别热情又直接地想让大兔子懂得自己的爱。而大兔子的爱是深沉内敛的，它习惯顺着小兔子的想法去表达爱，更加冷静含蓄。它从来没有刻意表达自己的爱有多么伟大，但却能在不经意间表露对小兔子更多的爱。

当读者读此绘本时，会被兔妈妈和小兔子之间爱的表达所感动，从而一股暖流直上心头，在欣赏完后，还能静静享受内心的安宁与爱意。

（2）作者简介

山姆·麦克布雷尼（Sam McBratney），1945年出生于爱尔兰的贝尔法斯特。他在爱尔兰的著名学府都柏林主日学院求学多年，原本只是位教师，却在为患有阅读障碍的学生创作故事的同时，喜爱上了故事里丰富的想象力，进而陆续创作了数十本童书，包括《你们都是我的最爱》以及全球销售超过1500万本的《猜猜我有多爱你》等。

安妮塔·婕朗（Anita Jeram），出生于英国朴次茅斯。在曼彻斯特工艺专科学校学习过美术，当她还是一个学生的时候，就为孩子们出版了第一本书。主要作品有《亲亲晚安》（*Kiss Good Night*）、《塞姆，你觉得不舒服吗?》（*Don't You Feel Well, Sam?*）、《小兔，我的甜心》（*Bunny, My Honey*）。

示例2：《花婆婆》

图 4-40

（1）绘本简介

《花婆婆》是以作者自己的生活经验作为绘本创作的题材，自己写故事、自己画插图创作出的一本自传式图画书。从一个小女孩开始，用唯美的画面展示和讲述她的一生，主要的侧重点是讲述她是如何追寻和传播爱的，给孩子带来的心灵体验是非常震撼的，值得每个小朋友阅读。

这种以人生作为跨度的绘本，给人带来的收获是巨大的，它可以让孩子从中获取人生的意义，体会到自己的一生中，应该是以追求和传播爱为主，要热爱生活，热爱他人。在绘本中大家会看到这样的画面：花婆婆渐渐地老了，头发也白了，但是她还在不停地种花，每年都开出更多更美丽的鲁冰花……

芭芭拉·库尼曾说："《花婆婆》也许是最贴近我内心的作品。当然，花婆婆与我有许多不同的地方，不过，在我创作这本书的时候，花婆婆就逐渐变成另一个我，或者一开始创作就是如此，只是我不自觉。"所以这个故事读起来是那么有感染力。

这本书里每一页的插画都那么美，线条柔和，色彩明亮，人物的服饰等一些细节都精心描画出来。特别是海边花婆婆住的那栋房子，让我们仿佛看到海子的诗里写的那样："我有一所房子，面朝大海，春暖花开"。

每个人都有梦想，但是有的人走着走着就离梦想越来越远，有的人却用一生去实现它。

这是一本让你觉得温暖并充满勇气的书,去拿起来念给你的孩子听,然后一起去勇敢地实现自己的梦想吧!

美与希望,生活与梦想,希望我们的家长可以有这样的情怀,希望我们能给孩子传递这样一种信念!

(2)作者简介

芭芭拉·库尼,1917年和她的孪生兄弟出生于纽约的布鲁克林。1938年,芭芭拉·库尼于马萨诸塞州史密斯学院毕业,主修艺术史。之后她一边在纽约市的艺术学生联盟学习石版印刷及蚀刻版技法,一边开始向出版社毛遂自荐自己的作品,1940年出版了她的第一本插图作品《卡尔·马姆伯格的阿奇和他的世界》(*Carl Malmberg's Ake and His World*)。

第三类　培育幽默气质的绘本

示例1:《鳄鱼怕怕,牙医怕怕》

图4-41

(1)绘本简介

《鳄鱼怕怕　牙医怕怕》是一本幽默可爱又具功能性的绘本,它用简单反复的语言讲述了一场鳄鱼和牙医之间的心理较量,他们害怕彼此,可是一颗蛀牙让他们凑在了一起。凶恶的鳄鱼只得乖乖地听牙医的摆弄,而红脸的牙医也只能壮着胆子看病,这种反差让人忍俊不禁。五味太郎用诙谐的对比文字,幽默地刻画出鳄鱼和牙医之间对立的心理矛盾,不但故事主题很鲜明,主角鳄鱼和牙医的造型也富有童趣。该绘本故事不仅告诉小朋友们要好好爱护牙齿,也告诉小朋友们遇到问题要学会勇敢面对,是一本很疗愈的绘本,非常适合亲子共读。

(2)作者简介

五味太郎,1945年出生于日本东京,毕业于桑泽设计研究所工业设计科。曾从事过工业设计、印刷美术图案设计。二十七岁时开始创作图画书,至今已出版了三百多本创意独特、色彩鲜艳明亮、构图现代的图画书。

《谁吃掉了?》《藏在谁那儿呢?》获产经儿童出版文化奖,《小牛的春天》获意大利波隆那国际图画书原画展奖,自传《时时少年时》获2000年第二十二届路旁之石文学奖。他的读者面非常广泛,从婴儿到成人,作品被译成多种语言,是日本在海外知名度最高的图画书作家。

示例2:《跟屁虫》

图4-42

(1)绘本简介

《跟屁虫》是日本著名绘本作家宫西达也创作的,他的故事充满天真和趣味,因为他的创作来自自己的童年记忆和育儿经验。他用温馨诙谐的故事让更多的孩子和家长喜欢上了他的图画书。

宫西达也以简单的线条、明亮的色彩、可爱生动的表情、简洁幽默的语言,描述了一对小兄妹之间发生的温馨故事。"我的妹妹可真是一个跟屁虫。"看似抱怨的语言,其实暗藏着哥哥对妹妹的爱惜和身为哥哥的自豪。我们也可以从中发现孩子对"跟屁虫"这个词汇的理解程度和对家庭成员的情感认同。

这个关于家有二宝的有趣故事,真可谓诙谐幽默又饱含爱意,特别适合二宝家庭共同亲子阅读,也能启发父母思考如何应对老大的心理以及两个孩子的相处问题。

(2)作者简介

宫西达也,1956年生于日本静冈县,毕业于日本大学艺术学部美术学科,在从事人偶剧的舞台美术、平面设计工作后,开始绘本创作(图4-43)。他从保留在心底的童年记忆和育儿经验中汲取创作灵感,作品充满天真趣味,并以温馨诙谐的故事和充满力度的画风独树一帜。

他的作品有《你看起来好像很好吃》《我是霸王龙》《你真好》《好饿的小蛇》《乒乓和乓乓钓大鱼》《今天运气怎么这么好》《爸爸是赛文奥特曼》《好饿的狼和猪的小镇》和《一只猪和一百只狼》等,阅读他的恐龙系列作品,总让人热泪盈眶,作品中传达了爱心、温柔、体贴等比金钱、物质更重要的东西,很容易打动读者的心。

图4-43

(二)绘本的制作技法

为了更好地丰富学生们制作绘本的技法,首先选择一些有代表性的绘本让学生们进行欣赏,从视觉角度明晰作者们的创作技法,为更好地制作绘本奠定基础。

1.《小黑鱼》——水彩拓画的技法

《小黑鱼》是被称为色彩魔术大师的美国绘本大师李欧·李奥尼的作品,翻开这本书就被书中的多彩的世界和巧妙的设计吸引住了。在书中不同的内页中,看似像果冻一样的水母、五彩的海草,还有那粉红色的棕榈树般的海葵……这一幕幕画面,仿佛让人置身在美丽的海底世界无法自拔。当然,海里的那群小红鱼和那一条小黑鱼是最吸引人眼球的。那一群小红鱼是用印章盖出来的,看到这里,大家也许都能回忆起童年时光中,我们用印章在书中或者在纸上拓印画的情景。而就是这种技法,我们把它称之为水彩拓画。具体操作起来就是首先将水彩颜料进行稀释,然后再涂出或者用实物拓印出鱼、水母及海草的形体和背景,因为水彩中加入了大量的水的稀释,所以水多色淡,画面中一种如水一样的透明感就跃然纸上了。当然,最引人注目的还有那一条活灵活现的小黑鱼,这条小黑鱼是李欧·李奥尼唯一用手画出来的。它的出现，在视觉上，传递出了一种强烈的存在感，也为之后的故事情节，小黑鱼当眼睛，其他小红鱼当身子，他们一同游在一起的巧妙构思埋下了伏笔（图4-44）。

通过欣赏《小黑鱼》绘本，不仅能让学生们了解故事的内容和图画的构成，也让其初步了解水彩拓画的技法，为进一步丰富制作绘本的技巧做有利的铺垫。

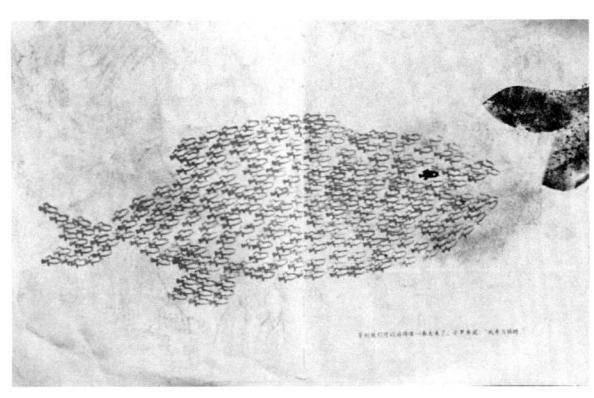

图4-44

2.《小蓝与小黄》——拼贴画的技法

绘本《小蓝与小黄》是李欧·李奥尼在一辆从曼哈顿去康涅狄格州的火车上为两个调皮的孙子创作的（图4-45）。为了让孩子们安静下来，于是，他就顺手将旁边杂志中的广告内页撕成圆圆的碎片，运用这些碎片，给孩子们即兴讲起了小蓝和小黄的故事，在讲故事的过程中，不仅这两个孩子着了迷，就连邻座的大人们都被吸引过来了。

就是这样的一种拼贴画的技法，将一个个边缘还不够整齐的圆纸片进行粘贴和组合，最终形成了图画书史上谁见谁爱的经典之作。

图4-45

3. 噼里啪啦立体玩具书——立体互动的设计

打开噼里啪啦立体玩具书,一跃而出的就是多变会动的立体动态造型,趣味盎然的文字,丰富绚烂的色彩,各种拉伸、翻转的机关设计,让人不得不佩服作者的设计理念。通过对立体玩具书的翻阅,能给读者带来不同于看平面书的惊喜体验。(图4-46)

噼里啪啦立体玩具书是礼盒套装,其中包含《我爱动物》《开车啦》《在大海里》《小虫子》《花和树》等,该套书通过优美细腻的画面,流畅活泼的文字,动感十足的立体设计,结合小朋友在生活中常见的认知物,巧妙地将熊猫滚球需要转动,蚂蚁搬家要用手拉的场景跃然纸上。让小读者在翻阅的过程中,既能有画面和文字的美的体验,还能有通过翻转、拉伸带来的互动的快感,从而达到在参与游戏的过程中享受寓教于乐的阅读,也培养了他们爱阅读的好习惯以及动手操作的能力,是低幼绘本中的典型绘本之一,也是亲子互动的绝佳教育工具。

图 4-46

4.《猜猜我有多爱你》——水彩画

关于爱的表达的故事相信大家最熟悉的当属《猜猜我有多爱你》了(图4-47),该绘本撰文作者为爱尔兰的山姆·麦可布雷尼,画图作者为英国的安妮塔·婕朗,书中大兔子和小兔子运用比高、比远等方式,表现出一件不容易衡量的爱的故事,表达了人类最复杂、最伟大的一种情感。

提到这本绘本的经典,不仅离不开山姆·麦可布雷尼充满童稚且饱含细腻又俏皮的语言文字,而且还离不开安妮塔·婕朗那天然质朴的水彩画的勾勒。所以,一本让人爱不释手的绘本，不仅需要趣味性语言的呈现还需要图画的充分渲染，而水彩画就是绘本表现技法中突出的一种。对于《猜猜我有多爱你》这本书，在书中并不想让画盖过文字的风头，而是小心翼翼地选择了三种颜色：土色、暗蓝色、淡橄榄绿色。图中一大一小两只兔子，仅仅运用少许的土色再加上钢笔墨线勾画出的轮廓，却将两只兔子画活了，惹人怜爱，越看越喜欢。画面中柔和的色彩、大面积的留白以及接近单色的背景，营造出一种温馨、舒适、恬静的视觉效果，怪不得美国的《出版者周刊》中推荐说："这是一篇经久不衰的睡前故事。"孩子和父母依偎在床上，读着粗大的字体、不断反复的叠句、接龙游戏似的比喻，再欣赏恬静、心安的画面，在孩子入睡之前，一遍又一遍地轻声朗读，怎能让孩子睡得不安心呢！

图 4-47

5.《空间创意和游戏书：洞》——互动体验设计

《空间创意和游戏书：洞》是由法国的绘本大师埃尔维·杜莱创作的，风趣的画风和有趣的创意，里里外外都让人眼前一亮（图 4-48）。埃尔维·杜莱是一位满脑子是奇思妙想的绘本创作大师，他将书建造成游乐场一样，将不同颜色、形状、材料等作为创意的元素设计进书中，让读者在触摸、翻阅、表演等方面，颠覆传统的互动概念，真正地表现出多样的玩法。

《空间创意4D游戏书：洞》这本书在设计的过程中，在书脊上挖一个镂空的半圆形缺口，将书平摊开来，正中心就是一个圆洞。如果再顺势将书举起来，在书上看到的就是一个圆形的窗口。一页页翻阅，每一页的图形都有不同，但无一例外的是，每页的图形都因中心那个圆洞而变得不完整。"洞"，看似不完整、残缺的书，打破了传统书籍的限制，将有限性和无限性结合起来。洞，通向神秘，通向无限的空间，也通向孩子无数种可能的未来。在这个洞里，我们可以结合着书中的提示，期待着孩子们在想象力和创造力方面的意外表现。在这个洞中，我们可以张开大嘴，尽情地呼喊，可以和爸爸、妈妈的互动阅读中，尽情地体验变成国王的"面孔"、大象的"鼻子"、旋转的"飞盘"等乐趣，孩子们可以在感觉、视觉、触觉等感官体验中，进行神奇的4D体验。能将书当玩具玩，这真是让人佩服的创意设计。

图 4-48

6.《可爱的鼠小弟》系列——铅笔画

《可爱的鼠小弟》系列绘本包含《鼠小弟的小背心》《鼠小弟和鼠小妹》《想吃苹果的鼠小弟》等（图4-49）。每本绘本中，鼠小弟的表情丰富可爱，形象鲜明突出。在每本看似简单的故事中，却都有意想不到的结局。观察每本绘本的画法，不禁发现都非常注重色彩的运用，每本中不仅有一个符合主题的主色调，还有清淡的鱼肚白以及干净明朗的靛青色等等。当然，在语言文字方面，简短生动，多采用重复的手法。这种重复手法的运用，不仅容易激起孩子们的兴趣，还能加强孩子们对语言的模仿，使作品更富有节奏感。

在看似简单的故事中，全留白的背景和质朴铅笔单色画的绘画风格，将柔和明快的铅笔线条跃然纸上，使读者不禁沉浸在美妙的故事情节之中，也能让孩子们在无限的遐想中，浸润于美好的画面，带着"美"的眼光去面对生活。

"原来用铅笔也能画出这么有特色的绘本啊！"可爱的鼠小弟系列绘本，运用铅笔画的画法，将小老鼠的可爱形象惟妙惟肖地表现了出来。所以，在绘本DIY的过程中，学生们也可以尝试运用铅笔去模仿、创作图画。

第四章 一起制作绘本，因为喜欢你

图 4-49

7.《我的声音启蒙书》——有声书

　　《我的声音启蒙书》由法国百年出版社伽利玛出品，是畅销十年的经典代表作，该套书主要围绕着宝宝熟悉的声音制作的，由宝宝身边的声音、大自然的声音、我的动物朋友组成，对于低幼幼儿来讲，尤其是处在听觉敏感阶段的幼儿，通过用小手指轻轻碰触画面中白色的隐藏按钮，就能听到美妙的声音了。宝宝在用小手和书互动中，聆听美好的声音，由此产生身临其境之感。当然，此套书的设计，让人心生佩服的地方在于书底部分安装了电池和发声器，通过电路的原理，每当触碰隐藏的按钮，就相当于按动了声音的开关，于是和画面匹配的声音就通过发声器发出来了。该类书的巧妙设计，能为制作绘本的同学提供借鉴和参考，进一步将电路的原理运用到绘本的制作当中。（图4-50）

（1）

（2）

（3）

图 4-50

8.《石头汤》——水墨画

《石头汤》是由美国琼·穆特文图、阿甲翻译的经典绘本。该书主要讲述"分享与爱"的主题，刚开始看这个书名，感觉很好奇、很纳闷，用石头怎么能熬出一锅汤来呢？！原来这是一个蕴含禅意的故事，运用一个煮石头汤的故事，生动形象地告诉读者"什么是分享"。

从这本书的画风来看，整个画面采用水墨风，用写意的水墨画本身，吸引读者的注意力，从而引发读者对画面的无限联想。比如以中国的长城为背景，三个和尚在右下角往右边走，画面既有远景和近景的拉伸，同时也构成了这幅跨页的人物运动的支撑，为故事的发展埋下了很好的伏笔。（图 4-51）

（1）

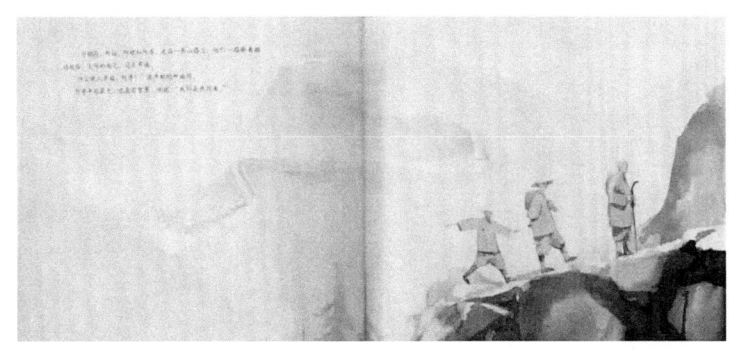

（2）

图 4-51

当然，在中国的绘本插画大师熊亮的绘本创作中，水墨画画风也是其典型特征。在他的作品《二十四节气》（图 4-52）《小石狮》等原创作品中，熊亮用充满禅意的水墨画风，创作着读者看来有些怪诞的作品。"二十四节气"这一话题，对于孩子们而言是抽象的。于是，他通过一个绝妙的"想法"，化解了这看似复杂的选题。熊亮把"自然"视为一个人，而所有的节气变化、季节更替，都成为这个人身体发肤的真切感受。这真是充满了无限想象力和童趣意味。熊亮说："童趣，在我眼里是没有'前经验'的一种状态，满是新奇与好奇。获得童趣，需要一种探索的勇气，当你放下了所有的'经验主义'，才能体会那些'未知'的幽默，它们尤为纯粹，毫无杂质。"

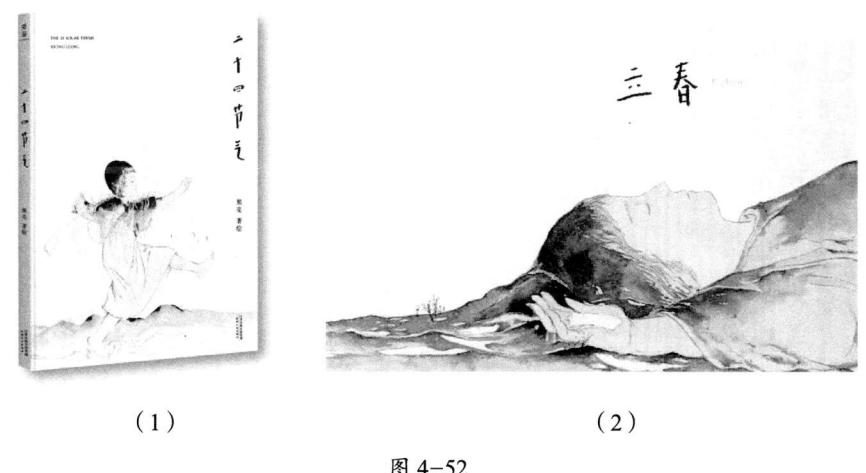

（1）　　　　　　　　　　　（2）

图 4-52

9.《发现农场》（*Discovery Farm*）——制作材料选择

《发现农场》美国 Lamaze 国际初生早教组织及耶鲁大学儿童智力开发专家专门设计研制的婴幼儿玩具布书（图 4-53）。书里面有好多小机关，内置响纸，宝宝在捏拿书的时候会发出声响，书的尺寸不大，正适合小宝宝。封面的小牛和书中的小鸡等都是可以移动的，能充分满足幼儿的好奇心和好动的身心发展特点，形成很好的人书互动，孩子们可以移动小鸡，呈现出小鸡出壳的动态，也可以用小手摸一摸小猪毛茸茸的尾巴。宝宝在1~1.5岁左右会经历一个口欲期，这个时候布书就派上大用场了，可随意啃咬不会损坏，脏了还可以洗干净重复使用，简直就是神器。

当然，在绘本制作的过程中，还可以选择不同质地的材料，比如各种各样的纸（海绵纸、彩色卡纸、硬纸板等）以及不织布等材料。

（1）　　　　　　　　　　　　（2）

图 4-53

（三）手工绘本的基本形式及其制作步骤和方法

1. 长方形书

长方形书是最简单的一种绘本制作方法，选择硬度适当的 A4 纸张大小的纸数张，根据绘本故事情节的长短，在纸上作画、涂色、写字等。在纸张的左侧用打孔器打孔，再用圆环扣住，并进行装订。（图 4-54）

（1）　　　　　　　　　　　　（2）

图 4-54 《教刷牙》（制作人：雍宥）

2. 正方形书和心形书

正方形书也是比较易于制作的一种绘本形式，它是由折叠出的一个个小方形粘贴而成的，做法很简单。

第一步：将正方形纸沿虚线部分折出四等份的折痕（图4-55）；

图4-55

第二步：将正方形纸按斜角线对折（图4-56）；

图4-56

第三步：将三角形的两个角向内收回，只保留中间一个小方形的形状（图4-57）；

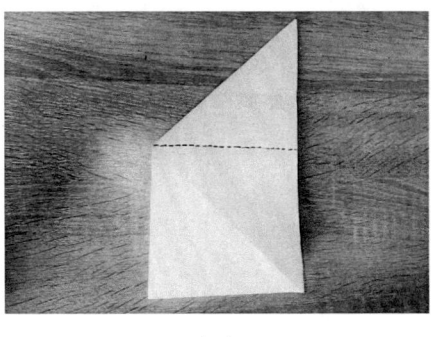

（1） （2）

图4-57

第四步：将做好的小方形用胶水或双面胶粘起来，粘贴过程中需注意开口方向一致（图4-58）。

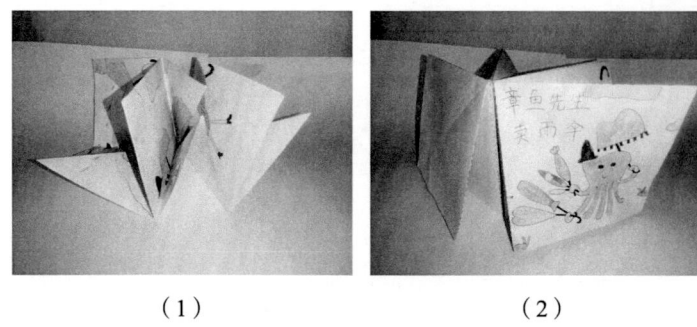

（1）　　　　　　　　　（2）

图4-58　《章鱼先生卖雨伞》（制作人：何璐）

▶正方形书变心形书：

第一步：为了方便，可以先将方形书如图对折，剪出一半心形（图4-59）；

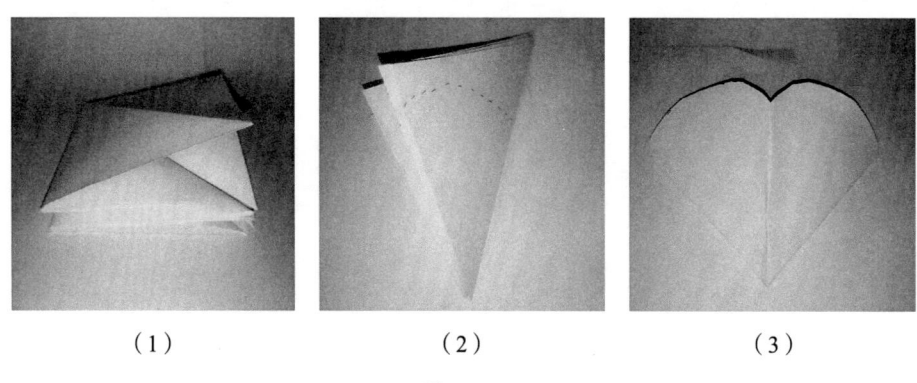

（1）　　　　　（2）　　　　　（3）

图4-59

第二步：每个单页打开后，像幸运的四叶草，将多张心形纸粘贴在一起，就做成了心形书（图4-60）。（注意：1.中间部分不要完全剪断；2.每一个单页的心形大小需统一）

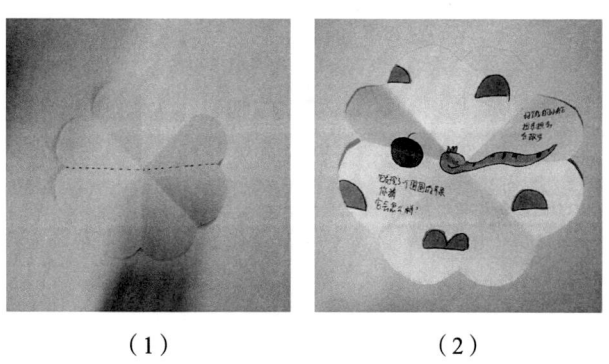

（1）　　　　　　　　　（2）

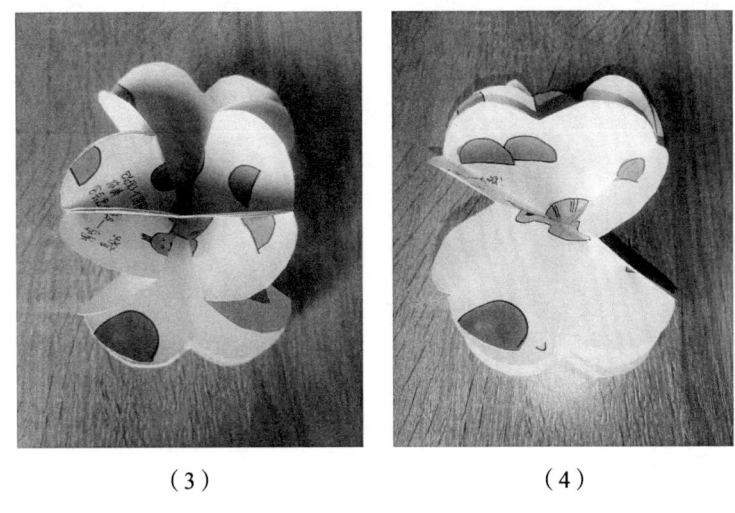

（3） （4）

图 4-60 《好饿的小蛇》（制作人：何璐）

3. 四页书

四页书用一张长方形的纸就可以完成，不需要装订，是一种比较容易制作的绘本形式，其中一本四页书可以作为一个单元，粘贴多个单元可以制作成多页的绘本。

第一步：将一张长方形的纸沿虚线对折成八等份（图 4-61）；

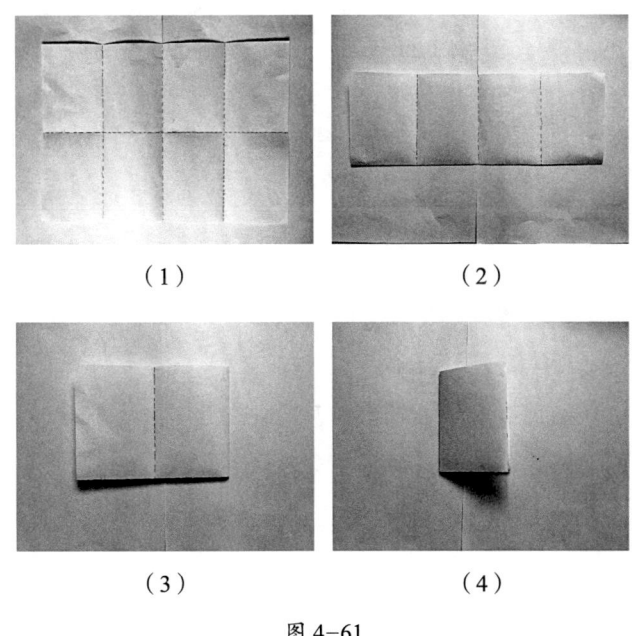

（1） （2）

（3） （4）

图 4-61

第二步：将纸展开，从中间实线部分剪开，为了裁剪方便，可以把纸对折后再剪（图 4-62）；

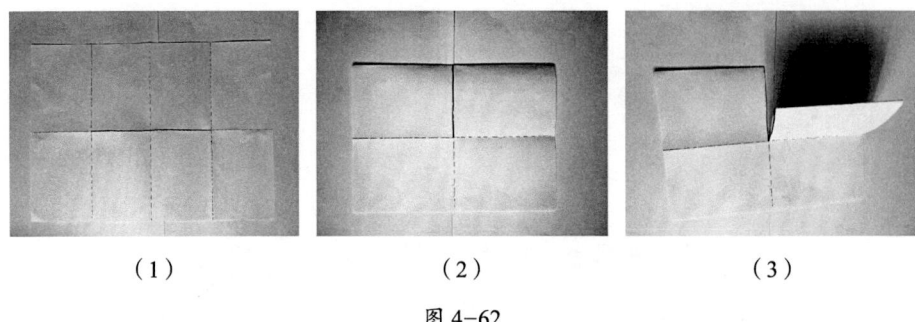

（1）　　　　　　（2）　　　　　　（3）

图 4-62

第三步：将纸对折剪开后，抓住剪开的两个格，以垂直于桌面的方向竖起来，其他的四个格铺展在桌面上（图 4-63）；

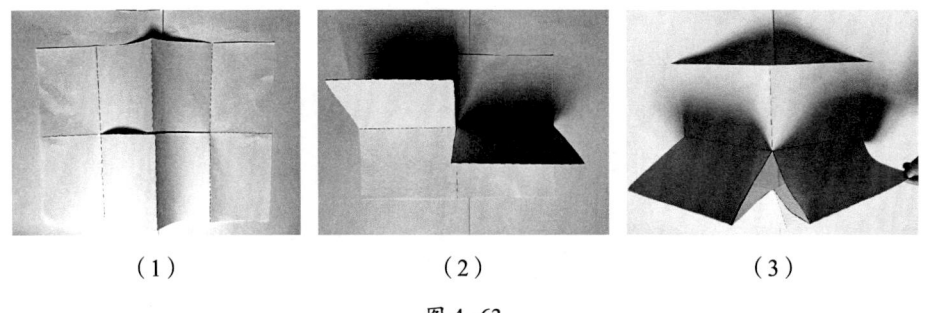

（1）　　　　　　（2）　　　　　　（3）

图 4-63

第四步：拉住竖起来的两个格的角往外拉，接着一手抓住一实线格，其他三个格以顺时针方向向其靠拢、叠合，一本四页书就完成了（图 4-64）。

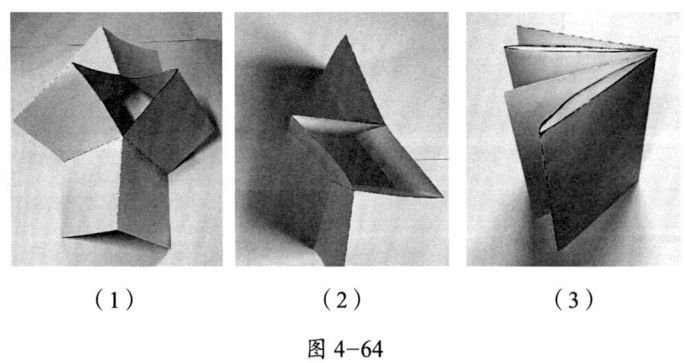

（1）　　　　　（2）　　　　　（3）

图 4-64

第四章 一起制作绘本，因为喜欢你

在做好的四页书右上角打个孔，连上漂亮的挂绳，就可以挂在身上，随时随地翻阅了（图 4-65）。

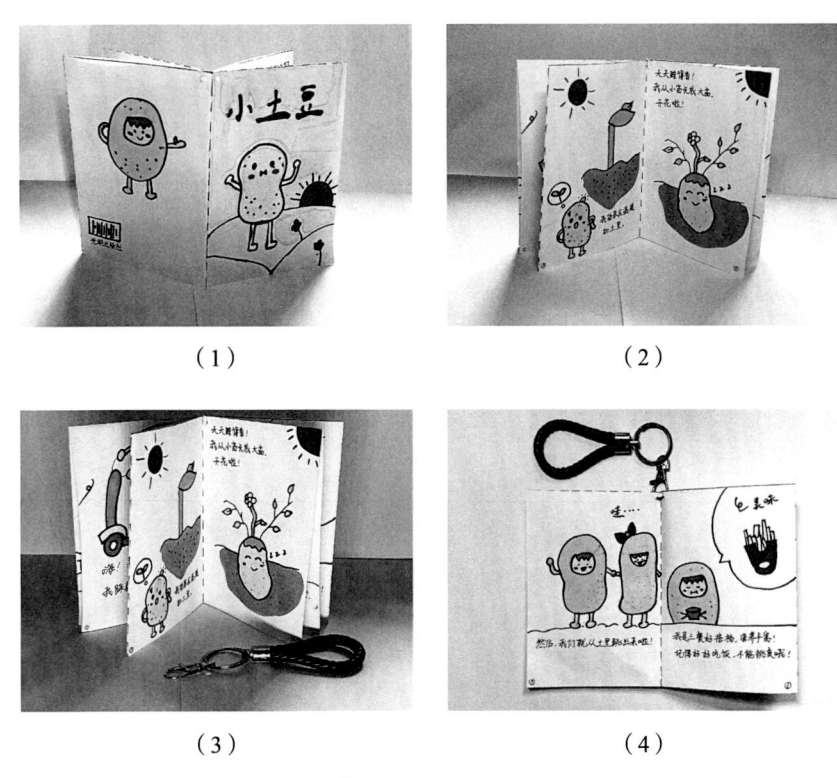

图 4-65 《小土豆》（制作人：马欣）

4. 蒙古包书

第一步：将一张正方形纸按照对角线折出折痕（图 4-66）；

图 4-66

第二步：沿着实线将其中一角至中心部分剪开（图4-67）；

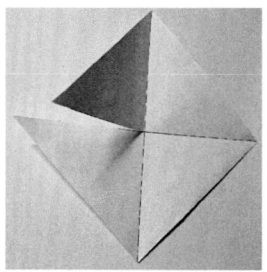

图 4-67

第三步：使底部的两个三角形完全重合并粘贴起来（图4-68）；

图 4-68

第四步：将底部向内折（图4-69）；

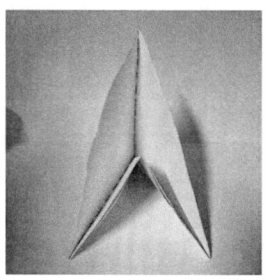

图 4-69

第五步：在包含有底部三角形的一边，沿实线剪下一角，打开后就是蒙古包书的其中一页（图4-70）；

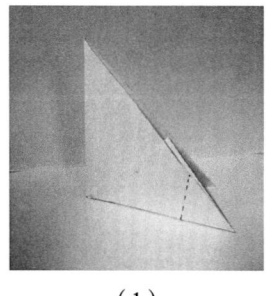

（1）　　　　　（2）

图 4-70

第六步：将每个单页的两面用胶水或双面胶粘起来，蒙古包书就做成了（图 4-71、图 4-72）。（注意：每个单页的大小、形状必须完全相同）

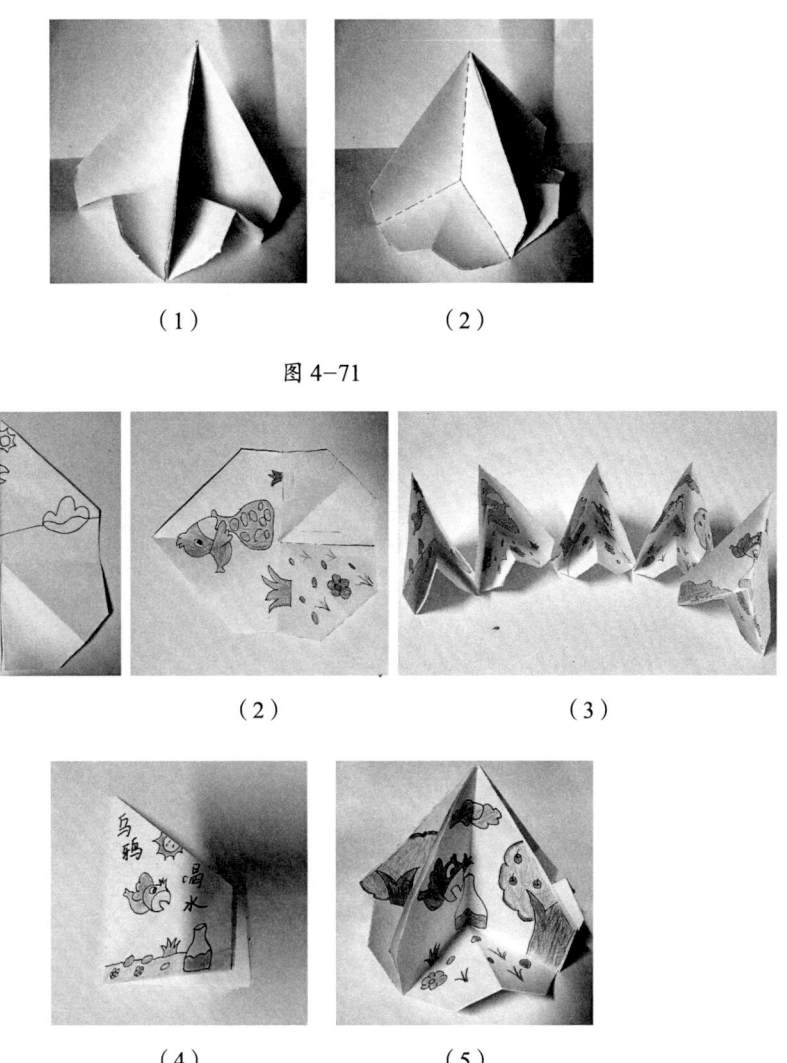

（1）　　　　　　（2）

图 4-71

（1）　　　　（2）　　　　（3）

（4）　　　　　　（5）

图 4-72　《乌鸦喝水》（制作人：王福菊）

5. 折叠书

折叠书的书页是由整张纸折叠构成的，两端处的页面分别与封面、封底粘连在一起，可以展开阅读，也可以在书的一侧设置一个书脊，将封底与封面合拢固定，整本书就不会散开了。

第一步：准备一张长方形纸（制作折叠书材料可以选择挂历或报纸）（图 4-73）；

图 4-73

第二步：将其平铺后对折，分为两半剪开（图 4-74）；

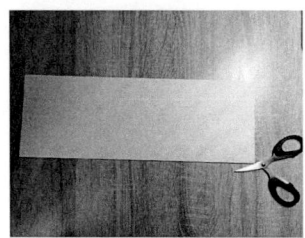

图 4-74

第三步：将剪开的两半纸，分别前后对折（图 4-75）；

图 4-75

第四步：折成起伏的山型或风琴状（图 4-76、图 4-77）。

  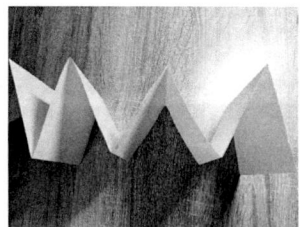

（1）　　　　　　　　（2）　　　　　　　　（3）

图 4-76

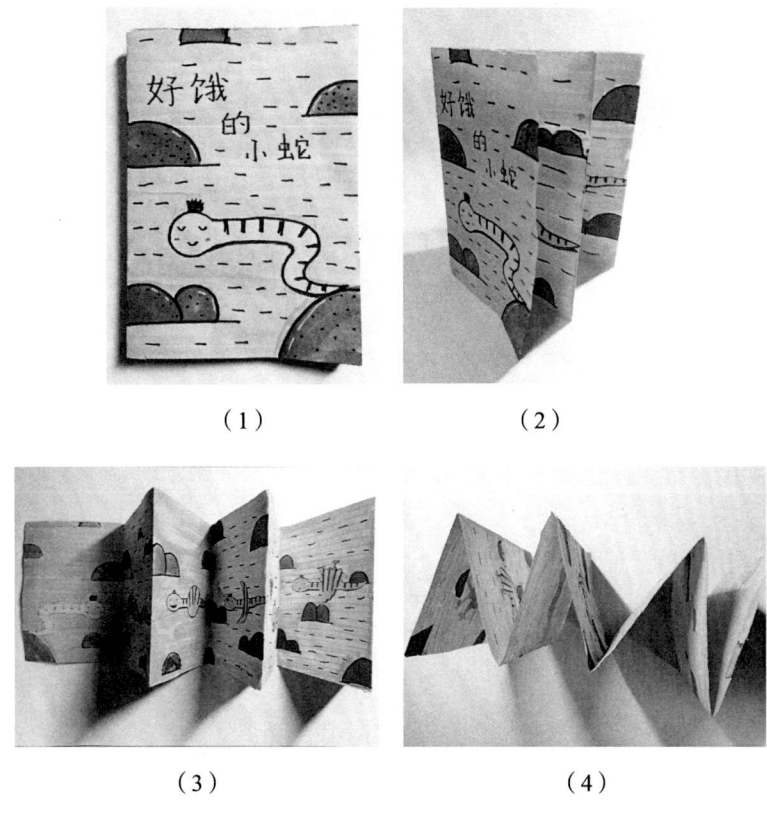

（1） （2）

（3） （4）

图 4-77 《好饿的小蛇》（制作人：雍宥）

6.卷轴书

卷轴是中国画装裱最常见的一种形式，卷轴书就是将书的内页连成长幅，以卷轴形式装裱而成的书。

第一步：准备一张尺寸合适的长方形彩色纸和一个轴，轴可以用卡纸卷制成。将纸的头、尾部分向内对折，用双面胶固定，并将轴固定在其中一端（图4-78）；

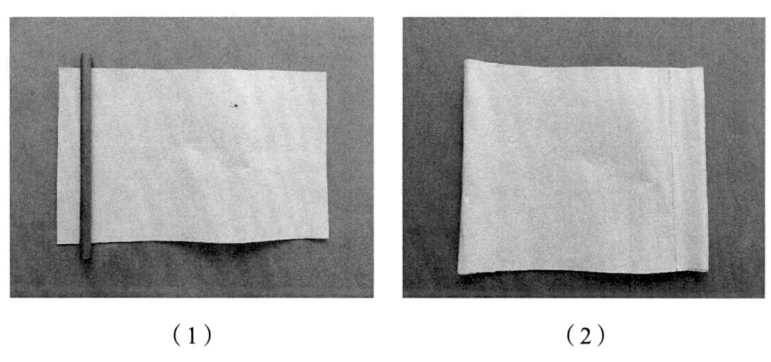

（1） （2）

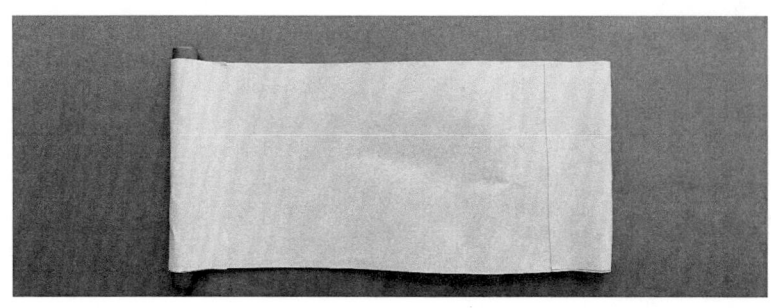

（3）

图 4-78

第二步：在纸的一端中心用刻刀划一个约 1.5cm 的小口，将带子穿过小口，以轴为中心卷起内页，最后用带子绕圈后打一个蝴蝶结（图 4-79、图 4-80）。

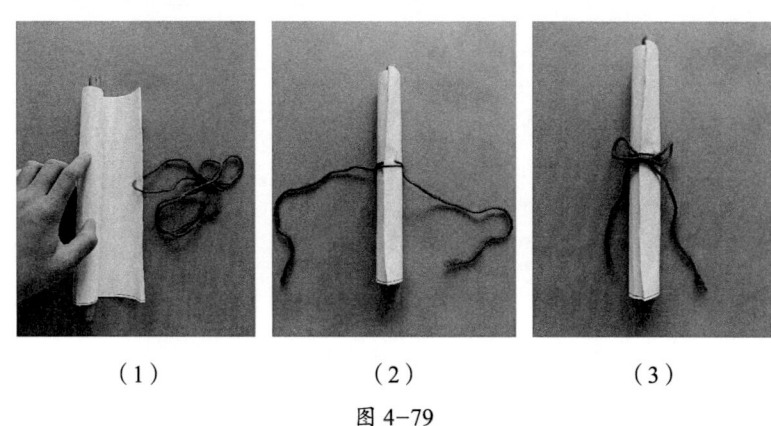

（1）　　　　　　（2）　　　　　　（3）

图 4-79

图 4-80 《我的连衣裙》（制作人：李小菲）

7. 毛毛虫书

毛毛虫书是读者们喜欢的一类书，打开它，像毛毛虫在爬一样，一伸一缩的，所以称之为毛毛虫书，也叫手风琴书。

第一步：将一张长方形纸沿虚线起伏折叠，再将折出的小长方形按虚线折出四等份的折痕（图 4-81）；

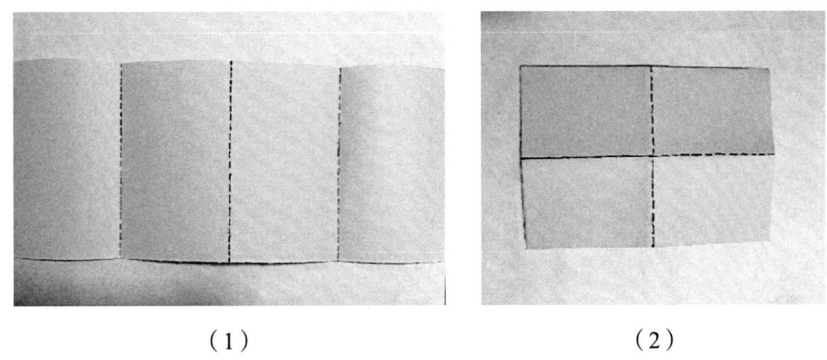

（1）　　　　　　　　　　（2）

图 4-81

第二步：沿实线剪开，然后将小长方形展开（图 4-82）；

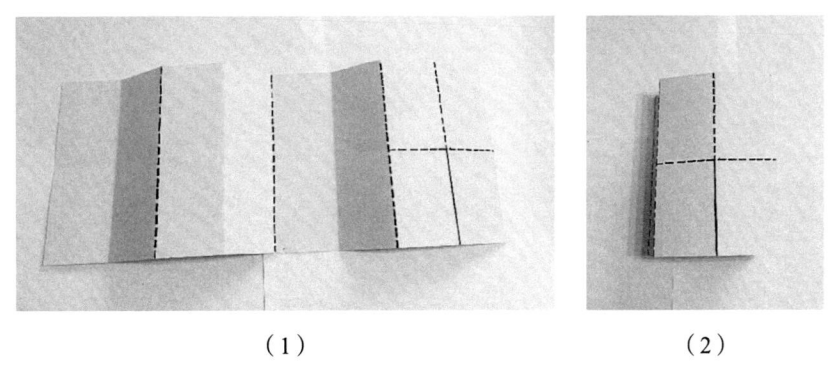

（1）　　　　　　　　　　（2）

图 4-82

第三步：将两个单页的开口部分如图互相插合在一起（图 4-83）；

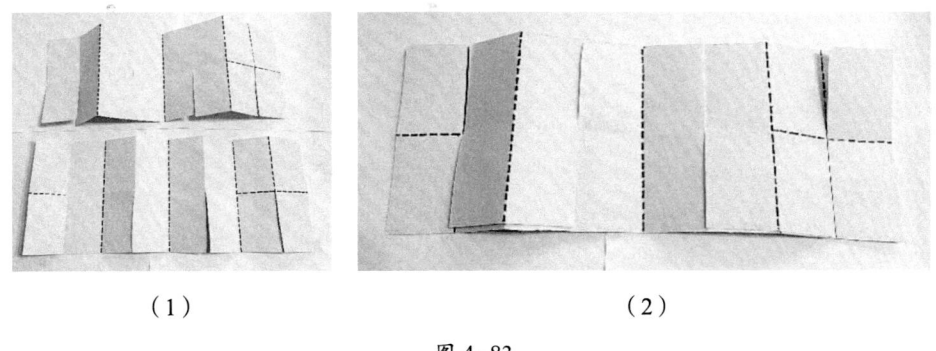

（1）　　　　　　　　　　（2）

图 4-83

第四步：沿着虚线部分将其折成一个个长方体的形状，整理整齐，这样毛毛虫书就做成了（图4-84、图4-85）。

图 4-84

（1）

（2）

图 4-85 《好饿的小蛇》（制作人：李艳）

8.造型书

所谓造型书，就是指书的外形并非正方形或矩形，而是根据故事的主题、场景、意境、人物或动物形象设计成各种造型，从外观上即能体现主题的手工书。（图4-86～图4-89）

图 4-86 《三只小猪》（制作人：马玉梅）

图 4-87 《我爱吃饭》（制作人：马玉梅）

图 4-88　《十块银元》（制作人：田小霞）　　图 4-89　《旋转木马》（制作人：马丽娅）

9. 立体书

立体书可以通过多种办法制造立体效果。

（1）利用泡沫胶

图 4-90　《教刷牙》（制作人：雍宥）

（2）挖洞

图 4-91　《认识冠状病毒》（制作人：马碧霞）

（3）加入折纸元素

图 4-92　《致敬抗疫者》（制作人：田素雅）

（4）挖洞、折纸、剪贴等组合

图 4-93　《城堡》（制作人：妥博）

（5）用特殊材质（如无纺布、麻绳、扭扭棒、瓦楞纸等）

图 4-94　《鸡毛信》
（制作人：马亚楠）

图 4-95　《好吃的水果》
（制作人：妥博）

图 4-96　《翻越大雪山》
（制作人：贺政禧）

（四）学生作品赏析——临摹与创作

1. 绘本创作在高校学前教育专业中的价值

（1）促进学生的审美发展

通过绘本阅读吸取更多的审美经验，对绘本创作的能力有着深远的影响。同时，学前教育专业的大学生们不仅能运用已有的审美经验进行绘本创作，还能进一步对绘本故事加以创作。

（2）促进学生创作想象

绘本创作有利于激发学前教育专业大学生的想象力，开拓学生们的思维能力。一些研究表明，有图像的绘本能够使学生脱离文字的制约，促进学生想象力的发展。因此，通过对绘本中具体的、抽象的、丰富内容的阅读，可逐步提升绘本创作的想象力。

（3）促进学生对绘本多元价值的探讨

绘本的创作不仅能给幼儿带来丰富的、有价值的阅读体验，还能给学生带来深入的阅读思考。对于创作的绘本，不仅可以在学前教育专业大学生中进行展示宣传，还可以进一步挖掘创作绘本的多元价值。比如，将绘本投放到实习基地、儿童福利院等地方，让不同的群体感受绘本故事的美好，使绘本发挥更大的价值。

2. 绘本创作的策略

（1）阅读欣赏绘本并对绘本进行内涵解读

欣赏优秀、经典的绘本是创作绘本的重要前提。绘本的图文并茂等特征，十分符合幼儿的身心发展特点，绘本创作是将儿童故事和生活紧密联系在一起，将生活中所观察的现象转化为文本和美术创作的重要过程。通过系列图画作品的阅读与欣赏，多角度、全方位地刺激学生的感官，找到其中的灵感进行绘本创作。引导学生们学会观察发现绘本中的美，培养学生良好的审美素养，运用欣赏优秀绘本的方法，帮助学生提升审美的品位。

优秀、经典的绘本中蕴含着令人称道的美感。其中包含三个方面的美：首先，创意的美。通过作者创新思维、创意想象的运用，不仅可以从构思的新颖、构图的独特、材料的运用、画面的节奏、故事的连续性、逻辑关系等方面读懂绘本其中的创新和创意，还能让学生对美有了清晰的认识和评判的标准，从而暗暗地在学生心中种下想要原创绘本的种子。比如，法国绘本大师埃尔维·杜莱所创作的绘本，就能使读者眼前一亮，不仅可以作为绘本进行阅读，还可以将绘本作为玩具，在阅读的过程中，尽情享受玩的意义。其次，文字美。整个故事情节适合学前儿童年龄阶段的孩子阅读欣赏。在故事中，运用精美的语言,词句简单重复,幼儿读起来朗朗上口,能将故事的完整性体现出来。再次,画面美,一本优秀的绘本,除了有富有美感的文字,优美的画面也是不可缺少的。画面的美,不仅能和故事文字相互互补,还可在色彩、形象、形状等方面突出美的感受。通过读者的视觉感受,丰富其视觉方面阅读体验的同时,还能进一步激发读者的想象力,拓展其思维方式。

(2)模仿制作经典绘本

在阅读欣赏经典绘本的过程中,有些同学不仅能被绘本的整体设计、绘本故事的创意打动,而且还对绘本作品所运用的纸张材料等方面进行细致观察。为给创作绘本做好扎实的铺垫,学生们首先对绘本不同制作技法进行初步的模仿和体验。在模仿制作的过程中,他们选择自己喜欢的经典绘本,运用彩铅、水彩、卡纸拼贴、拓印、不织布等方式技法进行绘本的模仿制作。

①彩铅篇

在彩铅技法的运用中,绘本《可爱的鼠小弟》系列最具有代表性,学生们阅读大量绘本后,运用彩铅模仿制作绘本,以此积累彩铅的画法和技巧(图4-97)。

图4-97

②水彩篇

水彩也是绘本在制作过程中经常用到的材料,结合人物形象特点,选择恰当的颜色进行填涂,最终呈现出丰富、美观的画面。学生们选择他们喜欢的绘本,用水彩进行勾勒、填涂,也能模仿制作出漂亮的绘本(图4-98)。

（1）　　　　　　　　　（2）

图 4-98

③拼贴篇

李欧·李奥尼的绘本中，拼贴技法的运用可谓让人眼前一亮，在工作坊中，学生们也选择卡纸、报纸、广告纸、海绵纸等进行拼贴。他们选择自己喜欢的绘本进行拼贴技法的运用，以下为学生们运用拼贴技法创作的作品（图4-99）。

（1）　　　　　　　　　（2）

图 4-99

④拓印篇

绘本《小黑鱼》中，李欧·李奥尼运用拓印的方法，将小红鱼逐个拓印到故事画面中，拓印的小红鱼和画上去的小黑鱼，组合成一条大鱼，真是很具有创意的绘本表现手法，学生们也用自己的手掌和树叶进行拓印，做出了以下作品（图4-100）。

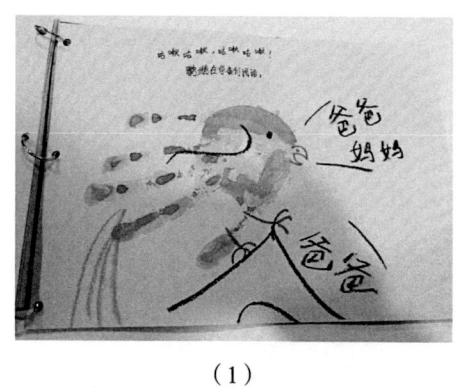

（1）　　　　　　　　　　　　（2）

图 4-100

⑤不织布篇

在诸多手工材料中，不织布是尤其受欢迎的一种，其介于布和纸之间的特性，让它可塑性超强。它是孩子认识世界最好的媒介之一，通过触摸该材料的粗糙程度，可以让孩子在触觉方面带来极大的体验。以下是学生运用不织布制作的绘本作品（图 4-101）。

（1）　　　　　　　　　　　　（2）

图 4-101

⑥立体篇

一本优秀的立体绘本，打开之后能给读者带来全新的视觉感受，而制作过程中，立体绘本的展现，却需要制作者下一番功夫，不仅要设计打开时的玄机，还要考虑绘本页的整体设计，相对平面绘本来讲，制作难度稍大一些。以下为学生制作的立体绘本（图 4-102）。

（1）　　　　　　　　　　　　（2）

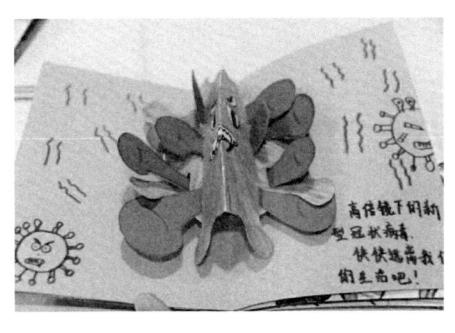

（3） （4）

图 4-102

（4）绘本的简单创作

优秀的绘本创作者，除了要有构思的创意，还应将对图像的精准掌握作为传导感觉与思想的媒介。学生们在创作绘本时，先从点到线，再从线条画出造型，然后进行构图，最终涂上色彩组成画面；有的学生还会运用象征、突出细节等手法，将自己的想象清楚地传达出来；有的学生在文字故事的基础上，设计和故事相匹配的画面（图 4-103）。

【作品欣赏】

《收南瓜》故事

从前有一座小房子，小房子里住着一位老爷爷和他的小孙子。老爷爷有一块地，在地里种上了南瓜。秋天到了，老爷爷要去收南瓜了。打开门，带上小孙子。关上门，推上小推车出发了。收南瓜，收南瓜，嘿哟嘿哟收南瓜。收南瓜，收南瓜，嘿哟嘿哟收南瓜。来到了南瓜地里，老爷爷发现南瓜被荆棘挡住了。荆棘挡住南瓜不用怕，我用斧头把它砍。嘿哟嘿哟嘿哟嘿哟嘿哟嘿哟，老爷爷满头大汗，可是荆棘一动不动。小孙子拍拍胸脯说："我的力气最大了，让我来试试吧。"他拿来了铲子，要把荆棘铲，嘿哟嘿哟嘿哟嘿哟嘿哟嘿哟。荆棘还是一动不动，这个时候来了一只小老鼠，吱吱吱，吱吱吱，吱吱吱，吱吱吱，小老鼠说让我来试试吧。小老鼠轻轻地走到了荆棘的旁边唱道："亲爱的荆棘离开，老爷爷要收南瓜。亲爱的荆棘离开，老爷爷要收南瓜。"神奇的事情发生了，所有的荆棘都不见了。老爷爷开始收南瓜。摘下来，放进小推车。摘下来，放进小推车。老爷爷摘了一个最大的送给了老鼠，老鼠看着金色的南瓜，想要做一个金色的房子。于是它想了这样一个办法，咔吃咔吃咔吃一扇门，咔吃咔吃咔吃一扇窗，小房子做好了。小老鼠轻轻地跳了进去，用美味的南瓜籽做了一顿美味的晚餐。吃饱了，睡着了。起床了，小老鼠伸了一个大大的懒腰。

图 4-103　创意绘本《收南瓜》

二、红色故事我来"绘"工作坊

在高校学前教育专业，以绘本为载体的第二课堂活动构建过程中，将红色文化融入绘本制作过程中，是在高校开展红色文化教育，对大学生树立正确的人生观、价值观，培养爱国主义精神，提高自身思想内涵的积极有效探索。红色文化教育不仅是回顾中国共产党的伟大事业，更重要的是在学习这段历史时，进一步激发学生们的爱国主义精神和民族情感。

红色文化教育是以"红色"为主题的，依托特定的物质形态和历史事实，以革命精神、爱国精神、奉献精神等为表现形式的中国特色社会主义文化，是在时代不断发展过程中精神文明的主要内涵。在高校大学生的德育教育过程中，针对目前大学生的自我现象、浮躁等严重情况，将红色文化元素融入进来，是进一步帮助现代大学生树立吃苦耐劳的革命精神，培养集体意识和助人为乐精神，树立科学创新的探索精神的大胆尝试。

红色文化题材绘本制作工作坊的实施开展，既注重对大学生精神文化的教育，又让学生们实际接触红色文化，深化认识，完成自身的转变。

将红色文化资源融入德育体系，是将红色文化的精神内涵和高校精神文明建设相结合的过程。在大学生精神文化教育方面，主要以搜集、查阅有关红色文化教育的视频、报纸、图书文献资料为主，了解抗战时期、解放战争时期的先进事迹，再结合着"特殊时期"涌现出来的感动人物，使学生加强前后两者之间的内在联系，进一步理解红色文化的精神内涵。在让大学生们实际接触红色文化方面，由于所在高校坐落在宁夏南部六盘山下的历史名城——固原市，是扎根六盘山大地办人民满意教育的一所大学。在以六盘山为阵地的革命战争时期，中国共产党团结和领导六盘山地区各族儿女，为了民族独立和人民解放，开展了不屈不挠的斗争。所以，在此基础上，形成了六盘山红色革命文化。在六盘山革命遗存中，六盘山红军长征纪念馆（图 4-104）和红军长征途中重要事件的微缩景观组成的红军小道（图 4-105）都可作为大学生实际接触红色文化方面的重要实践基地和红色教育场所。

第四章 一起制作绘本，因为喜欢你

图 4-104

图 4-105

（一）搜集、提炼、挖掘红色文化题材故事

1. 利用"学习强国"平台

"学习强国"是一个宝藏 App，里面不仅有关于经济、文化、科技、体育、教育、党建方面的理论，还有很多小视频、慕课等可供人们去观看和阅读。不仅介绍远古方面的有关知识，还能紧跟时代的潮流，与时俱进将国家和地方的一些大大小小的事件进行宣传报道。对于"红色故事我来'绘'"工作坊初期，为了更好地传承红色基因，赓续红色血脉，争做红色传人，特结合学前教育专业特色进行红色文化主题的绘本制作。在了解红色文化资源方面，可以充分利用"学习强国"App，搜集相关文献、资料，进一步作为绘本制作的依据和基础。

比如在江苏学习平台上，由江苏凤凰少年儿童出版社出版的一套独具创意、别开生面的绘本书系《童心向党·百年辉煌》映入了大家的眼帘（图 4-106）。首先，宣传的照片画面就是《红船，红船》，由此张图片一下子就让我们想起了红船精神，这种精神是开天辟地、敢为人先的首创精神，坚定理想、百折不挠的奋斗精神，立党为公、忠诚为民的奉献精神。

这套书以一条红线、16 个节点，从独特的儿童视角、儿童生活、绘本特点出发，生动形象地展现了中国共产党开天辟地、波澜壮阔的百年历史。它是一套特色鲜明，能让读者读得进去、看得懂，又能打动人心的优秀儿童读物，是对少年儿童进行党史教育的有益探索和实践。

新中国成立七十多年来，一代代作家自觉地以培养教育下一代为己任，在革命传统题材的书写上矢志不渝，坚持不懈地努力和探索，并多有建树。从《小兵张嘎》《王二小》《鸡毛信》《小英雄雨来》《闪闪的红星》等革命历史题材故事，到张品成的以写苏区红军和红小将生活为主的"赤色小子"系列，到近年出现的多部抗日战争暨反法西斯战争题材的长篇小说，很多战争故事、经典战例、英模人物化为一种永不磨灭的革命精神,代代相传。很多革命小英雄形象、英模形象也牢牢地扎根在大众之中,影响教育了一代又一代人。

——此段摘自"学习强国"App 江苏学习平台 徐德霞的文字

图 4-106

阅读该套书,不仅看到了江苏凤凰少年儿童出版社以儿童绘本的形式反映党史的成功经验,也让我们领略到了党史和儿童故事的关系、不同时期的大主题与小故事的关系以及时代性与艺术性的关系。

(1)党史与儿童故事的关系

该套书精彩和巧妙的地方主要表现在它将党史上具有鲜明时代特点的重要节点和重要历史人物作为绘本故事的脚本,每个故事既有联系又是相对独立的,每一本都代表了不同时代的精神。比如,在中华人民共和国成立前的8本作品中,分别选择了建党、安源儿童团、井冈山起义、红军长征、延安精神、抗日战争以及两个儿童英烈刘胡兰和小萝卜头作为主题。新中国成立后的8个历史节点及事件则是开国大典、抗美援朝、两弹一星、改革开放、科技兴国、精准扶贫、绿色发展、面向未来。每一本都紧扣时代主题,既体现了党对儿童的关怀,又体现孩子对党的热爱与忠诚,并坚定地追随党,积极投身到党的事业之中。

(2)大主题与小故事的关系

大的时代主题和小故事中的小事件、小人物联系到一起,充分体现出了"以简洁的文字、简短的故事、简约的形式表现出了历史的厚重"。比如,反映红军长征的《一把青稞粒》,该作品以一位女孩追随红军长征开始,以亲历的形式,既再现了人们所熟知的红军长征途中爬雪山、过草地之艰险,又突出了女孩的个人独特感受,那些无微不至地关爱她、保护她,先后牺牲在长征途中的红军姐姐、"小鬼"哥哥和无名红军战士,简洁叙述之中竟是如此生动感人。所谓"一把青稞粒",竟是在长征极度缺粮的情况下,女孩要从牛粪中淘出的几粒青稞,为了这把青稞粒,她险些失去性命。这样的书写,既反映了长征故事,又补充了新颖的素材,更加丰富了故事性和史诗性。

（3）时代性与艺术性的关系

给人印象最深的是反映国家战略的四本书，改革开放新时代以来，有在科技兴国的感召下，深圳的孩子们积极参与城市建设的《未来之城》，有反映精准扶贫的《苗寨飞歌》，有改造生态环境、绿色兴国的《绿色的塞罕坝》，还有反映改革开放科技进步伟大成就的世界最大单口径望远镜的天眼工程《中国天眼》。紧跟时代步伐的故事，每一本的设计，所选角度新颖，用心至极，精心地展现了绘本的艺术特色。

我们中华民族历来高度重视历史，重视对下一代的传统教育，这也是中华民族五千年文明史绵延不绝、从未断裂的原因所在。我们相信历史是一面镜子，它照见现实，也照见未来。以史为鉴，可以知兴替。特别是新中国成立以后，如何对青少年进行革命传统教育，历来受到党和国家领导人的高度重视。因此如何讲好中华民族文明史，特别是讲好党史，以党的光辉历史教育下一代，激发大学生们的爱国情感，坚定跟党走的信念，是我们作为教育者的首要责任。

2. 利用"抖音、快手、小红书、微信、哔哩哔哩"等平台

移动互联网时代，各大信息交流化平台进入了人们的生活，只要人们手中有一部智能手机，再下载相应的小程序 App，进入搜索环节，输入"红色文化""红色文化资源"的字样，就能出来很多相关的资源。学生们通过视频的观看和筛选，选择自己喜欢的，与绘本制作、红色文化资源内容相关的视频或者文字等，结合着自身的已有经验，利用视频中的提示或者他人的有益经验，最终模仿制作或者创作属于自己的绘本。

3. 利用学校图书馆资源

在学校的图书馆中，不仅有关于党史、红色故事、红色人物方面的纸质图书和杂志，在电子数据平台还为广大师生购买了有关党建、党史方面的电子资源，在绘本制作的过程中，师生不仅可以查看纸质图书，还能在网上浏览很多电子资源（图4-107），以达到随时查随时看的目的，使得师生更加全面、便捷地了解红色文化方面的资源。

（1） （2）

图 4-107

4.利用当地红色文化资源

通过师生之间积极地交流沟通，有的同学想到结合当地的红色文化等进行实践创作，尤其六盘山革命遗存中，红军长征途中重要事件的微缩景观（图4-108）组成的红军小道可为制作主题为"长征精神"的绘本提供形象的依据。

图 4-108

（二）模仿制作绘本

在进行基于红色主题文化的绘本创作之前，模仿已经成形的绘本是其寻找绘本创作灵感的方法之一，不仅可以通过已经出版的绘本进行绘本制作技法的学习，还能进一步挖掘、探索图画和文字的结构，使得图画和文字布局合理，给读者以美观之感。其中，学生们模仿的红色绘本有《鸡毛信》《小英雄王二小》《长征路上的红小丫》《翻越大雪山》等。当然在模仿的过程中，学生们也加入自己的思考，在图画和文字的表现形式上，也稍作了改动。（图4-109）

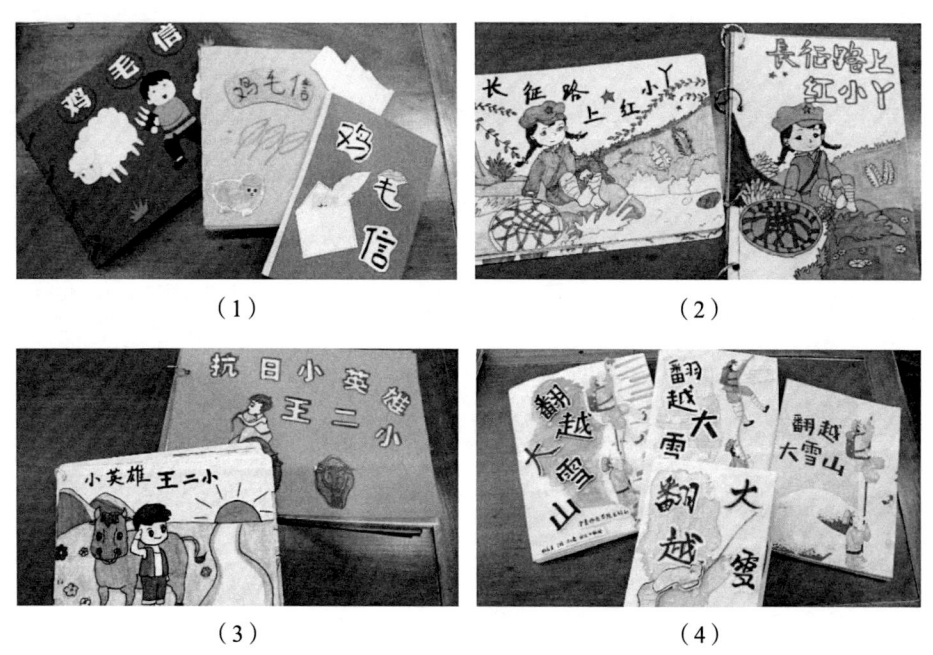

（1）　　　　　　　　（2）

（3）　　　　　　　　（4）

图 4-109

（三）创作绘本

我们都知道"榜样的力量是无穷的"。一个正面的榜样，对人的成长和学习都具有积极的、正面的激励作用。就像德国教育家福禄贝尔所说："教育之道无他，唯爱与榜样而已。"我们国家的伟人故事数不胜数，将他们的先进事迹进行弘扬，可用一笔一画，一刀一刻的形式，植入大学生的心田，内化于心，外显于形，也是我们作为教育者需要努力做的一件事。

了解伟人们的先进事迹，不仅能使学生感受知识改变世界的力量，更能学到他们珍贵的品质和高尚的人格，进而帮助学生拓宽视野、放大人生的格局，树立正确的价值观。

针对大家耳熟能详的袁隆平、屠呦呦、孙家栋等共和国功勋人物，学生们搜集资料，共同创作名为"功勋"的绘本。通过读袁隆平的故事，鼓励大学生要敢于立志，敢于追梦，因为杂交水稻之父袁隆平爷爷，在小的时候和普通孩子一样充满好奇，有"打破砂锅问到底"的精神。从小对大自然的喜爱，让他在长大后一心投入农学之中。而当他看到全国闹饥荒，人们挨饿、生病，他心里很难过，为了他心中的"禾下乘凉梦"，奔波于稻田，不畏严寒酷暑，日复一日地寻找、观察、试验，终于在1973年，杂交水稻研究成功了。袁隆平爷爷这一生从未停下在稻田奔波的脚步，始终未忘年轻时的"禾下乘凉梦"。而通过阅读屠呦呦的故事，将面对失败时不气馁，面对成功时不骄傲的精神，植入学生们的心田。当然，由于全球新型冠状病毒的流行，在全民抗疫过程中也涌现出来很多值得我们学习的人物，比如钟南山爷爷、医护工作者、社区工作者，学生们为了颂扬他们在抗击疫情当中表现出来的不怕牺牲、舍小家为大家的精神，也制作了一些绘本，由衷表达对他们的深切敬意。（图4-110）

制作和红色文化有关的绘本时，学生们将剪纸、拼贴等绘本制作技法运用其中，不仅将绘本的制作技法加以运用，锻炼了动手操作能力，提升了美的素养，还可以了解这些功勋人物的故事，更重要的是从这些榜样身上学习到珍贵的人格和精神品质，树立正确的人生观和价值观。

（1）

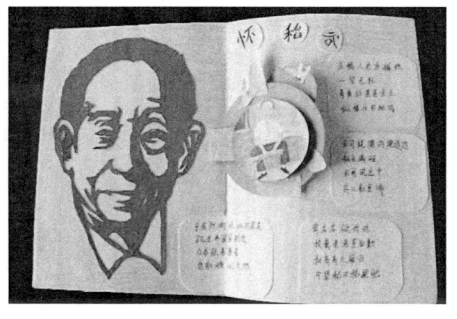
（2）

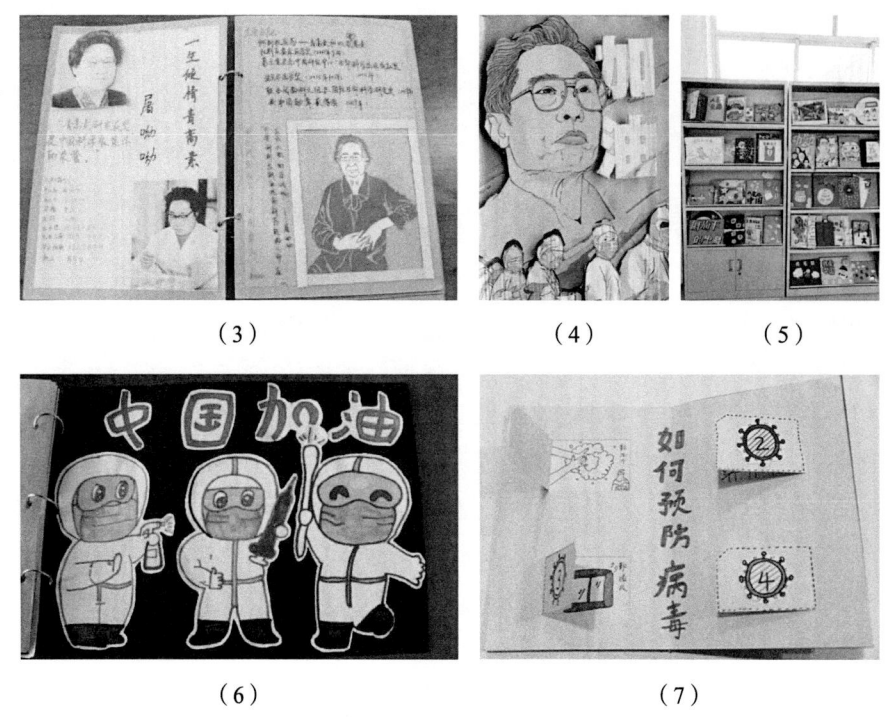

图 4-110

将所制作的绘本进行展示、宣传和讲解，学生们还制作了与绘本内容相匹配的二维码和视频，通过扫描二维码，使师生重温红色经典故事，进一步传承红色基因，弘扬红色文化。（图 4-111）

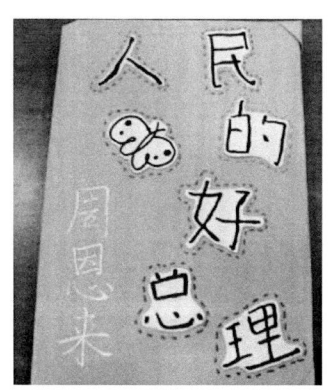

图 4-111

第五章

一起用绘本，一直陪伴你

为了更好地挖掘绘本中的故事性和艺术性，将绘本排成儿童舞台剧进行表演也是学前教育专业第二课堂的招牌节目。学生们选择他们最喜欢的绘本情节，动手设计舞台和道具，选择自己适合的角色进行表演，看着每个表演者投入的样子，好像他们也回到了童年，再次体验了童年的美好与纯真。

一、基于绘本的儿童舞台剧创编活动

将绘本与儿童舞台剧活动整合之后会出现令人难忘的场景。以下以绘本《彩虹色的花》和《母鸡萝丝去散步》为例进行实践探索。

示例1. 绘本《彩虹色的花》

（1） （2）

图 5-1

（1）绘本简介

《彩虹色的花》是一本风格极其独特的作品。厚重的纹理，大块的色彩，都给这本书带来一种原始粗犷的美，但它叙述的却是一个极其温柔细腻的故事：一朵彩虹色的花，将自己的花瓣都用来帮助有困难的小动物了,最后,自己却被覆盖在白雪下面,可是,它的希望和梦想还在继续,当春天来到时,新的花朵又在阳光下绽放开来……这本精装书,最让读者难忘的就是那彩虹色的环衬,那色彩是如此动人,几乎包含了你所能想象的一切,生命、阳光、爱、梦幻……

早春的一天,雪还没有化掉,在原野上突然开了一朵彩虹色的花。终于能见到太阳了,她十分高兴,由衷地愿意跟每个人分享自己的快乐。蚂蚁、蜥蜴、老鼠……小动物们抱着心事一个接一个地过来。花儿每次很慷慨地把自己的花瓣送给他们。随着季节的变换,彩虹色的花慢慢枯萎老去,被掩盖在白茫茫的雪地下。虽然她离开了现世,却给大家留下一片温情。冬去春来……生命可以轮回,乐于助人的精神则存留其中。

(2)作者简介

麦克·格雷涅茨(Michael Gregniec),1955年生于波兰,在欧洲从事插图工作后,于1985年赴美国,现在在日本进行绘本创作。主要作品有《为什么伤心?你在哪儿?》《小卡车,我等你》《泰迪熊,阳光闪闪》《神奇的围巾》等,1996年《月亮是什么味道》获得日本绘本奖。

(3)《彩虹色的花》剧本

开始:

冬天快要过去了,但一场大雪突然袭来。纷纷扬扬下了一天,第二天一早,太阳从东山爬出,暗下决心"好,今天我一定要把积雪全都融化掉。"太阳升起来把原野照得亮亮的。他吃了一惊:昨天还是一片积雪的原野上,竟然开着一朵彩色的花!"早安,你是谁?"太阳问。花儿回答说:"早安,我是彩虹色的花。冬天的时候,我一直待在泥土里,可我再也等不及了。现在终于见到你了,我多高兴呀!我想跟每个人分享我的快乐。"

第一幕:

小蚂蚁收到一封信:"呀!邮递员给我送来了一封信,上面还有一个小桃心呢,会是什么特别的惊喜吗?"(信的内容:小蚂蚁,你的奶奶生病了,快去看看她!)

蚂蚁:(悲伤)"奶奶生病了,我要赶紧去看她。正好天气暖和了,我不用穿着厚厚的大棉袄出门。"

小蚂蚁走着走着,突然发现,前面有一片大大的水洼。

蚂蚁:"咦,这是怎么回事呢?去奶奶家的路,我走了这么多回,从来都没有见过这样大的一片水洼啊!如果我继续向前走,一定会被淹死的,小小的我可怎么过去呢?如果绕过这片水洼,谁知道它会有多么大?奶奶还在等着我呢,我该怎么办呀?"

原来,雪融化后变成了水,在原野上留下了一片很大的水洼。小蚂蚁过不去,着急地哭了起来。

蚂蚁:"呜呜,这可怎么办呀?谁能帮帮我?"

花:"你是谁呀?你怎么哭了呢?"

蚂蚁:"你好,彩虹色的花,我是小蚂蚁,我想去看奶奶,可是我太小了,这片水洼好大,水好深,我过不去,所以难过地哭了。"

花:"哦,原来是这样,你可以摘一片我的花瓣,把它当作小船,然后划着小船就可以划到水洼对面了。"

蚂蚁:"太好了,这下我可以去看奶奶了,她一定等不及要见到我。我要走了,谢谢你,彩虹色的花。"

第二幕:

这天清晨,蜥蜴小姐醒来后,坐在桌子前照镜子,这时,电话响了起来……

蜥蜴小姐:"喂,你是谁呀?"

蚂蚁:"蜥蜴,是小蚂蚁呀。"

蜥蜴小姐:"你打电话有什么事吗?你奶奶的病好些了吗?"

蚂蚁:"奶奶的病已经痊愈了,我也回到了家里。今天森林里有一场盛大的舞会,我们一起去参加吧!"

蜥蜴小姐(高兴地说):"哇,有舞会!我蜥蜴小姐一定要参加,你一会儿过来找我吧。"

蜥蜴小姐:"我要开始找适合参加宴会的衣服,哎,找到了一双漂亮的鞋子,这可是我双12才抢的呢,今天刚到货,正好穿上参加宴会。虽然我有这么多衣服,还是觉得自己没有衣服穿,该怎么办呢?"

咚咚咚,小蚂蚁来到了蜥蜴小姐家敲门。

蚂蚁:"蜥蜴,好久不见啊。咦?你怎么还没有选好衣服呀?"

蜥蜴:"我没有找到合适的衣服,可以搭配我这双漂亮的鞋子。我不能去参加宴会了,怎么办呀?"

蚂蚁:"没关系的,你不要着急,有一朵彩虹色的花,他身上有许多漂亮的花瓣,我们一起去找他吧,他一定会帮助你的。"

播放音乐:《attention》

蜥蜴小姐优雅地走,小蚂蚁在旁边跳动,它们一起来到彩虹花的面前。

蚂蚁:"彩虹色的花,你还记得我吗?"

彩虹色的花:"记得记得,你是那只小蚂蚁。"

蚂蚁:"上次多谢你的花瓣,我才可以及时去看奶奶。今天我的朋友蜥蜴小姐也需要你的帮助。"

蜥蜴小姐："你好，彩虹色的花，我要去参加舞会，可是没有适合的衣服穿，我该怎么办呢？"

彩虹色的花："哦，我有许多漂亮的花瓣，你看你需要哪个颜色的呢？"

蜥蜴小姐："我觉得这片红色的花瓣非常好看，和我的绿外套好配啊（摘下花瓣）谢谢你，彩虹色的花，现在我可以去参加舞会了。"

第三幕：

天气越来越干燥了，一只正打着迷糊的小老鼠走了过来。（音乐起，舞蹈）

"太热啦，太热啦！"小老鼠抱怨着。（用手扇凉）

"刚刚在猫的家里真是吓死我了！刚爬上灯台，准备偷点油吃，可是那个大花猫一下子扑了过来，吓得我叽里咕噜地滚了下来。"

蚂蚁和蜥蜴小姐："哎，这不是小老鼠吗？你肯定又去偷人家的油了。我们要去参加舞会，你也来吧！"

老鼠："我想去参加舞会，可是天气太热了，我的头昏沉沉的，要是有一把扇子就好啦！这该怎么办呀！"（小老鼠左瞧瞧右看看）

蚂蚁和蜥蜴小姐："我们知道有谁可以帮到你，它就是彩虹色的花，我们一起去找他吧。"

彩虹色的花："小老鼠，我这里有一片花瓣，你拿去扇凉吧！"

"这真是太好啦！"（小老鼠兴奋地跳了起来）

小老鼠把蓝色的花瓣绑在了自己的尾巴上，扇着凉，别提有多惬意了！（《鞋儿破帽儿破》音乐起，小老鼠、蚂蚁、蜥蜴小姐跳舞下场）

第四幕：

白天越来越短了，已经是秋天了，好像有谁从天空飞过。

（小鸟挥舞着翅膀上场，围绕着花转一圈，再向舞台下打一打招呼）

"怎么办呢？怎么办呢？我怎么都找不到合适的生日礼物送给我的女儿？这可把我愁坏了。"（着急地转圈圈）

彩虹色的花："你好。你是谁呀？你还会飞。"

小鸟："你好，我是小鸟。因为我有翅膀，所以会飞。今天是我女儿的生日，我出来为她选一件礼物。可是，飞来飞去，什么也没找到，正着急呢。我可不想让我的宝贝女儿伤心，她期待这一天好久了，我一定要找一个她喜欢的生日礼物，小花，你知道哪里有合适的礼物吗？"

彩虹色的花："那你看看我这儿有没有她喜欢的彩色花瓣呢？"

小鸟："哇，多么美丽的花瓣，我的女儿一定会喜欢的。"

彩虹色的花："我把黄色的花瓣送给你好不好？"

小鸟:"好呀好呀,终于有了合适的生日礼物了,我想我的女儿一定会特别开心的,非常感谢你,彩虹色的花,再见!"(翩翩起舞下台)

第五幕:

小鸟打电话给小刺猬:"你好,是小刺猬吗?",小刺猬:"你好,鸟妈妈。"小鸟说:"今天晚上我女儿要开生日会,希望你能参加。"小刺猬说:"好的鸟妈妈,我一定会准时参加的。"小刺猬推开门准备去参加生日会。这时,乌云遮住了天空。所有的小动物,都跑回自己的家,只有小刺猬还走在去生日会的路上,这时一阵风吹过,小刺猬感觉身体又冷了一些。

他看到了彩虹色的花,走过去说:"你好,彩虹色的花,风太大了,你能听到我说话吗?我要参加小鸟宝宝的生日会,我给它准备了生日礼物,但是马上就要下雨了,我该怎么办?"

彩虹色的花用虚弱的声音回答说:"我能帮你什么忙吗?"

小刺猬说:"如果这时候有一件雨衣就好了,我就能披着它去参加生日会了,不用怕被淋湿了,你能帮助我吗?"

彩虹色的花虚弱地说:"希望我的一朵花瓣能够帮助你。"

小刺猬高兴地说:"有你的花瓣当成雨衣,披在身上,大雨点落下来的时候都不用怕礼物会被打湿了,谢谢你。"小刺猬披着绿色的花瓣冒雨去参加小鸟宝宝的生日会了。

结尾:天空越来越暗,传来阵阵雷声。大风把最后一片花瓣也刮走了。

彩虹色的花折断了,但她仍然静静地站在那儿。雪花仿佛要拥抱彩虹色的花,轻轻地、轻轻地飘落下来。很快,大雪覆盖了所有的东西,一片白茫茫的。谁会想到,在这里曾经开过一朵彩虹色的花呢,就在这个时候,天空中升起一道彩虹色的光芒把天空照亮了。蚂蚁、蜥蜴、老鼠、小鸟和刺猬都从远处跑了过来。他们看见光芒,心里渐渐温暖起来。大家都想起了彩虹色的花曾经给过自己的帮助。

(小动物歌唱着唤醒彩虹色的花)

彩虹色的花慢慢地探出头,看到了围在他身边的小动物很高兴地说:"我的朋友们,见到你们真高兴!"小动物们齐声说:"彩虹色的花,我们很想念你,感谢你曾经给过我们的帮助。你给我们带来了温暖。"蜥蜴小姐向彩虹色的花发出邀请:"彩虹色的花,森林里要举办舞会了,我想邀请你一起去参加我们的舞会"。

(彩虹色的花和小动物们一起欢乐舞蹈)

（4）表演图片

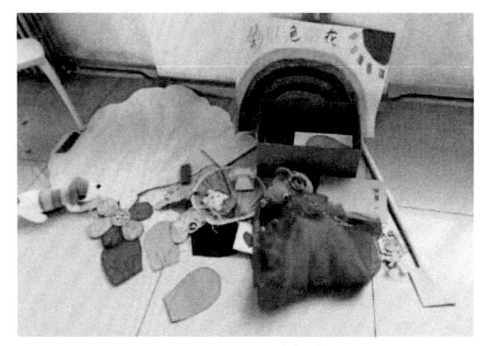

图 5-2　　　　　　　　　　　　　　　图 5-3

示例 2：绘本《母鸡萝丝去散步》

图 5-4

（1）绘本简介

《母鸡萝丝去散步》是一本外国经典图画书，它的文字与画面形成一种非常滑稽的对比：文字讲述的是母鸡萝丝去散步的平淡无奇的故事，而图画则还讲述了狐狸追逐猎物却屡屡受挫的故事。

有一只叫萝丝的母鸡，吃完饭后准备要去散步了，它看起来十分开心，从鸡舍出来之后就独自陶醉地看着风景，但母鸡萝丝却没有注意到她后面有一只饥饿的狐狸正看着自己流口水呢。狐狸想：如果我能把这只母鸡抓到，当作午餐那该多好呀！于是，狐狸就开始跟踪母鸡萝丝。

母鸡萝丝继续悠闲地走着，狐狸猛地扑向母鸡萝丝，可萝丝好像不管不顾，保持节奏往前走，狐狸扑了空，摔在了钉耙上，钉耙一下竖立起来打在了狐狸的脸上，狐狸被打得很疼，但又不敢叫出声，害怕惊动了母鸡让母鸡逃跑。

狐狸休息了一会儿继续跟着母鸡萝丝寻找下手的机会。母鸡来到了篱笆跟前，从篱笆的缝隙里钻了过去往山坡下走去，狐狸也想钻过去却过不去，急得一跳，跳过了篱笆，可是狐狸掉进了小推车，小推车带着狐狸往山坡下跑，速度越来越快，一下冲进了蜂房。再看萝丝，这时的她已经散完步，悠悠闲闲地回了窝。她压根不知道发生在她身后的事情。

（2）作者简介

佩特·哈群斯（Pat Hutchins），1942年生于英国约克郡。从小与乡间田野、林间动物为伍，培养了她深爱大自然的个性，也成为日后创作图画书的源泉。16岁时，她从众人之中脱颖而出，得到附近一家艺术学院的奖学金，三年之后进入利兹艺术学院深造，专攻插画。毕业后，哈群斯到伦敦一家规模相当大的广告公司成为助理设计师。婚后，她与先生到了美国，并开始创作图画书。虽然佩特·哈群斯在婚后才开始图画书的创作，但从1968年的《母鸡萝丝去散步》至今，她已创作了多本图画书。她的主要作品还有《风吹起来》（获英国凯特·格林纳威奖）、《蒂奇》《千变万化》《一个猎人》以及《坏坏的妖兽》等三十多部。

（3）《母鸡萝丝去散步》剧本

（播放第一段音乐）旁白：在一个小农场里，住着许多可爱的小动物。我们的主人公萝丝就住在这最舒服的稻草屋里。

萝丝：吃过了世界上最好吃的稻谷，我准备美美地睡一觉了。

青蛙：呱！萝丝！萝丝！呱！

土拨鼠：快别睡觉了！

山羊：哇！你已经有几天没出去散散步了！

小猪：哎哟——你已经胖得看不见自己的脚了。

萝丝：可是——外面的风会吹乱我靓丽的羽毛。泥土，泥土会弄脏我精致的鸡爪。

其他动物：可是你已经胖得生不出蛋来了！

蝴蝶：外面的天气真好啊！我们一起去散步吧！

其他动物：好啊好啊（拉着萝丝一起开始跳舞）

（播放第二段音乐）

————跳舞————

萝丝：（打哈欠）美美地躺在鸡窝里多舒服！（转一圈到鸡舍前面）我的眼皮都要耷拉在一起了！

土拨鼠：吱吱吱！萝丝萝丝！你怎么还在家里啊？

萝丝：走开走开！我正要美美地睡上一觉呢！

土拨鼠：农场西边的山羊要过生日，叫我一定要带上你参加！快走吧！

萝丝：哎呀哎呀——知道了——你别推我！（回鸡舍）

（播放第三段音乐）

大狐狸：我们已经三天没吃东西了！

小狐狸：妈妈妈妈——我好饿啊——

大狐狸：我的宝贝——（头伸前闻空气）宝贝，你有没有闻到一股香喷喷的母鸡的味道？

小狐狸：妈妈——我要吃鸡！

大狐狸：宝贝，妈妈这就给你抓鸡。让我们把爪子磨得锋利，跟在母鸡的后面，一招毙命。

小狐狸：一招毙命？（回鸡舍）

土拨鼠：萝丝！快些快些！

萝丝：我的羽毛光鲜亮丽——我的爪子精致圆润——我的气质呀与众不同——

土拨鼠：萝丝！不要再说了！我们一起边散步边去山羊哥哥的生日吧！（推下去）

（播放第三段音乐）

大狐狸：他们——这是去哪里了？

小狐狸：我听狼哥哥说山羊的生日快到了。

大狐狸：啊——他们一定是去过生日了。我们要快点跟上他们，将他们一网打尽！宝贝，这下我们可以饱餐一顿了！

小狐狸：我的肚子已经等不及啦！

——————上道具，去散步——————

（播放第四段音乐）

大狐狸：下一次，这只母鸡再也没有这么幸运了。

旁白：狐狸捷克一直跟在母鸡萝丝的后面，而萝丝却一直都没有发现。前面就是蜜蜂们住的地方，萝丝想要去要点蜂蜜送给山羊。

领头蜜蜂：嗨！

其他蜜蜂：嗨！

领头蜜蜂：萝丝！

其他蜜蜂：萝丝！

领头蜜蜂：你们好！

其他蜜蜂：你们好！你们好……

土拨鼠：太热了！太热了！

萝丝：朋友们！能给我们一些蜂蜜吗？

领头蜜蜂：（上前拉住萝丝的手）当然了！

其他蜜蜂：我的朋友！

萝丝：我要把蜂蜜带给山羊哥哥尝一尝。

大狐狸：现在！就是最好的时机！

领头蜜蜂：哟！坏家伙！他撞坏了我们的家！让我们狠狠地教训教训他！

（播放第五段音乐）

————跳舞————

旁白：山羊和朋友们正在准备生日宴会呢！

萝丝：山羊哥哥！这是小蜜蜂他们给我的蜂蜜，你尝尝！

山羊：谢谢你——我的好朋友。

萝丝：我已经闻到了甜甜的味道了！

土拨鼠：我尝尝！我尝尝！

其他动物：我也要！我也要！

（播放第六段音乐）

萝丝：希望明天的天气一样好！（撒瓶子中的糖果给观众）

————谢幕————

（4）表演图片

（1）

（2）

（3）

图 5-5

二、基于绘本的幼儿园主题墙创设活动

在平时阅读的绘本中，我们也根据绘本的主题、内容等方面的特点，结合着幼儿园的环境创设要求，设计了一系列的绘本阅读后的活动延伸活动，然后利用见习、实习活

动,抓住四季的特点,打造以绘本为载体的幼儿园环境创设活动。以绘本《在秋天》为例。

(一)绘本《在秋天》

图 5-6

(1)绘本简介

《在秋天》是由美国著名绘本大师凯文·汉克斯和劳拉·德罗兹克合作,爱丽丝绘本研究院创始人、早期阅读专家杨涤翻译的作品,它描写的是大自然中四个季节之一,通过运用简单的语言、绚丽的色彩,将大自然中秋天的风貌展现出来,是为孩子们创作的一首秋之歌。在前环衬上,以蓝色为背景,鹅黄的银杏叶、橙红的枫叶、深棕的落叶和松果的出现,拉开了秋天到来的序幕。开篇主要以"秋天来了,叶子变了"的文字和图画进行讲述,随后天空中灰蒙蒙的,透着一丝寒意,仿佛读者打了一个寒噤,真正感受秋天来临了。紧接着笔锋一转,活蹦乱跳的小松鼠和橙红色的叶子,为大家带来了秋天的勃勃生机。一只鹅黄色小鸟正在褐色的花园里觅食,橙色的南瓜熟了,大人和小孩在南瓜地里感受这丰收的喜悦。红红的大苹果缀满枝头,大人、采摘苹果的小孩、抱着苹果的松鼠和看着主人摘苹果的小狗,心里有说不出的欣喜,这真是一派丰收的场景啊。忽然一阵风吹来,黄色、红色、橘色扑面而来,片片落叶到处都是,好一片壮丽的景色,这就是秋天。随后,秋天的颜色慢慢褪去,天空的颜色再次发生变化,它变得白茫茫的,于是,片片雪花出现在了读者面前,好有趣的设计,让读者感受了秋天的特点之后,紧接着让读者对冬天产生期待和憧憬,像极了电影中的尾声落幕,让人期待下一幕的呈现。

(2)作者简介

凯文·汉克斯,美国著名童书作家、插画家,1960年出生于美国威斯康星州。汉克斯自幼即展露绘画天分,19岁开始创作童书。他以最真实的生活素材,写下一本又一本引起读者共鸣的图书。其作品的最大特色，在于创作主题紧扣孩子的内心世界，反映出孩子的心声。

劳拉·德罗兹克，美国著名插画家，凯文·汉克斯的妻子，其多次在国际举办艺术展览。作品包括首次与凯文·汉克斯合作且广受赞誉的图画书《鸟儿》，以及与其他童书作家合作的《月亮》《夜晚来了》《白色的蓝莓》等。

（二）创设主题墙《秋天》

阅读完绘本《在秋天》，也恰好在秋天这个季节，于是，学前教育专业的学生们可以为幼儿园的主题墙创设一面秋天主题的作品，大家动手制作，多样线条的描画，丰富多彩颜色的填涂，卡纸的粘贴，麻绳的缠绕，彩泥的运用，落叶、芦苇等自然材料的加入，通过小组合作，共同完成一幅幅富有创意和意蕴深远的作品。《你好，秋天》《秋天来临了》等作品，通过大家巧妙的构思、材料的选择及颜色的渲染，让人看后，真的感到秋天的脚步到了，让我们共同发现秋天的秘密。

1. 主题墙一：你好，秋天

（1）设计理念

一叶知秋，枫叶红山，枫叶在秋风的微微吹拂下，不由自主地开始片片飘落，于是开始感慨：一叶落而知秋，秋无声到身后。走出久违的城市，漫步在落叶洒满的乡间小道。首先映入眼帘的是发黄的树叶，似冬日飞雪般洋洋洒洒地飞扬。不远处若隐若现的房屋，给人一种安定的感觉。喟叹又一季的秋天来临，又一季的收获期，更是又一季的播种期，播种下来年的新希望。

秋天是一个多彩的季节，是一个丰收的季节，是一个落叶飘飘、姿态万千的季节，大自然中的一切都悄悄发生着变化。南瓜成熟了，辣椒也变红了，玉米也得到了大丰收，黄灿灿的玉米粒无疑是秋天最好的象征。

秋天是美丽的，秋天像一幅画，像一首诗，像一首歌，像一个美丽的童话。就让我们来热爱这美丽的秋天，赞美这美丽的秋天吧！秋天硕果累累，它没有春天那么妩媚、娇艳，也没有夏天那火一般的热情，更没有冬天那雪花飘舞时的宁静，但却有它自己的独特之美，有属于它自己的颜色。

（2）主题墙内容介绍

①枫树

材料：折纸、卡纸、枯树叶。

用卡纸剪出大树的轮廓，折出大小不一的枫树叶，交错粘贴。大树下铺一层枯树叶，营造秋天萧瑟的氛围。树下捡落叶的小孩与环境融为一体。

②篮子和果实

材料：麻绳、纸板、折纸、芦苇和芦苇叶。

篮子是由麻绳和纸板做成的，首先将麻绳编成麻花辫，然后将编好的麻绳缝到纸板上（因为胶粘不住）。做好篮子后挂到栅栏上，再用卡纸画好南瓜和玉米后剪下来装到篮子里面。最后把大自然里捡来的芦苇和叶子等装到篮子里。

③栅栏

材料：卡纸、折纸。

剪成长条的卡纸交错粘在一起，形成栅栏。用红色与绿色折成辣椒的形状，粘在栅栏上，形成一幅丰收的图画。

④房屋

材料：瓦楞纸。

屋顶是用一张黑色的瓦楞纸做的，再用灰色瓦楞纸折出十二个相等的圆弧状的圆筒做屋檐。灰色的屋檐比较贴近现实，也给人以稳重安定的感觉，同时也很有秋天的感觉。

【作品欣赏】

图 5-7

2. 主题墙二：秋天，来临了

（1）设计理念

秋天的太阳照到田野里，稻穗熟了，黄澄澄的，像铺了一地金子；玉米熟了，像刚出笼的鸟儿，欢呼雀跃地在风中晃动；黄如麦粒、高如山丘的草垛堆放在稻谷旁；稻草人伸展出宽松的双臂，披一件失色的破布衣，头挑一顶草帽，模糊的脸庞在麦芒之上若隐若现，安静地守护着稻田。

山坡上秋姐姐一吹哨，水果娃娃都赶来了，一串串黄澄澄的香蕉，又粗又饱满，弯弯的，像月牙，像小船；那一串串葡萄，紫晶晶的，像紫水晶一样；苹果挂在枝头，像一个个红灯笼，象征着秋日丰收的喜悦。果树下的小刺猬看着红彤彤的苹果垂涎欲滴，它想到了一个好办法，在地上打了个滚，地上的苹果就扎在了它的刺上，小刺猬背着苹果高兴极了。田地里一眼望去，郁郁葱葱的南瓜叶间若隐若现地躺着许多南瓜宝宝，似乎在和我捉迷藏，又犹如一盏盏金黄色的灯笼坠落在田里。一棵棵辣椒结出了红红的果实，沉甸甸地挂在枝头，让人看了直流口水。白萝卜似青衣少年，露出了健壮的身体；红萝卜似害羞的小姑娘，偷偷钻出头来，却躲藏在了绿叶下，窥探着外面的世界。

秋天的太阳照在草地上，小草渐渐变黄了，蔚蓝的天空中，大雁排着人字形向南方飞去。

秋天的阳光，是多姿多彩的，是流光溢彩的，是暖暖的，是迷人的。

（2）主题墙内容介绍

①太阳

材料：蜡笔。

用蜡笔画出层次渐变的色彩，光滑明亮的颜色象征着秋日的太阳饱满而成熟，流光溢彩，普照大地。

②大雁

材料：记号笔、蜡笔。

用记号笔描绘轮廓，蜡笔画出背部，一群南飞的大雁在蓝天底下出现了，雁群排成整整齐齐的人字形，目标一致地向前飞着。它们在天空中嘹亮地叫着，好像在庄严地宣告：它们的队伍是整齐的，它们的目标是明确的，象征着我们新时代的有志青年！

③树

材料：麻绳、树叶、折纸、海绵纸。

用麻绳缠绕树干，真树叶点缀其中，折纸和海绵纸组成苹果。秋天，是丰收的季节，树枝上挂满了又大又红的苹果，像挂着满树的红灯笼。在阳光的照耀下，晶莹剔透的大苹果不时闪着光彩。麻绳也为树木提供了秋日的一缕温暖。

④果筐

材料：海绵纸、超轻黏土、彩色毛毛球。

用海绵纸做成立体果筐，将彩色毛毛球塞入其中形成立体感，用超轻黏土捏出小猪、小怪物等果筐装饰。满满当当的果筐代表了丰收的喜悦，一旁溢出的苹果象征着农民伯伯满满的幸福。

⑤刺猬

材料：水彩笔、折纸、海绵纸。

用水彩笔画出刺猬，红绿色折纸及海绵纸组成小苹果。小刺猬背着树上落下的苹果，暗自窃喜着又有好吃的大苹果啦，是这秋日暖阳里一抹活泼、俏皮、灵动的色彩。

⑥水果蔬菜园

材料：超轻黏土、树枝、麻绳。

秋天是个收获的季节。用超轻黏土做出各种各样的水果和蔬菜，用涂了不同颜色的树枝制作出蔬菜水果园的栅栏，并且用麻绳将水果蔬菜隔开。果园里一片丰收在望的景象，蔬菜有辣椒、萝卜和茄子等，水果有葡萄、香蕉和西瓜等。饱满的果实挂满枝头，在秋日暖阳的映射下闪着金灿灿的光。

⑦稻草人

材料：皱纹纸、麻绳、海绵纸。

用黄色的皱纹纸做出稻草人的头，用棕色海绵纸做一顶帽子，用麻绳绑出两条胳膊，象征着默默无闻、无私奉献、平平凡凡但又不平凡的伟人们。

⑧草垛

材料：皱纹纸，海绵纸。

用黄色和橙色皱纹纸叠加做出草垛的层次感，海绵纸做成镰刀，象征着人与人之间那种淳朴而又珍贵的爱。

⑨麦穗

材料：皱纹纸、卫生纸。

采用黄色或绿色的皱纹纸包裹住卫生纸，以表现麦穗的饱满颗粒。金灿灿的麦子，颗粒饱满，散发阵阵麦香，偶有的绿色小麦在焦急等待，渴望穿上金色外衣，与大家一起共舞。

⑩玉米

材料：油画棒、超轻黏土。

高瘦的玉米秆上结着黄澄澄而饱满的玉米，油画棒绘画体现色彩层次，超轻黏土增强玉米立体感，形象鲜明。

【作品欣赏】

图 5-8

三、基于绘本的幼儿园美术活动的探索与实践

为了更好地将所学学前教育理论运用到幼儿园一线中,利用绘本探索与幼儿园课程相关的活动,让绘本走进幼儿的世界。这样不仅能够满足幼儿感知周围世界和表达自我情感的需要,而且还能让幼儿在习得自己喜欢的美术表现形式的同时,充分自由地表达本身的生命律动。

(一)实践意义

1. 满足幼儿感知体验的需要

绘本中丰富的色彩、造型、构图、技法等可感材料能够满足幼儿感知与体验的需要。这里的感知主要指的是视知觉。感知材料的丰富性在一定程度上决定着幼儿视觉经验的积累程度,绘本中百变的造型、变化的色调、巧妙的构图都可带给幼儿强大的视觉冲击力,而且绘本中图文之间的完美融合能够使幼儿把握事物的整体和情感属性,只有这样才能在头脑中形成审美意象,并通过美术创作的方式把事物和赋予的情感内涵自由地表达出来。

2. 促进幼儿情绪情感的释放

绘本中强烈的情感传达能够促进幼儿情绪的释放和情感的共鸣。只有可感对象与幼儿主体在内在情感属性上具有一定的一致性时,可感对象和幼儿主体才会形成情感链接,达到共鸣的效果。绘本中的主题内容多选择幼儿日常生活常见或经历过的事物,幼儿很容易把自己的情感融入绘本当中,并且在创作的过程中能够充分地表达自己的情感与想法,作品由此也获得生命力。

3. 实现幼儿创作表现的愿望

绘本中多样的美术元素能够实现幼儿创作表现的愿望。幼儿拥有丰富的视觉经验,并且有强烈的表达愿望与兴趣,在美术创作过程中就一定能表现出来吗?当然不是,这还要求幼儿必须要具备一定的再现能力和表现水平。美术创作的再现能力是指幼儿把心理所浮现的表象加上自己的所思所想通过美术创作的手段表达出来。有专家指出,艺术家与普通人对世界和生活的感知和体验是没有区别的,不同的是,艺术家能够通过其再现能力为自己的感知和经验找到合适的外部表现形式。同理,如果幼儿不能从外界或者教师不能提供一个能为幼儿表达自己经验的外部式样的媒介,他们进行美术创作是极其困难的。绘本中颜色的运用、构图的排列、造型的设计、媒材的选择以及艺术风格的展现都可以促进幼儿对美术表现媒介的了解,而任何一点对美术表现的媒介的认识,都会

促进幼儿对美术创作的驾驭程度。

（二）绘本融入幼儿园美术教学活动的设计理论

1.活动目标的设计

（1）目标导向

在幼儿的成长过程中，幼儿园美术教学的目的，不仅强调美术自身的学科价值，又主张美术是培养幼儿发展的教育价值。在绘本融入幼儿园美术教学活动的探索中，探寻以幼儿全面自由发展为主，辅以学习美术语言就成了两个重要的目标导向。

第一，以幼儿全面自由发展为主。绘本在幼儿园美术教学活动开展过程中能发挥极大的作用，不仅能从幼儿全面自由发展的角度出发，培养幼儿审美心理结构的同时，使得幼儿的精神世界与外界的物质环境达到统一。简而言之就是，幼儿通过阅读绘本，将绘本中的主题、设计技巧等挖掘、吸收，从而通过丰富的美术语言的应用来达到促进幼儿的成长与发展这一本质目标。突显出"以幼儿为本"这一价值理念，将目标定位到幼儿全面自由发展这一点上，幼儿在欣赏绘本的同时，才能够在美术教学活动中，将挖掘、吸收的美术元素结合自身的想法进行展现，以自由完整的生命体悟，把握生命的意义。

第二，彰显幼儿对绘本美术语言的认同。丰富多样的绘本，不仅能通过绘本的形式、内容等将多元性和艺术化体现出来，而且为幼儿审美心理结构的发展提供多样的审美刺激。各个国家的绘本，多元的世界文化能让幼儿浸润到世界的优秀文化中，多样的艺术风格带给幼儿丰富各异的审美感知，丰富的艺术表达技巧能让幼儿表达他们内心的艺术世界。通过挖掘绘本的艺术元素，把幼儿园美术教学活动置身于多元的绘本故事情境中，会使幼儿不断爱上绘本，爱上美术。

（2）目标的设置

幼儿园美术教学活动目标的设置是内容选择、活动正确实施、活动评价顺利开展的指明灯。所以，绘本在融入幼儿园美术教学活动的目标设置时，可以遵循以下三点：

第一，凸显适宜性。首先，凸显对幼儿审美与发展水平的适宜。幼儿审美与发展水平有共同的特征和其各自发展的独特性，它能通过视觉语言符号表现出幼儿认知、情感态度与社会性的总体发展水平和幼儿个体不同的发展需要。[1]所以，根据幼儿发展过程中的共性和个性，对目标进行精确定位，因材施教，最终真正有益于幼儿成长。其次，凸显对幼儿美术学科的适宜。绘本来自于不同国家，出自不同绘画大师、插画大师之手，所以，市场上所展示的绘本多种多样，题材丰富，风格迥异，为了更好地选择适合幼儿

---

[1]张雪.儿童绘本融入幼儿园美术教学的行动研究：以山东省A幼儿园为例[D].福州：福建师范大学，2018.

美术教学活动的绘本,需要对绘本和幼儿进行最佳切合点的有效分析,只有这样,才能更好地凸显幼儿园美术教学活动实际开展的价值。最后,凸显对幼儿教师美术素养的适宜。在实施开展以绘本为载体的美术活动时,幼儿教师对绘本的了解程度起到非常重要的作用。如果幼儿教师能将绘本中的美术元素挖掘到位,那么,教师在引导幼儿进行幼儿园美术教学活动时会更加深入,所开展的活动会更加丰富具体。

第二,凸显发展性。运用著名心理学家维果斯基的最近发展区理论进一步诠释发展性的要求。作为幼儿教师,我们应熟悉幼儿的"已有发展水平"和"较高的发展水平"。所以,将绘本融入幼儿园美术教学活动中的目标设定应立足于幼儿当前的发展水平,着眼于幼儿的最近发展水平。活动目标的表述不仅有行为目标,也应考虑过程目标和表现目标。另外,在制定绘本融入幼儿园美术教学活动的目标时不仅要考虑幼儿美术能力的发展,而且也应考虑幼儿的情感态度、价值观和社会能力的发展。

第三,凸显操作性。设置目标时,空泛、抽象的目标不利于活动重难点的把握,也不便于活动评价工作的进行。在目标设置时,不仅要求绘本融入幼儿园美术教学活动时要有明确的目标,还要有实现活动目标的详细活动方案,比如适宜的方法和完善的活动步骤等,而且所设置活动目标的语言文字表述要简洁、精炼、通俗易懂等。

(3)目标的基本内容

第一,绘本融入幼儿园美术教学活动目标的总方向。幼儿园的美术教学活动,是一个涉及多个教育要素的活动场域,在活动中不仅涉及幼儿的成长、教师的专业发展,还涉及幼儿美术教学活动质量提升等方面。首先,幼儿的成长是活动实施开展的首要目的。在撰写目标的过程中,需要从幼儿角度出发,从知识、能力和情感三个维度进行展开。其次,还要强调幼儿教师专业发展,只有让幼儿教师积极主动地参与绘本融入幼儿园美术教学的过程,才能探索出一套适宜的活动方案。最后,开发和利用绘本,将绘本融入幼儿园美术教学活动中,旨在丰富幼儿园美术教学活动的内容,为幼儿园美术教学活动注入新的美术教学资源和活力。关注幼儿园美术教学的实际需求,在幼儿和幼儿园美术教学之间搭起沟通的"桥梁",从而促进幼儿园美术教学的提升。

第二,绘本融入幼儿园美术教学具体活动的目标制定。在具体的幼儿园美术教学活动开展过程中,设置的具体活动目标可包含以下两方面:一方面要关注每个年龄阶段幼儿的身心发展特点,在设置每一次具体的教育教学活动目标时,应根据不同活动类型和不同年龄阶段的教育对象,细化为具体可操作性的活动目标。另一方面,在设置具体的幼儿园美术教学活动目标时,从强调审美心理的角度出发,积极地从认知目标、情感目标、技能目标三个维度进行设置。

随着年龄的不断增长,幼儿对事物的认识也在逐渐加深,并对事物之间的关系有一定的认识,由此可从关注美术创作中的空间关系向事物情节关系过渡。所以,在绘本融入幼儿园美术教学活动开展过程中,幼儿教师应引导幼儿多观察事物情节的简单关系以及表现此事件的特殊的美术表现形式。具体拟定活动目标计划表如下:

表 5-1 绘本融入幼儿园美术教学活动目标计划表

总目标	绘画活动	手工活动	美术欣赏活动
1.感知和体验绘本中的多元文化和美学特征;知道不同的材料和技巧会产生不同的艺术效果,并能灵活运用两者;对美术活动感兴趣,喜欢用"美术语言"表达自己的想法和感受。 2.提升幼儿教师开发和利用绘本的能力,培养幼儿教师美术素养和教研能力。 3.提高绘本的资源利用率,促进幼儿美术教学的发展。	1.知道并能简单地表现出绘本中事物的特征或者故事情节。 2.能够使用多种美术工具和表现技法表达自己不同的感受,体验美术创作的乐趣。 3.能够根据需要,尝试搭配需要的颜色和表现合适的构图,使画面丰富和谐。	1.知道并能够根据需要来选择和使用工具、材料进行创作和表现。 2.利用工具和材料的特点进行制作。 3.能够简单地塑造形象的动态和事物的情节,并表达对自己作品的想法。	1.能够欣赏自己喜欢的绘本,并说出自己的想法和感受。 2.能够感受绘本中事物的象征内涵和形象的感情变化。 3.能够感受绘本中美术表现形式所带来的美感,并引起审美联想。

2.活动内容的设计

绘本的题材丰富、内容多样,如何从这些丰富多样的绘本中选择适宜的内容并将其运用到幼儿园美术教学活动中是重中之重。本部分从内容选择的原则和具体的内容分析出发,对绘本融入幼儿园美术教学活动的内容部分进行探讨。

(1)内容选择的原则

根据当前幼儿园美术教育活动内容选择的特点,使绘本科学有效地融入幼儿园美术教学活动当中,应遵循以下内容选择的原则:

第一,生活性原则。在选择绘本开展幼儿园美术教学活动时,所选绘本应贴近幼儿的生活经验,绘本的内容应是幼儿了解过、感知过和体验过的。教师不能单纯盲目地追求绘本内容的新奇好玩,而忽视绘本内容的适宜性,否则,在设计与实施开展绘本融入幼儿园美术教学活动时,会出现幼儿不了解绘本内容而感到枯燥无聊的现象。所以,选取的绘本内容越是符合幼儿的生活经验,越是能够引起幼儿在活动中的感受和体验,就越能够激发幼儿在活动中的探索欲和创作欲。

第二,审美性原则。审美性原则是由幼儿美术教学的本质特点所决定的。根据生命美学的观点,美是生命的形式,是旺盛生命力的体现。绘本中蕴含着许多与幼儿蓬勃发展的生命力相吻合的特征,绘本中的生命力展现与幼儿生命力展示的相互碰撞正是绘本融入幼儿园美术教学活动的内在动力。此外，绘本中五彩缤纷的色彩、简单富有创意的构图、夸张变形的造型和丰富多样的表现手法更能带给幼儿视觉上的冲击力和震撼力。

第三，多样性原则。多样性原则是包容幼儿个体差异的表现。每个幼儿都有自己不同的需求和兴趣，这就需要根据每个幼儿的身心发展特点因材施教，使每个幼儿都能在自己已有美术能力发展的基础上获得最大限度的成长与发展。因此，在所选的绘本内容与形式方面，范围要宽阔，也就是题材和内容要丰富，艺术风格和表现媒介要多样等。

（2）具体内容的选择

将绘本中的美术元素更好地融入幼儿园美术教学活动中，离不开恰当的绘本选择和有效的组织与实施。优秀、经典的绘本包含着许多适合幼儿感知、学习和体验的内容。根据审美对象的不同，可以在绘本中进行筛选，将绘本分为自然类绘本、社会类绘本和艺术类绘本三大题材（表5-2）。

表5-2 绘本融入幼儿园美术教学的内容设置

题材	绘本名称	活动内容选择
自然类绘本	《落叶跳舞》	植物知识；粘贴技巧
	《田鼠阿佛》	季节知识；对画面拼贴技法的欣赏
社会类绘本	《小黑鱼》	团结协作精神；拓印技法的感知和运用；不同形态鱼的感知和欣赏
	《大脚丫跳芭蕾》	自我认同意识；独一无二的我的主题展现；美术材料的灵活运用
艺术类绘本	《威利的画》	世界名画的艺术文化；关于色彩、构图等方面的欣赏、世界名画方面的欣赏
	《藏在名画里的猫》	世界名画的艺术文化；关于色彩、构图等方面的欣赏、世界名画方面的欣赏
	《马蒂斯的剪刀》	剪刀的使用和剪纸的艺术

3.活动组织与实施的设计

选择恰当的绘本并进行有效的组织与实施是深切体现绘本融入幼儿园美术教学活动的关键步骤。它不仅是不断地挖掘绘本的教育价值，实现其教育意义的过程，也是促进绘本融入幼儿园美术教学活动中不断反思、不断改进的过程。

（1）活动实施环节

审美感知能力和审美表现能力的融合是审美能力提升的重要条件。基于此，绘本融入幼儿园美术教学活动组织与实施恰恰是美术欣赏与创作的融合。一方面，绘本的融入，幼儿不仅能欣赏优秀的绘本，接触更多的艺术语言，而且还能引发他们对于美的多样感受和多重思考。另一方面，美术创作活动能将幼儿对绘本主题、技法等方面的内容进行内化，并通过美术语言表达出来。所以，在绘本融入幼儿园美术教学活动中，具体实施环节可包括以下四个方面：

一是绘本导入，创设情境。教师可根据活动的整体计划，事先熟悉绘本，然后依据活动目标，通过引入绘本中的具体场景、主题等，引起幼儿的情感体验，使幼儿在情境中产生共鸣，从而激发幼儿美术创作的热情和兴趣。绘本中鲜明的主题，生动的故事情境，不仅能帮助幼儿理解故事情节内容，通过欣赏绘本文字或者画面理解相关的美术知识和技能，还可以通过绘本故事主题或者技法等，帮助幼儿更好地表现和表达。

二是探索方法，尝试创作。幼儿教师通过对绘本中美术知识与技能的分析与掌握，通过讲解演示、观察讨论等方法，帮助幼儿理解绘本故事主题的同时，还帮助幼儿掌握工具材料的操作方法和制作技能，使他们深切体会到操作过程和作品创作中活动的成就感和乐趣。

三是创作表现，教师指导。教师根据活动目标和不同幼儿的美术水平进行因材施教。幼儿进行美术创作的过程是一个感受和体验的过程，就是深入理解事物美的过程，所以，教师应引导和鼓励幼儿大胆地想象，自由地表现和表达他们的审美感受，并有意识地运用绘本中富有感染力的语言启发幼儿，进一步挖掘幼儿表现美和创造美的潜能。

四是作品展示，欣赏交流。幼儿对绘本的欣赏，通过大胆地想象创作出了属于他们自己的作品。通过对幼儿作品的展示，不仅可以使幼儿进一步感知欣赏，而且还能进一步巩固美术经验。一方面，幼儿教师通过幼儿对自己作品的描述介绍，了解幼儿对活动目标的达成程度和活动内容的掌握程度，升华幼儿对自己的审美感受和体验。另一方面，幼儿教师对幼儿美术素养方面的评价可以使幼儿能够正确认识自己的活动表现，进一步积累经验。

（2）活动开展类型

绘本融入幼儿园美术教学活动的类型主要包括绘画活动、手工活动和美术欣赏活动。

绘画活动。绘画活动作为幼儿园美术教学活动的重要类型之一，它顺应幼儿"涂鸦"的天性，能凸显幼儿情感表达和技巧表现，主要通过线条、色彩、构图等各种美术语言创造出可感知的，具有一定造型、肌理和空间感的艺术形象。教师在组织绘画活动时，将绘本融入绘画活动中，让幼儿感受和欣赏绘本艺术美的同时，还能习得其中的绘画手段和表达技巧。让幼儿沉浸在绘本里色彩、线条、构图等艺术表现形式下所蕴含的真善美中，进而引发幼儿进行美术创作的兴趣，增加其审美经验，提升其审美表达力和创造力。

手工活动。手工活动也是幼儿园美术教学活动中常见的活动。它是用手或者操作简单的工具材料进行的手工艺活动。在幼儿园的手工活动中，主要包括剪纸、折纸、泥工等活动。在日常的手工活动中,常常会出现活动内容单调,手工作品成果单一,幼儿模仿现象严重等现象。而有趣绘本的加入,不仅能丰富手工活动的内容和形式,而且还能增强手工活动对幼儿的吸引力。

美术欣赏活动。美术欣赏活动主要以美术作品为对象,培养幼儿的审美感知和表现能力的活动。美术欣赏活动往往作为扩展幼儿审美视野、增加幼儿审美经验的一种有效途径。然而,在传统的美术欣赏活动中,所欣赏的作品和内容多数以成人视角的名画为主,幼儿在欣赏的过程中,无法将感知的内容和自己的已有生活经验建立联系。而在艺术类绘本中,会通过其他的艺术表现形式,将世界名画迁移、转换成幼儿易懂、易欣赏的作品,根据绘本中图画的展现,为幼儿进一步的欣赏世界名画搭建桥梁。这就是绘本弥补这一不足的充分体现。

(3)活动组织形式

绘本融入幼儿园美术教学活动的组织形式主要以集体教学为主,个别教学为辅的形式开展活动。在集体教学活动中,教师通过有目的、有计划地引导幼儿初步的感受、体验生活和艺术中的美,并且鼓励幼儿用各种材料大胆表达自己的想象和看法。通过全班幼儿的共同参与,相互启发,共同完成集体的美术教学活动。但是,集体教学活动又不能覆盖每个幼儿的兴趣和需要,所以,活动过程中,可个别指导因材施教。

4.活动评价的设计

为了更好地检验绘本融入幼儿园美术教学活动的成效,可运用多种评价方法对绘本融入幼儿园美术教学进行全方位评价。以下将从评价主体、评价内容、评价方法这三方面进行阐述。

(1)评价主体

在绘本融入幼儿园美术教学活动的评价者中,主要包括幼儿、教师、家长。首先,幼儿作为活动的评价者,教师可根据实际幼儿园美术教学活动过程中幼儿的活动表现和活动后美术作品的呈现来判断。通过判断,进一步反思和总结活动实施开展的情况。其次,教师作为活动评价的主要人员,一是了解当前幼儿已有的美术发展水平,总结出幼儿美术能力发展的特点,为下一次活动的开展提供参考;二是能及时发现活动中出现的问题,包括目标的制定、绘本内容的选择、活动的组织和实施等;三是通过对绘本融入美术教学活动的反思和总结,预测幼儿美术能力的发展,为进一步制定新一轮的教学计划提供依据。再次,家长作为活动评价的参与者,能充分发挥家园共育的实效,更好地配合幼儿园实施开展美术教学活动。家长通过家长观摩日活动等,观摩、感受、参与活动中,在一定程度上能为绘本融入幼儿园美术教学活动提出意见,从而促进活动的调整和完善。

（2）评价内容

绘本融入幼儿园美术教学活动的评价内容主要包括幼儿成长的评价、幼儿教师专业发展的评价以及绘本融入幼儿园美术教学活动成效的评价。

首先，幼儿成长的评价。评价的内容主要包括两个部分：一是幼儿在活动过程中行为反应的评价，如幼儿参与活动的主动性、专注性等；二是幼儿美术作品的评价，如作品中的美感、创造性发展等。

其次，幼儿教师专业发展的评价。评价内容包括：教师对绘本的认识与了解情况；教师对绘本教学资源的利用情况；教师活动设计的合理情况；活动过程中活动生成情况等。

再次，对绘本融入幼儿园美术教学活动成效的评价。评价主要包括活动目标是否合理、目标达成程度；内容是否符合幼儿的美术能力发展水平、是否与目标一致、是否与活动形式相适应等；活动实施开展的方法是否合理、是否调动幼儿的积极性等；评价是否全面、有效等。

（3）评价方法

在评价的过程中，采用多样化的评价方式，能够在实际评价过程中取长补短。

第一，对幼儿成长的评价。针对幼儿成长的评价，可采用观察法、访谈法、文本分析法。观察法的运用，主要在活动过程中观察幼儿的行为表现和美术方法技能的运用等。教师运用访谈法可进一步了解幼儿对利用绘本开展美术教学活动的态度和想法等，便于及时采取相应的措施，完善活动。文本分析法的运用，主要选择幼儿的美术作品进行分析和评价，这些作品是绘本融入幼儿美术教学活动中，幼儿美术能力水平发展的体现。

第二，对幼儿教师专业发展的评价。对幼儿教师专业发展的评价可采取观察法和访谈法。观察法的运用，主要观察活动过程中教师的行为、言语、与幼儿互动的情况。访谈法能够真实、明确地了解幼儿教师对绘本融入幼儿园美术教学活动的想法和态度，把握教师对活动开展的反馈，便于更好地调整活动。

第三，对活动开展成效的评价。绘本融入幼儿园美术教学活动成效的评价可通过课堂观摩、集体研讨、活动反思等进行开展。首先，课堂观摩。可邀请幼儿园领导、教师、家长等参加。通过旁听活动，对活动的各个方面提出建议和意见。其次，集体研讨。在活动实施后，幼儿园教师可对活动开展问题进行讨论和分析，为下一次活动的开展总结经验。再次，活动反思。幼儿教师在活动结束后撰写反思日志，对活动中需要改进的地方进行原因分析，并提出相应的解决方法。对活动效果的评价则用访谈的方式，具体活动成效的评价主要包括目标的达成情况、内容的适宜性、评价的全面性等。

（三）绘本融入幼儿园美术教学活动的实施过程

在阅读完绘本《小黑鱼》《大脚丫跳芭蕾》《藏在名画里的猫》《威利的画》《田鼠阿佛》《落叶跳舞》《马蒂斯的剪刀》后，可继续在第二课堂中延伸设计幼儿园教育活动。

1. 基于《小黑鱼》的幼儿园教育活动设计

图 5-9

（1）绘本简介

《小黑鱼》是绘本大师李欧·李奥尼的经典作品之一。它运用独特的绘画方法，表现了生动有趣的故事情节和鲜明的主旨。

故事梗概如下：在大海的深处，生活着一群小红鱼和一条小黑鱼，有一天来了一条大鲨鱼将小红鱼都吃了，只有小黑鱼逃跑了。落单了的小黑鱼开启了自我探索之旅，在此过程中它注意到了以前从没有注意到的景象，然后它凭借自己的勇气和智慧帮一群小红鱼组成一个大大的鲨鱼而吓走水里其他生物的故事。

（2）作者简介

见本书第 89 页。

（3）《小黑鱼》带来的启发

对于《小黑鱼》这本绘本，我们可以进一步分析这本书独特的绘画方法和它生动有趣的故事及鲜明的主旨。

从画面上看，这本绘本色彩明快，构图清晰，有浓烈的拼贴风格，并且使用了色彩多变、柔和的水彩拓印这一表现形式，非常符合海底世界的主题。书中大量的篇幅展现小黑鱼落单后观察到的世界，水彩拓画的海底世界奇幻又漂亮。书中只有小黑鱼是手绘的，而那些小红鱼则都是用橡皮章印出来的，这赋予了主人公强烈的存在感，也让构图更加清晰。所以，在该技法的启发下，我们可以在幼儿园美术教学活动的设计方面进一步进行实践，比如，可以让幼儿运用拓印的方法进行绘画体验。

从故事表达主题上看，首先，它是一本有关"鱼"的主题的绘本。绘本的故事情节比较简单，容易读。但是反转又很多，情节发展总会让人出乎意料。《小黑鱼》是一本能够引发读者好奇心的故事书。从表达的主旨上看，表现了小黑鱼的勇敢、坚强、聪明以及善于合作的品质。多次阅读后，会觉得小黑鱼善于思考、勇敢、乐观、合作的精神是当下最需要的。小黑鱼落单后，在观察海底世界的途中逐渐找回了信心，还通过自己的思考，勇敢面对困难，和其他的小鱼团结合作，和大鱼对抗。

（4）探索与实践

绘画活动在幼儿园美术教学活动中占有很重要的位置。在绘画活动中，幼儿感知体验造型、色彩、构图、线条等的运用。

该绘本融入幼儿园绘画活动中，主要包括两个方面：一是通过对绘本《小黑鱼》中美术元素和教学元素进行分析，得知绘本中的"拓印法"符合幼儿对造型、构图的需要；二是通过截取绘本中最具有拓印法特色的画面让幼儿欣赏，让幼儿感受拓印法。

①绘本融入绘画活动

【活动目标】

· 观察绘本《小黑鱼》的造型、构图等，简单了解拓印画的原理；

· 尝试用拓印画的方式填充画面；

· 感受拓印画的乐趣和美。

【活动准备】

经验准备：熟悉绘本《小黑鱼》，了解绘本中有趣的故事情节。

材料准备：《小黑鱼》课件、拓印画颜料、模具等。

【活动过程】

1. 绘本导入，经验回顾

教师简单讲述故事，唤醒幼儿对"小黑鱼"形象的情感体验。

2. 自由欣赏，大胆表达

欣赏绘本《小黑鱼》内页（图5-10），引导幼儿从颜色、小鱼们的画法等角度进行欣赏。

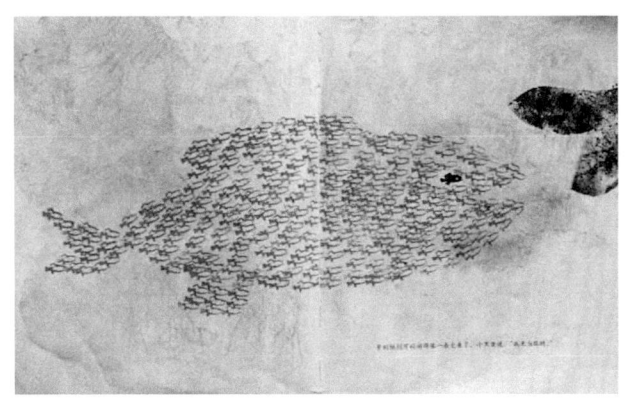

图 5-10

师：你们觉得这张图片中的小鱼们有什么不一样的地方？

幼：有一条小鱼是黑色的，其他的小鱼都是红色的。

师：图片中的小黑鱼除了颜色不一样，还有哪些不一样的地方呢？

幼1：小黑鱼有眼睛，小红鱼没有。

幼2：小红鱼身上是白色的。

幼3：小黑鱼和小红鱼组成了一条大鱼。

……

师：小朋友们观察得都很仔细，图片中小黑鱼和小红鱼是有些差别的，因为它们的表现技法是不一样的。

在欣赏过程中，教师引导幼儿运用自己的审美经验，积极与教师以及同伴互动，并鼓励幼儿通过模仿小黑鱼和小红鱼游的动作来感知探讨小黑鱼和小红鱼游动的差别。

3. 迁移经验，尝试创作

在欣赏之后，鼓励幼儿大胆表达自己的想法，即讨论和分享自己看完小黑鱼和小红鱼的感受，教师适时帮助幼儿梳理归纳美术表现技巧，为幼儿的创作打下基础。

师：小黑鱼和小红鱼为什么有这么多不一样的地方呢？

幼1：是用不同的东西画出来的。

……

师：其中，小黑鱼是画出来的，那些小红鱼是用刻了小红鱼形状的印章盖出来的。我们把这种方法称为"拓印法"。小朋友们，想不想尝试用拓印的方法画小鱼呢？

4. **幼儿创作，教师巡视指导**（图5-11）

引导幼儿表现每条小鱼与众不同的特征；

鼓励幼儿用添画的方式，使得绘画内容更加丰富，具有一定的故事性。

5. 展示作品，分享交流

将幼儿的作品粘贴到展示墙上，鼓励幼儿大胆介绍自己的作品。

【活动延伸】

回到家中,试着用手掌蘸着颜料创作手掌拓印画。

【作品欣赏】

 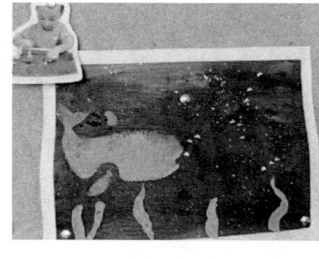 

（1） （2） （3）

图 5-11

②绘本融入手工活动

基于绘本《小黑鱼》,确定有关"鱼"的活动主题,进一步选取进行手工活动的教学元素并对活动方案进行设计与实施。

【活动目标】

· 欣赏绘本《小黑鱼》的内容,感知小黑鱼的聪明、机智、勇敢;

· 能够运用超轻黏土、折纸、管子等材料进行手工制作;

· 体验手工创作的乐趣。

【活动准备】

经验准备:幼儿已有的揉、搓、折、剪等手工操作经验。

材料准备:绘本《小黑鱼》PPT、绘本中的图片、不同颜色的折纸、画笔、双面胶、白乳胶、吸管、纸箱、超轻黏土等。

【活动过程】

1. 绘本图片导入,回顾经验

教师简单讲述绘本故事,引导幼儿自由欣赏绘本中个别鱼的造型图片（图5-12）。

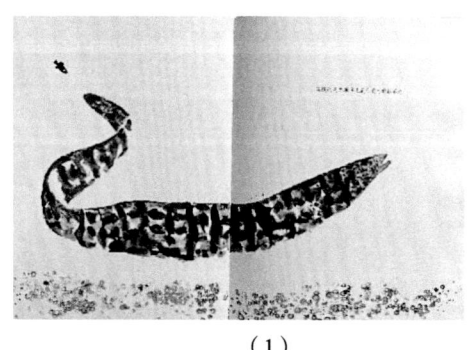 

（1） （2）

图 5-12

师：大家看绘本《小黑鱼》中的这几张图片，你们喜欢哪条鱼？

幼1：我喜欢这条长长的海鳗。

幼2：我喜欢小黑鱼，因为它很聪明、勇敢。

幼3：我喜欢金枪鱼，因为它的体型看起来比较长，而且比较圆一些。

……

师：在《小黑鱼》的绘本中，出现了很多不同造型的鱼。在我们的日常生活中，通过看书或者去海洋馆等地方，有的小朋友见过很多不同形态的鱼。它们有的身体很长，有的身体圆润，有的身体大，有的身体小。

2. 启发想象，迁移经验

教师组织幼儿根据准备的材料，依据幼儿已有经验，以"海底世界"为主题，进行手工创作。

师：说一说你们想运用哪些材料制作出"海底世界"里的小鱼？

幼1：我想用超轻黏土做小鱼。

幼2：我想用折纸折出小鱼。

幼3：我想用吸管做出小鱼。

……

教师指导幼儿运用各种手工材料制作小鱼，并引导幼儿想象"海底世界"是什么样的。

师：你们觉得用超轻黏土可以做哪些鱼？

幼1：我们可以用不同颜色的超轻黏土做身子是三角形的鱼。

幼2：我们还可以做出大海里的乌贼。

师：你们觉得可以用折纸折出什么样的鱼？

幼3：之前老师教我们折过鱼身子，我们再画上鱼的眼睛、嘴巴等就更像一条鱼了。

师：你们觉得可以用这些吸管做出什么样的鱼呢？

幼4：我们想按照鱼的基本骨架进行设计，先画出鱼的骨架。

幼5：试着用胶把材料粘起来。

……

3. 幼儿操作，教师指导

鼓励幼儿尝试用手工材料进行鱼的创作；

引导幼儿在作品上进行添画，使得画面更加完整、丰富、形象；

提醒幼儿正确使用剪刀、胶水等工具材料，保持桌面整洁。

4. 展示作品，欣赏交流（图5-13）

幼儿相互欣赏并交流本小组作品；

鼓励并表扬桌面干净整洁的小组。

【活动延伸】

回到家之后，和家人一起阅读绘本，动手制作与鱼相关的手工作品。

【作品欣赏】

（1）　　　　　　　　　（2）

图 5-13

③基于绘本《小黑鱼》的主题墙展示

环境是幼儿的第三位老师。在幼儿园中，幼儿园环境时时刻刻对幼儿产生着潜移默化的影响。基于绘本《小黑鱼》的活动开展完后，可以将幼儿的活动作品展示到主题墙上（图5-14）。对于幼儿来讲，不仅仅是环境的装饰，也是对基于绘本《小黑鱼》活动的回顾、补充和延伸，更是对幼儿在各个活动中探索与表达、问题与解惑、调查与发现等过程的呈现，充分反映出幼儿点点滴滴的成长足迹。首先，随着活动的开展，将基于绘本《小黑鱼》的各种活动中，幼儿的作品、幼儿活动过程的剪影等融入主题墙中。其次，教师可充分利用主题墙引发幼儿与墙面进行互动，在观察、模仿、操作、交流对话的过程中，充分调动幼儿的经验进行表征、迁移和创造。再次，教师可以充分地利用主题墙和家长进行良好的家园互动，家长通过主题墙看到幼儿在园的生活及活动的情景，同时，将活动和主题墙的创设延伸到家庭中，不仅实现了良好的亲子互动，还能让家长感受到幼儿成长过程中，他们有效陪伴的印记。

基于绘本《小黑鱼》的主题墙展示过程中，不仅能充分发挥幼儿主体性、主动性，还能让教师更多地从幼儿的视角，关注孩子们看到了什么、说了什么、做了什么，通过更多的倾听、观察、交流和参与，知道幼儿在想什么、喜欢什么，从而越来越靠近幼儿的心灵和世界。

【作品欣赏】

图 5-14

2.基于《大脚丫跳芭蕾》的幼儿园教育活动设计

图 5-15

（1）绘本简介

《大脚丫跳芭蕾》是一本精美的绘本，它讲述的是一个非常热爱跳芭蕾舞的女孩贝琳达，因为长了一双异常的大脚而被评审们冷嘲热讽，排斥在舞台之外，但是她勇敢坚强，坚持不懈，始终没有放弃对芭蕾舞的热爱和追求。等到机会到来的时候，贝琳达终于如愿以偿。在最后的掌声和鲜花中，别人不在乎她的大脚了，她也更清楚了自己应该在乎什么。

（2）作者简介

埃米·扬，出生于美国波士顿，知名图画书作家，小时候就梦想成为一名艺术家。

一直以来，画画都是她的兴趣。后来，在耶鲁大学接受专业的艺术训练，获得学士学位，并继续在印第安纳大学深造，主修绘画，获得艺术专业硕士学位。让人意外的是，她随后进入哈佛大学法学院并获得法学博士，从事律师工作七年之后，放弃让人羡慕的律政事业，回归艺术的世界。全美各地的报纸杂志经常可看到她的作品。2003年出版第一本图画书《大脚丫跳芭蕾》，成名之后，又创作了很多孩子们喜爱的作品，包括大脚丫系列的《大脚丫在巴黎》《大脚丫和玻璃鞋》和《大脚丫学芭蕾》，并获得多项大奖。

（3）《大脚丫跳芭蕾》带来的启发

《大脚丫跳芭蕾》讲述了一个有着一双超级大脚丫的女孩儿贝琳达克服困难、勇敢地做自己、追寻舞蹈梦想的故事。所以，通过此本绘本，我们可以确定主题"不一样的我"进行艺术活动的实践探索。另外绘本的作家兼插画家埃米·扬采用漫画手法，夸张地画出贝琳达的发髻、长手、长腿和大脚，幽默地展现了芭蕾舞的种种姿态，让画面充满了舞动的线条以及韵律感。通过欣赏绘本的画面，幼儿可运用手工材料扭扭棒，表现出姿态优美的舞者形象。

（4）探索与实践

①绘本融入绘画活动

【活动目标】

· 领略绘本《大脚丫跳芭蕾》的主题思想：做不一样的我；

· 能运用夸张的手法、流畅的线条表现不一样的我；

· 感受绘画的乐趣。

【活动准备】

经验准备：幼儿已经阅读过绘本《大脚丫跳芭蕾》，理解故事内容；幼儿能说出自己与别人不一样的地方。

材料准备：绘本《大脚丫跳芭蕾》、36色水彩笔、黄色卡纸。

【活动过程】

1. 回忆绘本，引出主题

师：昨天，我们一起阅读了绘本《大脚丫跳芭蕾》。书中的女孩贝琳达和他人比有什么不一样的地方呢？当评审委员们让她暂停跳舞时，她是怎么做的？

师总结：贝琳达有一双大脚，当选拔会的评委们嫌她的脚太大而拒绝看她的表演时，她有过伤心和难过，但是，她换了工作之后，又重新拾起了跳舞，最终，她一直跳，一直跳，至于那些评审委员会的人们说什么，她一点儿也不在乎了……

2. 提出要求，画出不一样的自己

（1）说出不一样

师：贝琳达有一双比常人大的脚丫，你有和其他小朋友不一样的地方吗？

幼1：我的耳朵比较大；

幼2：我的眼睛比辰辰大；

……

师总结：原来，小朋友们都有和其他小朋友不一样的地方。而贝琳达不仅接受自己身体上独特的大脚丫，她还有一处不一样的地方，那就是她能坚持自己的梦想，不怕困难，勇敢做自己。所以，小朋友们在以后的生活中，也应该做不一样的自己，并且接受自己和别人的不一样。

（2）画"不一样的我"

师：你们想不想把"不一样的我"画下来呢？这样，我们不仅能接受自己和别人的不一样，还能留下最美好、最难忘的记忆，我们把它画下来吧！

师：老师今天给大家准备的是水彩笔，注意在作画的时候保持画面整洁，轮廓要画得大一些，这样才能把细节画得更精细、更饱满。

（3）幼儿绘画，教师指导

鼓励幼儿大胆作画；

观察幼儿能否细致、饱满地表现画面；

观察幼儿能否清楚地表达出不一样的自己。

3.作品分享

幼儿所画的作品进行交流分享，发展幼儿的语言表达能力。

活动结束：老师看到了你们画的"不一样的我"，给我留下了很深刻的印象，希望大家在以后的生活中，继续勇敢地做自己，做不一样的自己。

【活动延伸】

回到家之后，和爸爸妈妈继续聊一聊你和别人的不一样。

【作品欣赏】

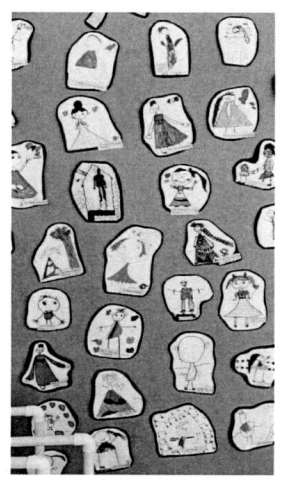

图 5-16

②绘本融入手工活动

【活动目标】

· 欣赏绘本《大脚丫跳芭蕾》中的舞姿，感受其夸张、线条流畅的表现手法；

· 学习用扭扭棒扭出跳舞的动态，表现姿态优美的芭蕾舞者；

· 体验制作与粘贴的快乐。

【活动准备】

课件、舞蹈视频，天鹅湖音乐，扭扭棒

【活动过程】

1. 回忆绘本《大脚丫跳芭蕾》

师：小朋友们，你们看她是谁？（贝琳达）

师：是的，这是我们读过的绘本《大脚丫跳芭蕾》中的主人公贝琳达，我们都知道贝琳达非常爱跳舞，她每天都去舞蹈学校，认真地练舞。她跳舞的时候舞姿优雅脚步轻巧灵活。

2. 欣赏芭蕾舞视频

师：小朋友们，你们看过芭蕾舞吗？那接下来老师给你们带来一段芭蕾舞视频，请你们认真仔细看哦！

师：小朋友们，这段芭蕾舞视频美吗？它美在哪呢？（衣服、舞姿优美、造型）是的。你们都观察得很仔细。他们的衣服很美，裙子就像蛋糕裙一样，还有他们手和脚做出来的动作也是非常的美。

师：是呀，贝琳达也和这些芭蕾舞者们一样摆着各种各样的造型，那让我们一起来学学他们的这些造型。除了这些造型外，你们还能摆出和他们不同的造型吗？

师：哇，你们都做得非常棒。刚刚老师发现她摆的动作非常美，你上来做给小朋友看看。你们觉得我们能用什么方法把他的优美舞姿留下来。（拍照、录像等）

3. 表现芭蕾舞人

师：老师今天想用扭扭棒记录下优美的舞姿。

介绍扭扭棒的用法：这是扭扭棒，我手中有长的和短的扭扭棒。我们就用短的来做它的手，长的做它的脚。我们做的时候要弯一弯扭扭棒，让它的手和脚能够有各种的变化。你们看，是不是一个芭蕾舞者就出来啦！好看吗？那你们想不想试试？

4. 学一学

（1）拿出备好的扭扭棒，幼儿开动脑筋动手做一做。

要求：在做的时候不推挤，要互相谦让，不可以离开自己的位置，如有需要请老师帮助的可以举起你的小手。

（2）比一比，谁的芭蕾舞姿优美、独特。

（3）展示幼儿作品，评一评同伴表现的不同姿态。

（4）提出进一步作画要求：用重复的方法再创作多个芭蕾舞者。

（5）装饰：用闪光粉装饰背景。

活动结束：小朋友，你们听，音乐响起来了。你们看，灯光也亮起来了，那让我们一起去参加舞会吧！

【活动延伸】

回家之后和爸爸妈妈一起用扭扭棒制作其他的跳舞小人的造型。

【作品欣赏】

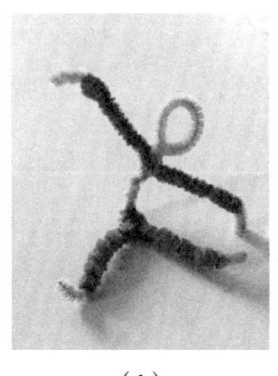  

（1）　　　　　　　　　（2）　　　　　　　　　（3）

图 5-17

③基于绘本《大脚丫跳芭蕾》的主题墙展示

基于绘本《大脚丫跳芭蕾》的主题墙展示，最终目的是为幼儿服务。因此，以幼儿的经验和兴趣为参考依据，为绘本《大脚丫跳芭蕾》的主题墙创设奠定一个良好的开端，使得主题墙既能和所开展的活动相关联又能更有力地促进幼儿的身心发展。在以幼儿为主体，教师为主导，幼儿和教师共同构思和设计主题墙时，重视幼儿的想法和意见是非常关键的，尤其幼儿强烈参与构思与设计的想法要及时了解、思考和实施。（图 5-18）

图 5-18

幼儿园的环境首先是幼儿的环境，只有幼儿自己参与创设的环境，幼儿才会真正地去关心、去注意。幼儿参与创设的主题墙不仅能提高幼儿的"主人翁"意识，还能够引发他们主动地去观察、去探索和表征，同时，幼儿在参与制作和布置的过程中，操作能力和问题解决能力也随之提升。

在基于绘本《大脚丫跳芭蕾》的主题墙创设中，教师为幼儿提供了多次参与制作与布置的机会。一方面，教师通过请幼儿绘画、做手工的形式为主题墙的布置提供材料；另一方面，教师邀请幼儿共同合作参与主题墙的布置，如画下自己的愿望，制作自己喜欢的表情，画出独一无二的我等等。

3.基于《藏在名画里的猫》的幼儿园教育活动设计

图 5-19

（1）绘本简介

这是一本将趣味性和艺术启蒙结合得很好的绘本。当一群猫都跑进名画里，会发生什么呢？这本绘本就带着孩子进行了一场有趣的艺术之旅。这本绘本借着猫的视角，为孩子呈现了来自巴黎卢浮宫、伦敦国家美术馆、纽约大都会艺术博物馆和马德里普拉多美术馆里的传世名画。绘本里出现的画作有《庭院中的女人和孩子》《梵高的椅子》《热带雨林之虎》《收割季节中的一餐》和《蒙娜丽莎的微笑》等。

（2）作者简介

梅雷迪思·胡珀，1939年出生于南澳大利亚州的阿德莱德，作家、讲师和南极洲专家。

比·威利是一位来自英国的艺术家和插画家。她出生于伦敦，既有英国血统，也有法国血统，在法国长大。她小时候到处旅行，在巴黎的马克·夏加尔展览中受到启发，成为了一名插画家。

(3)《藏在名画里的猫》带来的启发

英国作家梅雷迪思·胡珀创作的绘本《藏在名画里的猫》以独特的方式向小读者展现了猫画家菲莉西玛在名画中填画各种猫咪形象的故事。奇思妙想的故事极富儿童情趣，作者能根据画面上的人物特点添画不同姿态的猫，而且形象与画面是那么的吻合，让读者在阅读故事的过程中不知不觉完成了对世界名画的欣赏。这种适合幼儿特点的欣赏途径对幼儿园的美术欣赏教学来说颇有借鉴意义。

绘本中出现的名画都是世界名画，它们被收藏在各地的博物馆和美术馆。名画作品的欣赏，是孩子们接触艺术作品后而产生的一种审美活动，也是孩子们通过艺术形象去认识客观世界的思维活动。通过对艺术美的欣赏，孩子可以丰富自己的情感、陶冶自己的情操、净化自己的心灵。此外，艺术美的欣赏，可以通过孩子艺术欣赏能力的提高，推动艺术批评的健康发展，促进艺术创作的繁荣。所以，艺术美的欣赏对于全面提高人的素质，促进社会文明的发展，具有十分重要的意义。进行美术作品欣赏，不仅仅提高孩子们的审美能力，更加锻炼他们的观察能力，在以后的学习中也会更加自信地表达。

大班的幼儿绘画能力较强，能较好地表现出动物的多种形态和表情，而且具备了一定的欣赏能力，也有自己的独特想法。于是，教师结合幼儿的特点和绘本故事设计幼儿园美术活动，目的就在于借助故事情境，幼儿在积极地观察思考中提高对名画的欣赏能力。

(4) 探索与实践

①绘本融入美术欣赏活动

【活动目标】

·学习从五官局部开始向整体头的画法；

·在看看、找找、演演、画画等多种形式中欣赏猫的不同动态，并能运用简单的线条创作表现；

·体验想象创作的乐趣和成功感。

【活动准备】

教师：《藏在名画里的猫》课件，《收割季节中的一餐》《侍女》《蒙娜丽莎的微笑》大幅背景画；

幼儿：黑笔，白纸，剪刀，糨糊。

【活动过程】

1. **谜语游戏，学习从局部到整体的画法**

导语：一根圆柱子（鼻子），挂着两个小钩子（嘴巴），旁边各有一个黑珠子（眼睛），下面摆着细棍子（胡须），住在一间圆房子（头），屋顶两个尖窗子（耳朵），猜猜是什么小动物。（幼儿回答）

师：今天，老师画猫的方法和你平时画猫的方法有什么不一样吗？是从什么地方开始画的？

2. 创设情景，利用多媒体放大绘本，欣赏不同动态的猫

导语：今天这只猫不但藏在故事里，它还藏在——？（出示绘本封面《藏在名画里的猫》）。

①教师讲故事，幼儿每找到一只猫后就放大图片，欣赏猫的不同动态。

②教师继续讲故事，主要讲《梵高的椅子》《庭院中的女人和小孩》《热带雨林之虎》，通过对比，找出画中的不同。（图5-20～图5-22）

图5-20　　　　　　　　图5-21　　　　　　　　图5-22

师：猫们为什么要尖叫起来，它们看到了什么？椅子上有只猫在干什么？你觉得它睡在椅子上的感觉如何？

师：还有什么地方有猫？它的姿态好像在干什么？

师：猫们在名画中看到了自己，这时它们的心情觉得怎样？

3. 提供背景，幼儿创作不同动态的猫，并贴到相应的场景中

①欣赏三幅画。第一幅：在纽约，菲莉西玛看到一幅画《收割季节中的一餐》，画上的人们在干什么？有没有猫？第二幅：在马得里的美术馆里，菲利西玛看到一幅画《侍女》，画上有谁？有狗却没有猫。第三幅：到了巴黎，菲莉西玛去欣赏一位夫人的美丽画像《蒙娜丽莎的微笑》，上面有猫吗？

②幼儿交流讨论，教师根据幼儿的回答，示范画出猫睡觉的姿态。

③播放轻音乐，幼儿边听，边在白纸上用黑笔画猫，画好后用剪刀剪下来贴在名画背景上。

4. 欣赏作品，体验成功的快乐

5. 留下悬念，在自然阅读中结束

结语：欣赏了小朋友们的作品，菲莉西玛究竟是怎么画的呢，老师把书放到图书角，大家可以去看一看，说一说。

【活动延伸】

回家后和爸爸妈妈继续讨论《藏在名画里的猫》，试着给爸爸妈妈讲一下绘本里的内容。

4.基于《威利的画》的幼儿园教育活动设计

图 5-23

（1）绘本简介

该绘本故事的主人公威利很喜欢画画，他的每一幅画都讲述了一个故事。在这本书中，没有丰富的故事情节，只是一页页独立的画面和少量前后没有联系的文字。如果不了解西方美术史，只看绘本中的图，孩子和家长可能会看不懂，但当你翻到绘本最后附录的名画解析时，便会恍然大悟：原来威利和他的朋友们都到了世界名画中。

（2）作者简介

安东尼·布朗，毕业于英国利兹艺术学院，是一位超现实写实派画家。他的绘本作品曾获三次库特·马斯勒奖、两次凯特·格林威奖、一次德国绘本奖、一次安徒生大奖等。他的作品主要有两大系列，一个是以黑猩猩威利（Willy）为主角的"威利系列"，一个是以小熊（Bear）为主角的"小熊系列"。他的很多绘本作品深受孩子们的喜欢，比如《我爸爸》《我妈妈》《大猩猩》《朱家故事》等。他从小就很擅长讲故事和画画，他酷爱画猩猩，所以绘本故事中的很多主角都是大猩猩的形象。安东尼·布朗的超现实风格，穿梭于现实与想象之间，每个小地方都藏着意涵丰富的幽默趣味，每次阅读都有新发现。在安东尼·布朗的作品里，不仅故事讲得有趣，而且图画也细腻逼真，而且在他的绘本里，还能看到他是一位"藏画"高手。如果你仔细看他的绘本，会发现他的画里藏着很多"名画"。对于安东尼·布朗最多的一句评价，就是他"独一无二的超现实插画技巧和想象力，为儿童开创了另一种想象的空间。"

（3）《威利的画》带来的启发

美术作品作为一种艺术文化，会潜移默化地提升孩子的审美情趣与鉴赏能力，有利于发展孩子的综合素质，使其健康成长。而《威利的画》堪称世界名画之旅，孩子不仅可以欣赏到艺术大师达·芬奇、拉斐尔、维米尔、马奈等艺术家的作品，还可以看到威利对大师作品的全新解读，是让孩子接触大师作品有趣而深刻的一种方式。

如果用专业术语讲解世界名画，孩子很容易失去兴趣，但安东尼·布朗以幽默的方式"复制"了一系列世界名画。《威利的画》里，所有的主角都是他最喜欢的猩猩，蒙娜丽莎变成了怀抱娃娃的猩猩，美神维纳斯变成了头戴浴帽的猩猩……他以这种独特的方式向孩子们展示艺术名作，引起孩子们对原作的好奇，进而了解原作。但是如何解释从原作到威利的画作的变形过程，如何挖掘画面和文字背后的情节与故事，这就需要老师或者家长引导孩子一起去寻找和解读。

（4）探索与实践

①绘本融入美术欣赏活动

【活动目标】

·感受安东尼·布朗绘本中"复制"世界名画的特点；

·在看看、找找、说说等多种形式中欣赏大猩猩的不同动态；

·体验欣赏世界名画的乐趣。

【活动准备】

绘本《威利的画》课件、《维纳斯的诞生》《大碗岛的星期天下午》《草地上的午餐》《雨天的巴黎街道》等图片。

【活动过程】

1. 出示绘本《威利的画》

师：小朋友们好，老师今天给大家带来了一本绘本，它的名字叫《威利的画》。你们知道威利是谁吗？它画了哪些画？

师：威利是一只大猩猩的名字，在这本绘本中，它"复制"了很多世界名画，今天我们就一起欣赏一下。

2. 欣赏绘本《威利的画》（图 5-24）

（1）教师介绍绘本中的画面

在绘本的开头，威利坐在桌子前正在画画，用的画具正是前面的水彩盒。仔细观察桌子上的两幅画，便可以发现，威利画笔下的画是下页"赤条条地来"，另一幅则是桑德罗·波提切利的名作《维纳斯的诞生》。这里其实就是作者在提示读者：威利的每一幅画都是从名画中得来的灵感。绘本开头不仅承上启下，还与结尾处互相呼应，暗含了多条线索。

绘本的最后一页中,请大家看看附页,欣赏一下原画的样子。和威利的画比一比,想想威利的想法和创作灵感!我们一起来比一比吧!

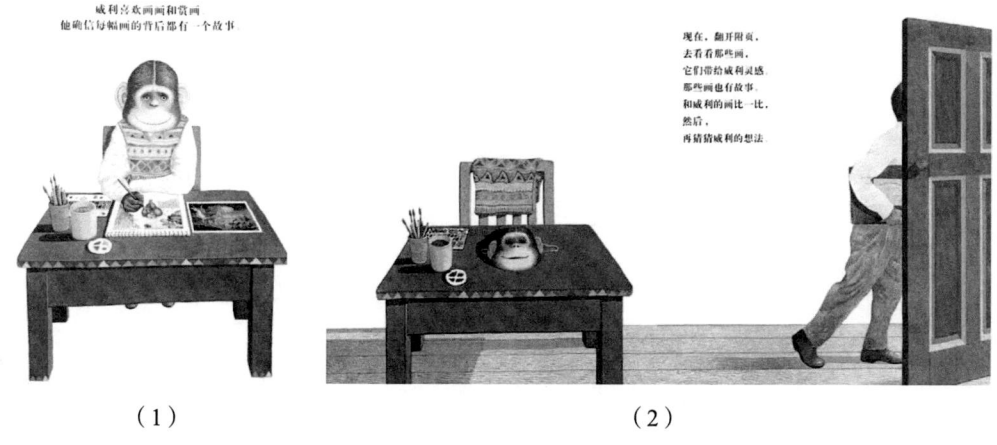

（1）　　　　　　　　　　　（2）

图 5-24

（2）在看看、找找、说说等多种形式中欣赏大猩猩的不同动态

①出示绘本中第一幅图画《赤条条地来,快点,遮上点儿!》(图 5-25)。

师:图片中的人物是谁?

幼儿:大猩猩。

图 5-25

图画赏析:

闹事大鼻子全身赤裸地站在贝壳上,他不仅戴着浴帽,头顶有花洒,脚下还有肥皂,由此可见,他正在沐浴洗澡;旁边的花不仅有伞的形状,还有荷包蛋的形状,巧合的是闹事大鼻子头上的浴帽是花的颜色,浴帽的图案正是荷包蛋;仔细看,还有很奇幻的细

节，他们背后的路竟然是铅笔和画笔，荷包蛋的"枝干"也是画笔，茂密的树叶中也隐藏了一支画笔。

②出示《维纳斯的诞生》《猴子》两幅图画（图5-26、图5-27）。

图 5-26

图 5-27

《维纳斯的诞生》图画赏析：

约1485年，桑德罗·波提切利所作。维纳斯从爱琴海中诞生，风神把她吹送到幽静冷落的岸边，而春神芙罗娜用繁星织成的锦衣在岸边迎接她，身后是无垠的碧海蓝天。在传说中维纳斯是代表爱与美的女神。人刚诞生时一般是幼小的，但据希腊神话描述，维纳斯一生下来就已成年，是个十全十美的少女，既不必经历懵懂无知的童年，也无须面对死亡将至的暮年。因此，她是人类所追求的永恒美的象征。这幅画的核心理念就是美是不生不灭的永恒。

《猴子》图画赏析：

1906年，亨利·卢梭所作。卢梭常被人称为"原始主义"画家，他热衷于描绘繁茂的密林，原始神秘的自然景象。他运用简单、纯粹的色彩和清楚的轮廓，画出每一片树叶的叶脉。他的作品单纯、生动而富有诗意，充斥着纯朴与梦幻。

③将这两幅画进行对比，请幼儿说出它们的相同点和不同点。

师总结：在安东尼·布朗的笔下，刚诞生的维纳斯化身成正在沐浴的闹事大鼻子，两者都是"赤条条地来"，赤条条就是赤裸的，来则指诞生。闹事大鼻子的动作也与《猴子》中的猴子一样，用双手捂住身体，一脸吃惊与忧虑地望着前方。除此之外，威利画中的树叶是《猴子》中热带丛林的树叶，《维纳斯的诞生》中拿着繁星锦衣的春神也变成了一脸吃惊的威利，威利拿着毯子，想着快点给赤裸的闹事大鼻子遮上点儿。

④出示绘本中《许多、许多、许多的点》这幅图画（图5-28）。

图5-28

师：图片中都有谁？他们都在干什么？

幼：图片中有打着伞的人，有猪，他们好像在公园散步。

《许多、许多、许多的点》图画赏析：

妇人牵着的是西装革履的小人，宠物反而自由自在地散步；贵妇人后面的孩子是一个俄罗斯套娃，远处一个人的脑袋变成了一个苹果；所有伞杆都是画笔，男人拿着长矛也是一支画笔，上面沾的不是血而是红色颜料；画面中有许多猪，有只猪的尾巴是沾了红色颜料的画笔，猪的颜色与图案是互补的；远处树干是个酒瓶。

⑤出示《大碗岛的星期天下午》《草地上的午餐》《雨天的巴黎街道》这三幅图画（图5-29～图5-31）。

图5-29

图 5-30　　　　　　　　　　　　　图 5-31

《大碗岛的星期天下午》图画赏析：

1884—1886 年，乔治·修拉所作。该画主要采用了点彩画法，描写了人们在大碗岛上休息度假的情景，画面宁静而和谐。人们都为这幅画的画法而震惊，整幅画由许多纯色的小点绘制而成，画面在远处看上去闪闪发光。

《草地上的午餐》图画赏析：

1863 年，爱杜尔·马奈所作。该画描绘的是一个愉快的午后，几个年轻人在草地共进午餐后的情景。这幅画的画法抛弃了人们所习惯的光滑用笔，不是借助线条而是用色彩造型。作者运用了强烈的色彩和明快的平透色彩，从而彻底突破了传统的厚涂法。

《雨天的巴黎街道》图画赏析：

1876—1877 年，吉斯塔夫·卡勒波特所作。该画描绘的是法国巴黎的街道风景，因打着雨伞的人们衣服颜色深暗，显出雨天街道的空蒙。近景、中景、远景的人物相互交叠，体现了画面的空间感，零散的人们分割着街道的空间，安闲而不匆忙，显示出一种平静的生活气息。

师总结：作者给每幅画的取名都暗藏玄机。《许多、许多、许多的点》不仅指引读者关注画面的细节与特点，三个"许多"更是暗示这幅画借鉴了三幅作品。作者将这三幅画放在一起，一方面是内容相似，三幅画都表现了在自然环境中宁静和谐的愉悦情景；另一方面是画法独特，三幅画的画法在当时都十分新颖独特。威利说："在公园里，有什么玩意儿很古怪。"这个古怪不仅蕴含着画法古怪，而且结合三幅画的内容进行反讽。三幅画都表现了自然环境中宁静和谐的愉悦情景，而作者笔下的贵妇人牵着的宠物竟是西装革履的小人，着实古怪。画面与原画表达的主旨之间形成了反讽，以此倡导现实生活中人与自然，人与动物和谐相处。

师总结：威利真是一个大画家，他用神奇的画笔，将很多世界名画进行改写和创作。今天的分享就到这里啦，这个绘本堪称世界名画之旅！作者将自己的创作融入二十多幅名画中，让我们在有趣的变形游戏中，认识这些最最著名的世界名画。

【活动延伸】

拿起《威利的画》,这一定是一次最有趣、最直接、最深刻的名画赏析之旅,是孩子接触大师作品的最好的方式。回到家之后,请爸爸、妈妈和孩子一起看起来吧!

5.基于《田鼠阿佛》的幼儿园教育活动设计

图 5-32

(1)绘本简介

一只名叫阿佛的小田鼠在别的小田鼠们忙着为过冬采集食物的时候,他却独自坐在一旁,并且告诉大家他也是在工作,只不过在采集另外一些东西。冬天漫长而寒冷,慢慢地,食物被大家吃光了,这时,阿佛拿出了他"采集"的那些东西。

这只看似懒散的田鼠,当别人为寒冬贮粮的时候,他却在搜集一些过冬时别人不能搜集到的东西,比如阳光、颜色和词语。在过冬的后期,没了粮食,大家又冷又饿的时候,阿佛用他所收集到的阳光、颜色和词语,给大家在寒冷的冬天里带来了温暖,赶走了寂寞。

(2)作者简介

见本书第 89 页。

(3)《田鼠阿佛》带来的启发

透过田鼠间的互动、对话,与阿佛独具一格的思维,反映了人类社会中的人际互动,更切入了孩子在童年时代可能发生的种种相处模式:排他性、英雄式主义,以及互助与合作。这值得大人与小孩深深体会、细细品味。日本"图画书之父"松居直曾说,李奥尼所有的图画书都在追问都一个问题——"我是谁",用田鼠作为载体,教人们向自我内在去寻找安宁和幸福，而不是全然依赖外部的物质世界。

该绘本的艺术表现形式不但用了撕贴的方法，还尝试了剪贴和手绘的形式。对于幼儿园老师来讲，阅读该绘本后，可以让幼儿用小手撕贴和手绘等艺术表现手法，完成属于他们自己的撕贴作品。

（4）探索与实践

①绘本融入绘画活动

【活动目标】

·了解绘本《田鼠阿佛》撕贴、剪贴和手绘的艺术表现手法；

·用撕贴、剪贴和手绘等方法进行绘画表现；

·体验撕贴、剪贴画的乐趣。

【活动准备】

经验准备：幼儿阅读过绘本《田鼠阿佛》、会使用剪刀；

物质准备：《田鼠阿佛》PPT课件、剪刀、彩色卡纸、胶水、已画出轮廓的半成品图案。

【活动过程】

1. 回忆绘本《田鼠阿佛》的故事内容，介绍绘本的艺术表现手法

师：小朋友们，昨天我们一起阅读了绘本《田鼠阿佛》的故事，这个故事中的小田鼠给我们留下了深刻的印象，但是你们知道这本绘本是怎么画出来的吗？

师总结：是运用撕贴、剪贴和手绘的方法表现出来的。今天我们也一起尝试用这些方法做一下属于我们的画作吧。

2. 已有材料介绍，操作示范

师：老师今天给大家带来了很多图片和彩色卡纸，小朋友们可以根据老师提供的图片，发挥大家的想象力，运用撕贴、剪贴等方法来填充这张图片。

教师示范，并叮嘱幼儿使用剪刀时的注意事项。

3. 幼儿操作，教师指导

鼓励幼儿尝试根据教师提供的半成品图案进行想象，创作其他形象；

引导幼儿在半成品材料上进行撕贴、剪贴和手绘，使画面更加完整；

提醒幼儿正确使用剪刀、胶水等工具材料，保持桌面整洁。

4. 展示作品，欣赏交流

请幼儿相互欣赏并交流自己的作品；

鼓励并表扬桌面干净并整洁的幼儿。

【活动延伸】

回到家自己收集各种广告纸，并和爸爸妈妈一起制作撕贴画、剪贴画。

【作品欣赏】

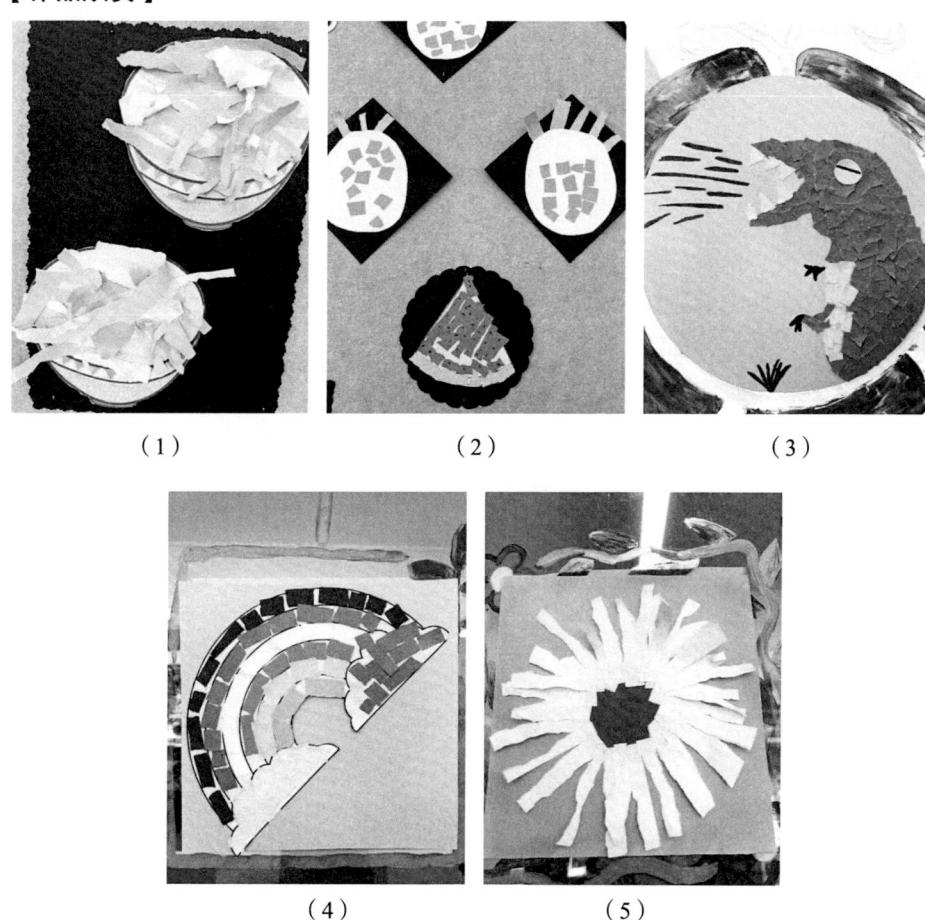

（1） （2） （3）

（4） （5）

图 5-33

②绘本融入手工活动

【活动目标】

·了解绘本《田鼠阿佛》中的人物形象；

·用编织的方法在半成品上进行作画；

·体验编织画的乐趣。

【活动准备】

经验准备：幼儿阅读过绘本《田鼠阿佛》、有过编织的经验；

物质准备：《田鼠阿佛》的 PPT 课件、各种颜色的呢绒线、塑料针、已画出轮廓的半成品图案。

【活动过程】

1. 回忆绘本《田鼠阿佛》的故事内容

师：小朋友们，昨天我们一起阅读了绘本《田鼠阿佛》的故事，这个故事中的小田鼠给我们留下了深刻的印象,但是除了小田鼠之外,绘本中还有哪些形象呢?

2. 教师出示课件,请幼儿认真阅读绘本《田鼠阿佛》中的图片

教师请幼儿逐页认真观察图片,并总结概括绘本中有哪些形象。

师总结:绘本中有大树、太阳、小花、麦穗、蝴蝶、玉米、田鼠等。

师:老师今天给大家带来了很多编织用的材料,有塑料针、多种颜色的呢绒线等,我们可以根据老师提供的图片,发挥大家的想象力,将塑料针穿上不同颜色的线,一同编织出田鼠阿佛中的形象。

教师示范,并叮嘱幼儿使用塑料针时的注意事项。

3. 幼儿操作,教师指导

鼓励幼儿尝试根据教师提供的半成品图案进行编织创作,创作其他形象;

引导幼儿在半成品材料上进行穿针引线的缝制编织,使画面更加完整;

提醒幼儿正确使用塑料针等工具材料,注意自身和他人的安全。

4. 展示作品,欣赏交流

请幼儿相互欣赏并交流自己的作品;

鼓励并表扬缝制编织较好的幼儿。

【活动延伸】

回到家和爸爸妈妈一起感受缝制编织的乐趣。

【作品欣赏】

图 5-34

③基于绘本《田鼠阿佛》的主题墙创设

《幼儿园教育指导纲要(试行)》中明确规定,"幼儿园应为幼儿提供健康、丰富的生活和活动环境,满足他们多方面发展的需要,使他们在快乐的童年生活中获得有益于身心发展的经验",也提出"环境是重要的教育资源,应通过环境的创设和利用,有效地促进幼儿的发展"。

绘本《田鼠阿佛》的主题明确,形象鲜明,因此,在对主题墙进行创设时,可遵循如下方法:

A. 巧用绘本的关键页,布置主题墙背景

在李欧·李奥尼眼里,《田鼠阿佛》是他最喜欢的一部绘本。因为他认为阿佛就是儿时的他,总是不太在意别人眼中重要的事,而整天坐在一旁静静地冥想,做白日梦,独享一些心灵的美好。而看到绘本《田鼠阿佛》的封面,干净、简单,如白纸般底色,底部压着两块大石头,仿佛是一幅纸贴画。田鼠阿佛全身呈现深灰和浅灰两种颜色,手拿一支很长的红色罂粟花,眼皮半睁开,弯弯的小嘴歪在一边浅浅笑着。

田鼠阿佛如诗意小孩的经典形象,昏昏欲睡的大眼睛,呆萌的形象,就像生活里常常会遇见的某个小孩,游离于热闹的舞台、整齐的队伍、安静的课堂,因为另类而经常招来家长的呵斥。也许,他正神游在想象的世界,去了诗意的远方。

选择此封面作为主题墙的参考背景,能将我们的幼儿和读者带入存有诗意远方的境界,轻松自在地找寻属于幼儿的舞台。

B. 挖掘绘本的多元风格,丰富墙饰内容

其一,借鉴绘本的多种艺术表现手法创设主题环境。绘本《田鼠阿佛》的艺术表现形式是运用撕贴、剪贴和手绘的形式,在丰富墙饰内容方面,可以借鉴这些艺术表现手法,组织幼儿运用撕贴、剪贴和手绘的方法进行作品创作。在这一过程中,幼儿用自己撕贴、剪贴和手绘的作品装饰环境,充分体现出幼儿是环境创设的主人这一特质。(图 5-35)

图 5-35

其二,借助绘本中的人事物丰富主题环境的内容。绘本《田鼠阿佛》中田鼠们为了更好地过冬,正值秋天的季节,他们开始收集麦穗、玉米等过冬的食物和过诗意生活的阳光、颜色和词语。田鼠们忙碌着运送食粮,而阿佛却说他在"采集词语、颜色和收集阳光"。文中很显然,在季节的知识方向主要涉及秋天,而秋天是多彩的,最主要的特点是落叶的变化,所以,在主题墙背景的选择方面,我们可以选择绘本《落叶跳舞》的封面(图 5-36)来体现多彩的秋天。在富有个性的小田鼠阿佛身上,我们看到了它别出心裁地开始收集阳光,温暖未来寒冷的冬日,所以,我们也可以选择绘本《后羿射日》的封面(图 5-37)来体现太阳就在我们身边的主题。在这一群小田鼠身上,我们看到的是小田鼠阿佛勇敢做自己的勇气和决心，它率性、随和、坚持、淡定、谦逊、自信，而其他小田鼠们作为阿佛的小伙伴，虽然看阿佛的行为很奇怪，但是它们看阿佛的眼神仍然充满了温暖，这抹温暖能够直抵读者的内心。所以，日常生活中，我们幼儿园的小朋友肯定也会遇见志同道合的朋友，我们在坚定自己内心想法的同时，也应该记得夸夸身边的好朋友，是他们的鼓励和赞同，使得我们不畏艰难、勇敢地前行。

绘本中的人个性鲜明、具有特色，所设事情温暖、感动，所提到的"阳光"这一事物，又让人感觉如沐春光，温暖如春。借助这些温暖的人事物，可以让幼儿进一步体悟绘本主题的温暖与感动。

图 5-36

图 5-37

其三，由大主题绘本环境延伸出小主题绘本环境。在绘本《田鼠阿佛》主题墙的创设过程中，我们能将其突出表现出来的相关小主题进行体现，以此将《田鼠阿佛》带给我们的感动展现得淋漓尽致。比如我们可以根据表现出来的秋天这一季节，延伸出"多彩的秋"这一小主题；根据田鼠阿佛收集阳光，延伸出"太阳在我身边"这一小主题；根据田鼠阿佛的率性、坚持、淡定、自信、勇敢做自己的特点，可以延伸出"这就是我"的小主题，以及阿佛和其他田鼠之间友好同伴关系的体现，可以延伸出"夸夸我的好朋友"这一小主题。（图 5-38）

（1）

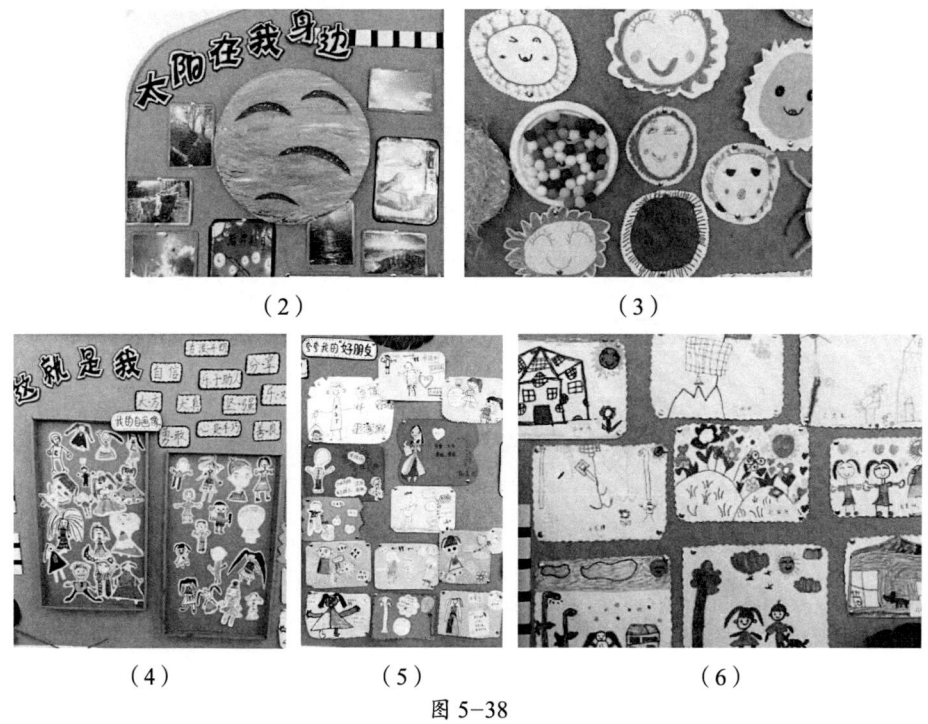

(2)　　　　　　　　　　　(3)

(4)　　　　　(5)　　　　　(6)

图 5-38

C. 借助绘本主题，让幼儿与环境互动

确立了不同主题后，可以通过让幼儿阅读《后羿射日》《落叶跳舞》等绘本，开展有效互动，通过幼儿的绘画和手工活动进一步体会主题特色之外，将幼儿的作品粘贴展示到主题墙上，使得幼儿与环境产生进一步的互动。比如可以让幼儿设计属于自己独一无二的名字，做一本"独一无二的我"的绘本，画出"我和我的好朋友"等等。（图 5-39）

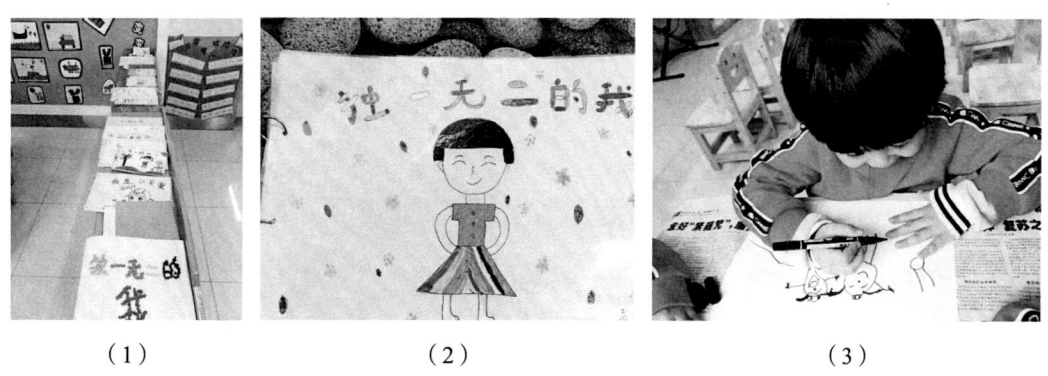

(1)　　　　　　(2)　　　　　　(3)

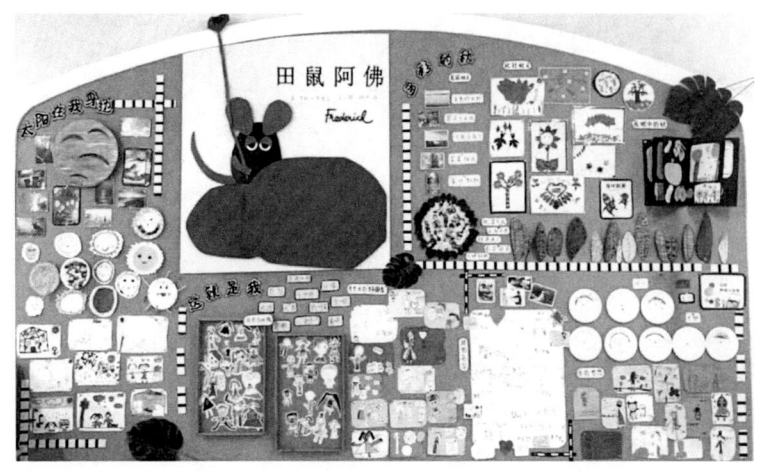

（4）

图 5-39

6. 基于《落叶跳舞》的幼儿园教育活动设计

图 5-40

（1）绘本简介

沙沙沙，起风了，在静静的森林里，落叶一起跳着快乐的舞蹈，跟着风轻飘飘地浮起来，悄悄地坠落……一首用落叶演奏的散文诗。绘本巧妙地利用不同颜色和形状的落叶，绘成出人意料的丰富画面！

（2）作者简介

伊东宽，日本著名的绘本作家。其作品以独特的想象、幽默而不失温暖深受读者的喜爱，在绘本界受到很高的评价。他曾就自己的创作态度讲道："最终完成的绘本在读者每个人的心中。所以我的工作就是为读者提供一个尽情发挥自我想象力和创造力的场所,除此之外别无其他。"

（3）《落叶跳舞》带来的启发

落叶是我们在生活中很常见的东西,在故事里却让我们看到了落叶的美,落叶优美的舞姿!一片片的落叶像一个个精灵,活灵活现地在我们面前舞动,这对幼儿来说是多么神奇的事情。讲故事的时候,可以去外面捡些落叶回来,和幼儿边讲故事边玩落叶跳舞的游戏,让孩子亲身感受季节的变化和美丽,季节就在我们触手可及的身边,落叶是季节的使者,它用美妙的舞姿传递秋天到来的信息。

（4）探索与实践

①绘本融入手工活动

《落叶跳舞》这本绘本通过对落叶这种没有生命的物体赋予人类的行为动作和思想感想,呈现出一幅幅孩子眼中生机勃勃的落叶世界。基于此绘本,进行幼儿园手工活动的探索和实践时,教师作为组织者,可引导幼儿在理解绘本中用落叶组成形象的基础上,尝试将落叶和幼儿的已有生活经验联系起来,以激发幼儿充分发挥想象的潜能。

【活动目标】

·欣赏绘本内容,感知落叶之美;

·借助落叶的形状,灵活运用粘贴材料进行树叶粘贴画;

·体验树叶装饰创作的乐趣。

【活动准备】

物质准备：绘本《落叶跳舞》PPT、绘本中的图片、含休止符的音乐、不同类型的树叶、纸张若干、画笔、双面胶、白乳胶等。

经验准备：幼儿已有粘贴经验。

【活动过程】

1. 绘本图片导入,回顾经验

教师简单讲述绘本故事,引导幼儿自由欣赏绘本中的落叶造型。（图5-41）

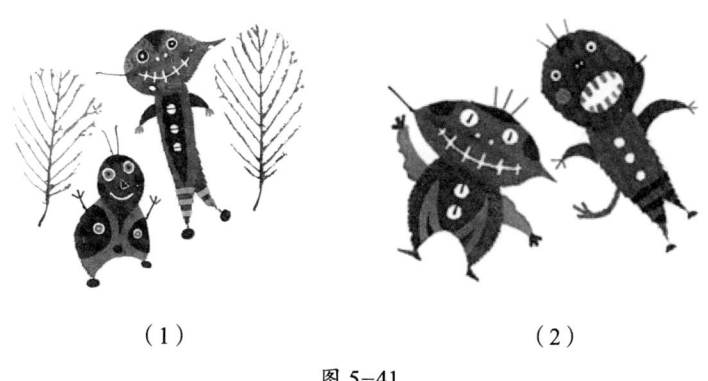

（1）　　　　　（2）

图 5-41

师：你觉得他们在干什么？

幼1：我觉得他们在表演。

幼2：我觉得他们在跳舞。

……

师：你们也可以尝试一下跳舞的动作。

幼儿有的在自己跳舞，有的两个人合作跳圆圈舞……

2. 启发想象，迁移经验

教师组织幼儿跟随音乐（含休止符的音乐），围成一个大圈边走边跳舞，只要遇到音乐停止的地方，每个人就摆出自己喜欢的造型。

师：说一说刚才你们都摆的什么造型？

幼1：我是和丽丽一起摆出的机器人造型。

幼2：我是摆出了小花猫的造型。

幼3：我是摆出了飞机的造型。

幼4：我是像这样子摆的造型（边说边做出动作）。

……

3. 教师出示各种树叶，引导幼儿想象，可以把树叶变成什么。

师：你们觉得盒子里的树叶可以变成什么呢？

幼1：那个柳树叶可以用三个拼起来，变成金鱼的尾巴。

幼2：那个扇形的是银杏叶，可以当鱼尾巴。

幼3：那片树叶可以剪一剪变成小女孩的裙子。

幼4：那片树叶可以剪一剪变成小女孩的辫子。

……

4. 幼儿操作，教师指导

鼓励幼儿尝试根据落叶形状进行想象，创作其他形象；

引导幼儿在纸上进行添画，使画面更加完整；

提醒幼儿正确使用剪刀、胶水等工具材料，保持桌面整洁。

5. 展示作品，欣赏交流

幼儿相互欣赏并交流自己的作品；

鼓励并表扬桌面干净并整洁的幼儿。

【活动延伸】

回到家自己收集各种树叶，并和爸爸妈妈一起制作树叶贴画。

【作品欣赏】

（1） （2）

（3）

图 5-42

②基于绘本《落叶跳舞》的主题墙展示

多样的落叶，多彩的秋天。基于绘本《落叶跳舞》，让幼儿在各种活动中，感受秋天美的同时，也体验了落叶的有趣与好玩。一幅幅树叶贴画展现在主题墙上，幼儿看了不仅有一种骄傲和自豪感，还能更好地结合季节、时令，感受大自然的奇妙与有趣。（图 5-43）

【作品欣赏】

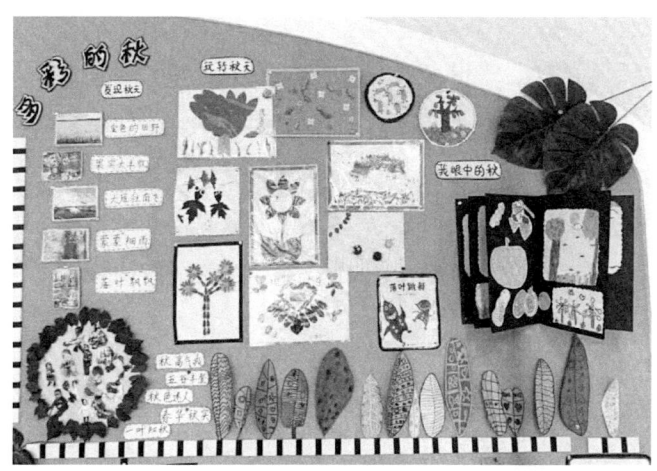

图 5-43

7. 基于绘本《马蒂斯的剪刀》的幼儿园教育活动设计

图 5-44

（1）绘本简介

该绘本的主人公马蒂斯还是一个小男孩的时候，他就到处画画。长大以后，他的艺术作品遍布全世界，他的画给人们带来了幸福。但是，在马蒂斯年迈的时候，他病倒了，病得很重，不能再画画了，只能卧床或者坐轮椅。令人惊异的是，一天，马蒂斯拿起剪刀，把画画的纸剪成了各种形状——他开始用剪刀作画！于是由备受赞誉的传记类图画书作家珍妮特·温特所创作的，关于亨利·马蒂斯晚年的鼓舞人心的真实故事就展现在读者面前。

（2）作者简介

珍妮特·温特，美国著名绘本作家，她创作了很多备受推崇的作品，如《和平树》《观察者》《驴子图书馆》《巴斯拉图书馆员》等。曾荣获美国图书馆学会童书奖及美国银行街教育学院童书奖，并屡次收到来自《纽约时报》《书单》《出版人周刊》等媒体的激赞。珍妮特·温特喜欢根据真人真事创作绘本，并认真搜集相关的报道和图片作为素材。这些真实的故事先是感动了她，再由她的绘本感动千千万万的读者。

（3）《马蒂斯的剪刀》带来的启发

绘本《马蒂斯的剪刀》用极度舒适的色彩、图形简洁温暖，如沐春风般的文字描绘了马蒂斯追寻艺术的一生。每次给小朋友分享这本书，他们都出奇的安静，好似自己也走进了马蒂斯的花园，被他强大的艺术生命力感召着。孩子的天性是活泼的、富有创造力的，他们的作品是鲜活的、真挚的、充满童趣的，是天生的学习者！他们畅游在丰富的想象中，天马行空，不受世俗和惯性认知所羁绊，这是非常宝贵的！苏霍姆林斯基曾经说过："儿童是用形象、色彩、声音来思维的。"作为平凡的幼儿教育者，让我们用眼去看孩子的世界，用心去听孩子的世界。走进孩子的世界和他们共同生活，共同游戏，做他们的好朋友。

（4）探索与实践

①绘本融入手工活动[①]

【活动目标】

· 了解马蒂斯的生平与创作风格特色，认识造型的表现及色彩的表达；

· 在创作中，运用剪刀对对比颜色和不同大小的彩纸进行剪贴，拼贴组合出空间层次，表现简化而富有动感的造型；

· 体验剪贴、拼贴画作的乐趣。

【活动准备】

彩纸、颜料、剪刀、固体胶、画纸、铅笔等。

【活动过程】

1. 出示绘本《马蒂斯的剪刀》，回忆绘本内容

师：小朋友们好，今天老师给大家带来一本绘本，它的名字叫《马蒂斯的剪刀》，马蒂斯是一位非常著名的绘画大师，他在21岁的时候不幸生病了，他的妈妈在他养病的时候送了一套绘画工具让他打发时间，马蒂斯也因此喜欢上了画画，并在两年后坚定地走上了绘画创作的道路。这一次的机缘巧合造就了马蒂斯在20世纪绘画上的辉煌，并促进了现代美术的重大发展。

2. 介绍马蒂斯的生平

师：你们知道吗？马蒂斯在72岁的时候，又生病了。这一次病得可不轻，直到医生给他做了两次重大的手术才把马蒂斯的生命从死神手中抢了回来，虽然命是保住了，不过从此病魔却再也没离开过马蒂斯。病后身体的虚弱使马蒂斯再也不能向往前那样站在画布前自由作画了。而作为一名热爱艺术的狂热分子不能进行艺术创作那简直是比死了还难受。于是马蒂斯整天都在思考和尝试有没有一种适合他这样身体情况的创作方式。于是经过无数个日日夜夜后他发现了一种不用画笔和颜料的创作方式，这就是剪纸艺术。（图5-45）

图5-45

[①]资料来源：微信公众号"创艺客美术"。

师：剪纸艺术让马蒂斯有了如获新生的感觉。他也多次感激地称剪纸给了他"第二次生命"。于是马蒂斯在生命的最后13年中不停地进行剪纸创作，他在剪纸艺术上也表现出了极大的创造力，大胆的色彩、简练的造型、和谐一致的构图以及强烈的装饰性，形成了他独特的画风。（图5-46）

图 5-46

师：为了剪出自己满意的作品，虽然身体不便，但他都是尽量事事亲自动手的。他想办法染出自己需要的彩纸，靠在床上不停地剪。虽然他饱受病痛折磨，身体虚弱，但他的创造力却从来没有停息过。

3.介绍马蒂斯的剪纸作品

师：剪纸艺术也是马蒂斯继野兽派之后艺术生涯的另一个巅峰。下面就让我们一起来欣赏马蒂斯的剪纸艺术作品吧。

师提问：

①这幅画给你什么感觉呢？（图5-47）

②你在画中都看到了什么形状？它们一样吗？

③有没有长得很相近的颜色？在哪里？近似颜色叫什么名字？

④这些形状组合在一起像什么？

⑤猜猜看画家表现的是什么东西？

⑥画家作品中表现的内容是蜗牛，它是怎么表现这只蜗牛的？

⑦他画的蜗牛和我们平常见到的蜗牛有什么不同？

⑧那这是一只真实的蜗牛还是画家心中喜欢的蜗牛？和真实的蜗牛比，哪个更漂亮呢？

⑨你觉得这幅剪纸画制作出来简单吗？

图 5-47

师：作品《蜗牛》是马蒂斯在 1953 年创作的，是马蒂斯的抽象剪纸艺术作品的代表作之一。在此之前马蒂斯对大自然中的蜗牛做了许多许多的写生，在脑海中已经对蜗牛把头伸出蜗牛壳的瞬间有了非常深刻的印象，然后经过不断地概括、精简，打破重组，用许多不规则颜色各异的方块按照一定规角的拼贴才创作出来了这幅高度抽象的剪纸画。

师：我们再欣赏一下马蒂斯的其他剪纸作品：

师：作品《蔬菜》中，你们看到了哪些蔬菜？（图 5-48）

图 5-48

师：你觉得下图中的人物在干什么？他们的心情是怎么样的？（图 5-49）

图 5-49

师：这些色块给你怎样的感觉？

师：这幅作品是画家马蒂斯创作的，名字叫《国王的悲伤》，猜猜画面上谁是国王？作家是怎么表现他的悲伤的？

师：忧伤的国王、跳着舞的女郎和打鼓的乐师，驼着背的国王老了，因为生命即将结束而哀伤着，好像是马蒂斯自己心情的写照。

师：画中的裂叶形状可能是海藻、珊瑚、叶片或花朵，都是生命的象征。

师：从下图中找找小鹦鹉和美人鱼在哪？（图5-50）

图 5-50

师：《小鹦鹉与美人鱼》是1952年创作的大型作品（337cm×773cm），这是马蒂斯最喜欢的作品之一，他曾这样说："我曾用彩色纸做了一只小鹦鹉，就这样，我也变成了一只小鹦鹉，我在作品中找到了自己。"

小结：看了这么多的马蒂斯的剪纸作品，你对马蒂斯印象最深的是什么？

师：马蒂斯的这些剪纸拼贴作品喜欢把对象形体简化、符号化甚至抽象化；色彩明亮鲜艳；喜欢用象征符号做画面的装饰或花边。

师：马蒂斯的作品，总是能带给大家快乐和温暖的感觉，他用简单的线条和大面积的色块来表现，却又能做到简单鲜明流畅、触动人心。他相信颜色都是有魔力的哦！只要好好运用色彩的力量，就能让人们放松心情，得到安慰呢！

师：这些作品简单纯粹，充满音乐性的形体与色彩，让人回到单纯、明晰、宁静、愉悦的内心，释放了人们生活中的紧张情绪，这就是艺术家惊人的力量。小朋友你可以把复杂的画面简单化吗？

师：小朋友们，从马蒂斯的剪纸作品中，看见流畅的形状和鲜明的色彩构成的精彩世界。我们也像艺术家一样用色彩来剪出一个属于你的野兽派作品吧！

4.幼儿用剪刀作画，教师指导

师：假如你变身马蒂斯，成为剪纸达人，把你们喜欢的动物、植物、人物用剪纸的方式表现出来，要剪纸的话，你们会需要哪些材料和工具呢？

我们会用这些材料和工具哦，一起来看看吧！（图5-51）

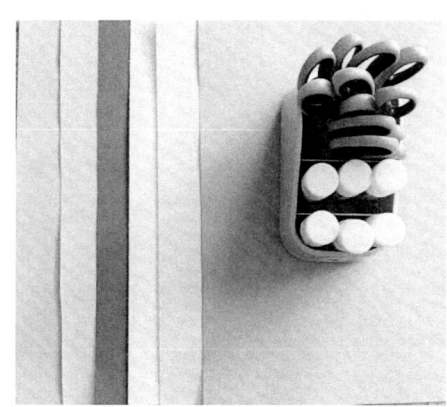

图 5-51

创作步骤：

①大胆拿剪刀剪，不用笔描绘也可以的。采用简化或象征甚至是抽象化来剪出造型。

②剪好各种造型，先排列组合之后再贴。

③构图注意：要有重叠，增加画面前后层次感，剪纸留下的洞洞也可以拼贴。

④如果有学生不知从何下手，建议他随意剪出一块造型，再加以想象，由此慢慢发展出主题。

5. 作品展示，交流欣赏

幼儿相互欣赏并交流自己的作品。

鼓励并表扬桌面干净并整洁的幼儿。

【活动延伸】

回到家自己收集各种彩纸，并和爸爸妈妈一起制作剪贴、拼贴画。

【作品欣赏】

（1）

（2）

（3）

图 5-52

②基于绘本《马蒂斯的剪刀》主题墙创设

环境是幼儿园的"第三位"老师，是幼儿园的"隐形课程"资源之一，可以说，幼儿园的墙面环境与幼儿朝夕相处，是幼儿接触最多的一类环境。基于绘本进行主题墙的创设，不仅是依据绘本开展教学活动的延伸，是幼儿学习成果的展示，更是对幼儿发展与进步的点滴记录。在布置主题墙时，应注意墙面的设计可以吸引幼儿与其互动，激发幼儿的探索欲望、兴趣、动手能力、增强幼儿的自信心、语言表达能力等，进一步体现重要的教育功能和审美功能。良好的基于绘本的主题墙的创设，能促进幼儿的主动发展，为幼儿身心健康发展提供支持。在家园合作方面，可以促进家园合作，让家长了解幼儿在园的学习情况，加强家园联系，进一步保证幼儿园、家庭在幼儿教育方面的一致性。对于教师方面，熟练掌握环境利用和创设的方法，是幼儿教师必备的专业能力之一，主题墙的创设可以让教师及时自我反省，促进教师的自我成长。所以，在基于绘本的主题墙创设方面，我们可考虑幼儿、教师及家长各方面的因素，重视主题墙创设和其教育功能的发挥，从而促进幼儿的身心全面和谐的发展。

基于绘本《马蒂斯的剪刀》主题墙的创设过程中，可充分挖掘绘本中的艺术元素，开展紧随主题的幼儿园活动，比如，开展完手工活动后，将幼儿园的作品进行收集、粘贴上墙，充分体现了以幼儿为本的特点。（图5-53）而教师作为幼儿发展的支持者、引导者，在创设主题墙时，在呈现形式上、色彩搭配上、材料选择上也要考虑到以幼儿为本。从呈现形式的选择上，教师选择从幼儿视角出发的儿童海报的形式，选择幼儿易懂的绘画，替代符号。色彩搭配上，教师首先考虑用不同颜色的背景标示出主题流程，为了更好地培养幼儿的审美，不用特别突兀的颜色进行搭配。在材料选择上，教师所选的材料主要有彩色卡纸，海绵纸，和墙面风格、色调协调的废旧材料（蛋糕盘），幼儿的作品等，教师在和幼儿进行墙面装饰的过程中，将卡纸等的使用方法进行创新，从而保证墙面的层次感和多样性。

【作品欣赏】

图 5-53

基于绘本主题墙的创设，不仅丰富了幼儿园的整体环境的创设形式，而且对于教育功能的体现，幼儿审美方面的重要影响都发挥了极其重要的作用。

四、基于绘本的社会实践活动

为了更好地发挥基于绘本的活动服务社会的功能，在第二课堂中，创编儿童舞台剧、制作红色主题的绘本，以及带绘本进家庭进社区等，和家庭、社会构建联系，更好地发挥协同育人的价值。以下为基于绘本的社会实践活动：

（一）基于绘本的儿童舞台剧送剧进校园活动

在学前教育专业人才培养方案中，学生们每年、每学期都有一定的时间在幼儿园见习或者实习。这样就可以让第二课堂充分发挥对第一课堂的补充和延伸作用，同时还能进一步培养大学生对社会的服务和奉献意识。通过组织高校与幼儿园的对接活动，进一步让学生们体会到自己学习专业知识与本领的意义，还能体会服务他人的快乐。同时，还能在进一步的实践中树立职业理想，具备良好的师德，养成符合幼儿教师角色的行为习惯。在实践活动中，进一步感受幼儿的童真与善良，体会付出的辛苦与喜悦，收获老师的信任与支持，这些无疑都会让学生们对学前教育专业加以认同，从而树立牢固的职业理想。为了更好地将绘本内容融入舞台剧的表演活动中，结合着"六一"儿童节活动，将所表演的舞台剧送剧到幼儿园，陪孩子们过难忘的"六一"儿童节，学前教育专业的学生们，在第二课堂活动的实践中，构建绘本与儿童舞台剧活动的联系，以儿童舞台剧活动为突破口，充分利用丰富的绘本资源，认真地选择绘本，探寻绘本在儿童舞台剧活动中的应用，让大学生爱上绘本，爱上戏剧活动，最终表演出符合孩子们审美和身心发展特点的儿童舞台剧。

1. 绘本在舞台剧表演中的价值

舞台剧表演是一门集文学、美术、音乐、舞蹈等多种艺术手段为一体的综合艺术，它独特的"综合性""表演性""游戏性"能较好地满足幼儿自我肯定、自我表现的欲望，因此，深受幼儿喜欢。在舞台剧的表演过程中，主要以幼儿的参与为根本。而绘本由于其图画的叙事性，文字内容充满趣味性，在图文的完美配合中，将绘本中所传递的情绪情感表达出来，是幼儿成长过程中的最佳读物。这些特点使得绘本在舞台剧的表演过程中，不仅可以作为主题和内容的来源，还可以在表演实践中促进舞台剧的生成。以下以绘本《团圆》为载体，对舞台剧表演进行价值分析：

其一，绘本可以激发幼儿的表演兴趣。绘本《团圆》所讲的故事内容贴近留守儿童的生活实际，书中精炼的文字和精美的图画，再加上主人公毛毛在爸爸刚回到家，在爸爸怀里有些陌生到爸爸临别时在爸爸怀里的依依不舍的感人情节，不论是绘本的语言、情节还是角色的设置上,都符合留守儿童的心理发展特点,触动幼儿的内心,从而深深打动幼儿。于是,为了更好地体验这种情感变化,可以对绘本《团圆》进行舞台剧的表演。

其二,绘本能为舞台剧提供丰富的表演素材。儿童舞台剧的表演鼓励幼儿用语言和身体动作尽情表达对剧本的理解和感受。其中,完整的戏剧表演又包括旁白、背景音乐、舞蹈、角色之间的对话等,幼儿通过表演不仅能在语言、动作方面得到发展,还能更深切地体会剧本中情感的表达。将绘本《团圆》运用于儿童舞台剧,不仅能让留守儿童在表演中亲身体验绘本《团圆》中的情感意蕴,而且还可以在语言、角色形象、情节等方面给幼儿的舞台剧表演带来其他纯文字故事所不具备的素材资料。首先,绘本《团圆》中的文字故事自然朴素,没有夸饰的言辞,没有过剩的意绪,主题富有意蕴,情感表达突出,既为绘画提供了坚实的创造基础,也给表演者留下了广阔的想象空间。其次,绘本《团圆》的故事内容发展脉络清晰,富有戏剧冲突,非常适合表演儿童舞台剧。幼儿通过前期对绘本《团圆》的阅读体验,对故事内容较熟悉的基础上,容易产生亲近感。在舞台剧表演时,可以将自己与主人公毛毛联系起来,模仿绘本故事中毛毛心理上前后的发展变化,呈现出一家人在一起团圆的完整画面。绘本《团圆》无不突显出儿童舞台剧脚本的作用。通过表演,将完整的故事深深印刻到了脑海中,使得表演更加顺畅、从容。再次,绘本《团圆》中,主人公毛毛的特征明显,表情天真、调皮、可爱,爸爸妈妈等人物形象个性突出,动作表现性强。这些鲜明的特征,通过图画的形式表现出来,给人以视觉上的强烈冲击,能进一步帮助幼儿把握所要饰演的人物角色,从而使得所演舞台剧更加鲜活、生动。

其三,绘本让儿童舞台剧更具创造性。绘本《团圆》中丰富的图画和感情至深的故事,是鼓励幼儿大胆进行想象,创编属于自己故事内容的基础。通过前期的阅读积累,能够为幼儿提供扎实的创造基础。为了更好地使留守儿童体验情感的丰富,感受父母及家人在一起的温暖与温馨,在阅读完绘本《团圆》后,学前教育大学生也可以指导幼儿和家长进行绘本《团圆》的舞台剧表演。

剧本的创编是幼儿真正参与儿童舞台剧的开始,因为剧本是后续舞台剧编排的前提。选择优秀的绘本,会使剧本的创编事半功倍。学前教育大学生们利用他们课上所学的专业知识,适时介入引导幼儿,可以对绘本中的角色形象进行增删,对绘本中的角色对话等进行改编,最终,创造出属于幼儿自己的"台词"。可以说,将绘本的巧妙运用,不仅能发展幼儿个性思维,还能有效培养幼儿的想象力和创造热情,且可以进一步诠释绘本运用于儿童舞台剧表演的价值和意义。

2. 利用绘本进行儿童舞台剧表演的策略

第一,所选绘本应主题鲜明,情节富有教育意义。运用绘本进行儿童舞台剧表演时,最主要的就是前期需要对绘本进行选择，所选绘本首先应是富有教育性的，以及能呈现人类社会各种美好和卓越的事物和情感，有良好的价值导向的；其次绘本的选择需符合幼儿的身心发展特点。因此，所选绘本的主题、叙事方式、图画颜色等，都应在幼儿的理解范围内以及适合幼儿表演。绘本的角色形象、语言风格、情节发展等都是表演的基础，因此，要选择能引起幼儿的兴趣和角色、故事情节较显著的绘本。

第二，做好前期的表演准备工作。儿童舞台剧的表演需要有音乐、舞蹈等元素的参与，才能更好地渲染气氛，激发幼儿的表演兴趣。这就需要舞台剧指导者前期做好表演的准备工作。在舞台剧表演前，首先，根据绘本的主题、情节特点等，选出适合其主题的音乐，让孩子们通过反复的倾听、比较、讨论等方式为绘本的主题、不同的故事情节、角色行为等配上相应的背景音乐；其次，根据前期的阅读基础，对绘本中的主题充分理解，对故事情节和角色再深入地认识，进而结合着场地设施、舞台条件等对绘本中的角色对话、角色行为等进行改编，创编出适合孩子们自己的台词和情节。

总之，运用绘本进行儿童舞台剧的表演，首先，需经前期的绘本阅读，引发幼儿对绘本产生兴趣，使其产生强烈的表演欲望，然后在熟悉故事情节和内容的基础上，结合幼儿的已有经验和生活经历，改编适合幼儿的舞台剧表演剧本，最终呈现完整的表演。作为一名学前教育大学生，可以利用寒假、暑假的时间，将高校中所学的专业知识运用到实践中，时刻关注幼儿的成长与发展，根据幼儿的身心发展需要，引导幼儿进行阅读体验，根据绘本情节和角色行为等改编活动，从而在儿童舞台剧表演过程中促进幼儿身心健康和谐发展。

3. 利用绘本进行儿童舞台剧表演

其一，注重表演儿童舞台剧的价值和原则。通过对绘本的筛选，选择一些主题鲜明，人物特点突出，既符合幼儿的身心发展特点，也能激起学前教育大学生表演兴趣的绘本，通过对儿童舞台剧的表演，体验其亲身表演的过程，还能进一步体悟所演绘本故事的主题思想，积极揣摩表演过程中每个人物角色的心理变化，从语言、表情和动作中尽量表现完美，最终提升表演者的表演技能。

其二，注重表演手段和方法。基于绘本的儿童舞台剧表演，首先，需要对绘本内容加以了解、熟悉、挖掘其中的人物形象和人物的心理变化特点等，在班内同学的一致讨论下，共同讨论"这个故事我们应该怎么演"等问题，可以结合学前教育专业大学生的实际情况，对剧本进行改编。其次，根据大家积极报名的情况和愿意表演者平时的个性特点，对剧本中的角色进行表演者的确定。通过语言对话的开展，再加上动作、表情神态的配合，从而表现故事的情节。当然，故事的对话主要来自绘本，但可从幼儿发展的角度对提供的故事素材进行创造。再次，选择恰当的音乐以突显儿童舞台剧表演过程中的情境、氛围等。结合所演儿童舞台剧的情境特点，选择确定好所演儿童舞台剧的主旋律，然后结合幼儿喜欢的音乐的特点，在所演儿童舞台剧中插入音乐，有助于激起幼儿作为观赏者时的观看兴趣，为幼儿更好地理解儿童舞台剧中的角色形象和思想感情提供保障。在表演过程中，舞台的完美设计也是能使表演效果更佳的手段之一，通过学前教育大学生们在课堂中所学的绘画、手工、剪纸等手工技能，可以利用废旧的纸箱、衣服等，制作与所演儿童舞台剧故事内容相贴近的舞台背景和人物形象的头饰等，进一步烘托出儿童舞台剧的故事感和画面感。最后，邀请老师或者同学进行现场指导，通过集体的讨论和老师的现场把关，查找出需要改进、调整的地方，进一步完善基于绘本的儿童舞台剧表演活动。

4. 基于绘本的儿童舞台剧创编及表演

绘本既是我们进行阅读的载体，同时还是我们进行儿童舞台剧表演的重要脚本，在学前教育专业的第二课堂中，基于绘本的儿童舞台剧的创编与表演也是深受大学生们喜欢的活动。尤其在"六一"儿童节到来之日，我们能将儿童舞台剧表演给幼儿，让他们更好地享受儿童舞台剧带来的欣喜与激动，为孩子们的节日送上大哥哥姐姐们的节日祝福和礼物。

示例 1：绘本《老鼠娶新娘》

图 5-54

（1）绘本简介

老鼠村长的女儿要抛绣球选新郎，一只黑猫冲进来搅乱了局面。为了女儿的幸福，老鼠村长决定找一个比猫还强、全世界最强的女婿。左思右想，他觉得太阳是全世界最强的，于是跑去找太阳。可是乌云遮住了太阳，风吹散了乌云，墙挡住了风……到底谁才是全世界最强呢?

生动的传说故事，动听的民间童谣，久远的娶亲习俗和精致细腻的画面，构成了本书强烈的民间和中国特色。在阅读中了解传统与文化，体会寓意与幽默，欣赏画面及细节，是我们收获的最大快乐。

（2）作者简介

张玲玲，1954年出生于台北。从小喜欢听故事，并立志长大后为孩子们编他们喜欢的故事。毕业于东吴大学日语系，曾在日本筑波大学专攻民间故事。现从事台湾地区本土儿童文学的编辑工作。其作品有绘本台湾民间故事系列《女人岛》《卖香屁》，绘本台湾风土民俗系列《鹿港百工图》《东港王船祭》《台南府城》等。

刘宗慧，从事绘画创作十多年，曾为报纸画插画，也创作了一些儿童图画书。每一幅画她都以十分诚挚的态度去面对，并努力地突破自己以往的绘画技巧与意念，让图画本身讲故事，使之拥有独立的生命。《老鼠娶新娘》荣获第五届西班牙"加泰隆尼亚双年童书插画"首奖，《元元的发财梦》原画应邀参加意大利博洛尼亚世界儿童插画展，并荣获第一届台湾"福尔摩莎插画奖"首奖，此外，其作品还多次荣获台湾地区儿童图画书奖。

（3）根据绘本进行剧本改编

根据绘本《老鼠娶新娘》进行绘本剧本改编如下：

<h3 style="text-align:center">老鼠娶新娘（剧本）</h3>

出场：音乐响起，所有小老鼠排队出场，齐舞，结束之后，小老鼠下台，进行场景表演。

场景一：

旁白：在一个村庄的墙脚下，有一个老鼠村。村长有个女儿叫美叮当，美叮当很漂亮。

村长（较显老态，弯着腰拄着拐杖缓慢上台）：我是老鼠村的村长，我的女儿美叮当要嫁人了。

美叮当（音乐起，美叮当迈着优雅的舞步来到村长身边）：我是美叮当。

美叮当妈妈：我是美叮当的妈妈。

村长、妈妈、美叮当：我们要找女婿比猫强。

场景二：

（太阳公公出场，并做出光芒四射的动作）

旁白：太阳公公出来了，暖洋洋的光芒照在身上。

村长、妈妈、美叮当：太阳公公，太阳公公，你是不是世界上最强的新郎？

太阳：我的光会照耀大地，我是世界上最强的新郎。（太阳公公做出强壮的动作）

旁白：这时候，一片乌云飘了过来，遮住了太阳公公。

村长、妈妈、美叮当：乌云先生，你是不是世界上最强的新郎？

乌云：我会遮太阳，我是世界上最强的新郎。

旁白：突然，一阵大风吹来，吹散了乌云。（大风出场，配乐海草舞）

村长、妈妈、美叮当：大风大风，你是不是世界上最强的新郎？

风：我会吹散乌云，我是世界上最强的新郎。

旁白：风吹着吹着，碰到前面一堵墙（道具），挡住了风，挡住了老村长。

村长、妈妈、美叮当：你是不是世界上最强的新郎？

墙：我会挡，我是世界上最强的新郎。

旁白：突然，只听"咯吱咯吱"响，村长只见墙角破了一个洞。洞里钻出老鼠小阿郎。

村长、妈妈、美叮当：难道你是世界上最强的新郎？

阿郎：我会打洞，我是最强的新郎。

村长、妈妈、美叮当：可是猫比你强，你怎么会是最强的新郎？

阿郎：村长先生，世界上没有最强的新郎，只有最合适的新郎。

旁白：村长想了想，觉得阿郎说得对，也就答应了阿郎的请求。

小老鼠们窜上舞台，大喊：抛绣球啦，美叮当要抛绣球啦！

（美叮当上场，站在台子上抛绣球，其他小老鼠抢绣球，老鼠阿郎接到了绣球）

旁白：突然，一只大黑猫窜了出来，到处抓着小老鼠。

美叮当（抱着头蹲在地上）：啊，救命救命！

（打斗场景，小老鼠阿郎紧紧地将美叮当护在身后，带领小老鼠们齐心协力将大黑猫赶跑）

（音乐起，其他小老鼠退场，美叮当和小阿郎跳双人舞）

场景三：

（娶亲场景：音乐响起，迎亲队伍一边念儿歌，一边抬着大花轿，老鼠新娘美叮当坐在花轿上，绕舞台一周，老鼠新郎在前边的场地上来回踱步，焦急等待着。老鼠新郎接到新娘了，阿郎背起美叮当向大家打招呼，其他小老鼠围成大圆圈，翩翩起舞，娶亲结束，所有人员下场）

注：太阳，乌云，大风出场的时候都需添加音乐，有简单的出场舞。

娶亲舞蹈：大秧歌舞

迎亲队念儿歌：

一月一，年初一，一月二，年初二。

年初三，早上床，今夜老鼠娶新娘。

大小老鼠来帮忙，抬花轿，搬嫁妆，

新郎新娘早拜堂。

一拜堂，二拜堂，三拜堂来入洞房。（重复两遍）

第五章 一起用绘本，一直陪伴你

（1）

（2）

（3）

图 5-55

示例 2：绘本《团圆》

图 5-56

（1）绘本简介

《团圆》是我国最早的原创绘本作品之一。该书主人公是小女孩"毛毛"和她的爸爸，它以中国的传统节日春节为主题，从儿童的视角讲述了一家三口在春节团聚的故事。春节在我国是一个阖家团圆的节日，通过绘本我们不仅能了解中国传统的民俗文化，还能感受到当儿童每年只能在春季与父亲团聚时其内心情感上的变化。

（2）作者简介

余丽琼，1980 年生于安徽安庆，毕业于南京大学中文系，戏剧学艺术硕士，中国作家协会会员，现任《东方娃娃》总编辑。15 岁开始文学创作，著有散文、小说、评论等作品多部，并长期创作和翻译图画书。代表作有《团圆》《记事情》《毛毛，回家喽！》等。作品《团圆》荣获 2009 年第一届"丰子恺儿童图书奖首奖"，并获选为《纽约时报》2011 年度世界十大最佳儿童图画书。

朱成梁，江苏美术出版社副总编、编审，中国美术家协会会员。儿童时代喜欢看图画书，自己（小学一年级）买的第一本图画书是《两只笨狗熊》(1955 年)。成年后喜欢画图画书，自己画的第一本图画是《两兄弟》(1980 年)，获江苏少儿文艺创作二等奖。策划、编辑的《老房子》系列图书，获国家图书奖提名奖。他热爱图画书创作，并从中获取了丰富的知识和艺术营养。

（3）根据绘本进行剧本改编

根据绘本《团圆》进行绘本剧本改编如下：

团圆（剧本）

第一幕：爸爸回家

旁白：爸爸在外面盖大房子。他每年只回家一次，那就是过年。今天是大年二十九，距离庚子鼠年（2020）年就剩两天了。妈妈和小女孩都起得特别早，因为——爸爸打电话说今天就到家了。（背景音乐：《爱的致意》钢琴版）

情境：早上的时候，小女孩在和小伙伴跳皮筋，旁边一堆小朋友在踢毽子。

小蕊：妞妞，我爸爸昨天给我买了新年礼物，你爸爸给你买礼物了吗？（一脸骄傲）

大春：妞妞都一年多没见过她爸爸了。估计都忘了她爸爸长什么样子了。

妞妞：胡说！我记得呢！我爸爸长得可帅了！

旁白：孩子们正说着话，爸爸回来了，手里提着大包小包。爸爸到了家门口，小女孩远远地看着他，不肯走近。

小蕊：妞妞，他是谁呀？

妞妞：他，他好像是爸爸……

爸爸：哎哟！我的妞妞，过来让爸爸抱抱看看有没有长高啊。

妞妞：妈妈，妈妈，你快出来，你快出来，看爸爸回来了……（激动、又有点害怕地大哭起来）

情境：妈妈正在厨房里忙着，听见小女孩哭了，赶忙跑了出来。（用围裙擦了擦手）小女孩看见妈妈出来了忙往妈妈身后躲。

妈妈：怎么了，妞妞，怎么哭起来了？（帮妞妞擦眼泪）

妞妞：妈妈，妈妈，你看爸爸回来了。

妈妈：终于回来啦，路上一切还好吧？（妈妈笑着说）（背景音乐《爱的致意》钢

琴版)

爸爸：挺好的，出门在外，最放心不下家里，可算是赶过年回来了。

妈妈：回来了就好，赶紧进屋吧。

情境：爸爸买了很多东西，一到家就赶紧去掏他的大皮箱，里面装了给妞妞买的新帽子，给妈妈买的新棉袄，还有好多好吃的。

爸爸：妞妞，看爸爸给你买的帽子，喜欢吗？

妞妞：哦，好漂亮的帽子！我很喜欢，谢谢爸爸。（开心地笑）

爸爸：老婆，我不在家，你一个人忙里忙外的，辛苦啦！这是给你买的，试试看合不合适。（爸爸拿出棉袄，递给妈妈）

妈妈：浪费那钱干啥呀，家里衣服多的是，有那钱给妞妞买点玩具多好。（嘴上说不要，但是高高兴兴地穿上了衣服。）

爸爸：你常年在家操劳，给你买件衣服应该的。（深情注视）

第二幕：逛集市

爸爸：妞妞，走，跟爸爸剪头发去。剪了头发，明年就会顺顺当当的。

妞妞：好呀，好呀，跟爸爸逛集市去喽！（开心地蹦跶）

情境：爸爸带着小女孩兴奋地朝理发店走去。（理发师与爸爸寒暄）

理发师：（边理发边说）张哥，可算是回来了，咱哥俩有一年没见了吧？

爸爸：是啊，这不是过年嘛，要不然还回不来呢。哎，你今年生意还好吧？我看着人挺多的。

理发师：生意嘛，年年都一样，最近过年，理发的人比往常多。

妞妞：（坐在椅子上等爸爸）呀！镜子里的爸爸越来越像以前的爸爸了！

情境：理完发之后，爸爸摸着自己的头发。

爸爸：还得是老李你呀，这手艺不比大城市的师傅差，这发型看着精神多了。

爸爸：妞妞，跟爸爸逛集市走！（可播放音乐《市集》）

情境：市集上有很多人，摊主们都卖力吆喝着。有几个小朋友追逐打闹，有吃糖葫芦的，有摆弄灯笼的，有举着喇叭的，卖对联的。

情境：爸爸牵着妞妞的手，来到了服装摊跟前。（这时候，市集上的其他人演默剧。花婶坐在自己服装摊前面的凳子上，百聊无赖地嗑着瓜子，身上斜背着一个装零钱的小包。）

爸爸：花婶，过年好，我来看看有没有适合我家闺女穿的衣服。

花婶：（从凳子上起来，夸张地擦了擦嘴）大兄弟，到我这儿买衣服，你就一百个放心。（拿起一件粉色外套）看看这衣服，是又漂亮又潮流，今年的新款呢，好多孩子都穿这个，你家闺女穿指定好看。

爸爸：是挺不错的，（轻轻把妞妞拉到前面）妞妞，快去试试，爸爸看看妞妞穿这件衣服好不好看。

花婶：（边帮妞妞穿衣服边说）大兄弟，你这闺女长得可真俊！看看，多合身，过年就该穿新衣！这打扮，哎哟，心疼死个人了。

爸爸：（低头问妞妞）妞妞，喜欢这件衣服吗？

妞妞：喜欢，爸爸，我最喜欢粉色了。

爸爸：花婶，这衣服多少钱啊？

花婶：哟，大兄弟一看就识货，就这衣服，整个宁夏就我这一家有卖的，到别处肯定找不到这样好的料子和做工。大过年的，我就说个实心价，180，能行这衣服我就给你们装上。

爸爸：180！这可不是个小数目啊，你看能便宜点不？这衣服我是真心想要，但价格确实太高了，你看166怎么样？过年嘛，图个顺顺利利。

花婶：（皱皱眉）唉，好吧。大兄弟，说实话，166我真心不赚钱，但看孩子也是真喜欢，大过年的，就图个吉利，166就166。

情境：爸爸和妞妞从服装店出来，遇到城管老杨。

爸爸：老杨，我一看这宽阔的背影就知道是你，错不了！大过年的，你咋一脑门汗呢？

城管老杨：这不是过年嘛，给各家各户背一些米啊面啊的，累出一头汗。领导说今年给大家多发点，希望街坊邻居们都能过个好年、富足年。

爸爸：现在党的政策可真是好，咱们老百姓的日子是越过越红火了。

城管老杨：说的是，这么好的日子，搁父辈那是想都不敢想，都叫咱给赶上了。

情境：寒暄完，天渐渐变黑了，爸爸提着大包小包，领着妞妞朝家中赶去。一进家门，妈妈就看到手中提的满满当当的父女俩。

妈妈：哎呀，怎么买这么多东西啊，是不是妞妞又乱要东西了，妞妞，下次可不能这样了，爸爸挣钱不容易的。

妞妞：哼！（把脸扭开）

爸爸：没事，也不常给孩子买东西，一年也就一次嘛。

旁白：这天夜里，爆竹"僻僻啪啪"地响个不停。（背景音：爆竹声）小女孩依偎在爸爸妈妈中间睡着了，迷迷糊糊地，她听见爸爸妈妈在轻轻地说着话，他们说啊说啊……

第三幕：准备过年

旁白：今天是大年三十，爸爸妈妈和小女孩都起了个大早，早早地准备新年要用的东西。

爸爸：今天年三十，爸爸给咱们贴春联。

妞妞：好！（开心，小期待）

情境：几个小朋友走了过来，和妞妞一起帮着爸爸在家门上贴春联、挂灯笼。贴好春联、挂好灯笼之后，爸爸又忙了起来。补窗户缝、刷新门漆、换新灯泡……

爸爸：孩子们，看看叔叔这对联贴得正不正？

大雄：张叔，往左一点！

胖虎：不对不对，应该是往右边一点！

妞妞：哎呀，你们说得都不对！应该是往上一点。

妈妈：这群孩子，尽捣乱。（宠溺地笑）

妞妞：呀，家里一下子变得亮堂堂了，又红火又亮堂，看起来好喜庆啊。

第四幕：吃年夜饭

旁白：大年三十的晚上，家家户户都亮起了大红灯笼。

妈妈：（对爸爸说）一会让妞妞去把图图和朵拉叫过来吃年夜饭，小马两口子又没回来，俩孩子怪可怜的。

爸爸：还是你想得周到。

情境：妞妞站在家门口大喊。

妞妞：图图！朵拉！快来我们家一起包饺子啦！

爸爸：包饺子喽！（背景音乐《喜洋洋》）谁吃到这枚硬币，谁就会交好运喔！（爸爸把一枚硬币包进饺子里）

妈妈：我去煮饺子。

妞妞：爸爸，我们看春晚吧。

情境：妈妈端上了热腾腾的饺子，不停地给图图和朵拉夹饺子。爸爸用勺子喂给妞妞吃。突然，妞妞的牙被一个硬东西咯了一下。

妞妞："好运硬币！好运硬币！"（小女孩叫起来，开心地跳起来）

爸爸：妞妞真棒！快收到兜里，好运就不会跑掉喽！

妈妈：你看你，比妞妞还开心呢。（笑）

情境：妈妈又陆续端上了一桌子的菜，看得孩子们直流口水。一家人边看春晚边吃年夜饭。（春晚可以表演舞蹈）

第五幕：爸爸启程

铃铃铃，电话铃响了。

爸爸领导：（带南方口音）老张啊，这大三十的，本来不想给你打电话，但实在是没有办法了。你也知道武汉疫情严重，现在要紧急建设雷神山和火神山，人手实在是不够，你看看能不能赶紧回工地……

爸爸：这……（回头看了看妻子和女儿，眼里满是不舍，似乎又突然狠了狠心）我，马上回去。

情境：爸爸进屋，让妞妞和图图、朵拉出去看烟花。出去正好碰到大春、胖虎、大雄也在，几个人一起快乐地看烟花。

妈妈：真的要走吗？年都没过完呢…（迎向爸爸，说着眼里噙满了泪花）

爸爸：必须要走了，年，明年可以再过（哽咽，低头，又抬起头看着妻子，仿佛眼里有光）去早一点，就可以多救几条人命。（狠狠抱了抱妻子）照顾好妞妞，家里缺啥就给我打电话……

旁白：妞妞看着妈妈为爸爸收拾东西————爸爸要走了。爸爸很快就收拾好了，他走到妞妞身边，蹲下来用力抱住妞妞。（背景音乐：《天空之城》吟唱版）

爸爸：（在妞妞耳边轻轻地说）下次回来，爸爸给你带一个洋娃娃，好不好？

妞妞：不！（拼命地摇头）我要把这个给你……

妞妞把那枚攥了很久的暖暖的硬币放到爸爸的手心里。

妞妞：这个给你，下次回来，我们还把它包在饺子里。

爸爸没说话，他用力地点点头，搂着小女孩不松手……

爸爸：（边走远边回头，使劲挥手）妞妞再见！小雯再见！

（灯光只打在妞妞和妈妈身上）

妞妞：妈妈，爸爸什么时候回来呀？

妈妈：等疫情结束了，爸爸就能回来了。（看着爸爸离开的方向）

妞妞：那我们就能团圆了是吗？妈妈。

妈妈含泪点头，呆呆地望着爸爸走的方向，抱着妞妞不断轻轻拍打着妞妞的肩膀……

直到再也望不见爸爸的背影，妈妈喃喃自语（语气低沉，伤感，又隐隐有股力量）：是的，那时候，我们就能团圆了。

旁白：没有任何一个冬天无法逾越，也没有任何一个春天不会来临。也许，在春暖花开的时候，你，我，他，你们，我们，他们，都在团圆！

（音乐起，跳《一起向未来》舞蹈，谢幕。）

全剧终。

（1）

（2）

图 5-57

（二）基于绘本的"以教为路，筑梦前行"支教活动

将制作的绘本，结合着学院小学教育、学前教育的见习、实习活动，进一步让师生感受红色文化；将制作的绘本，利用暑期"三下乡"活动带入小学、幼儿园等教育机构，进一步扩大红色文化的宣传。以下为暑期实践活动实录介绍：

1. 活动介绍

团队名称："同心向梦"暑期社会实践小分队
实践活动名称："以教为路，筑梦前行"支教项目
实践团队成员：黑立鑫、李东海、马兰、马晓兰、马洋
实践地点：宁夏回族自治区吴忠市同心县王团镇吊堡子村

2. 实践背景

为深入贯彻落实习近平总书记在庆祝中国共产主义青年团成立100周年大会上的重要讲话精神，关注乡村地区学生的全面健康发展。宁夏师范学院教育科学学院"同心向梦"暑期社会实践小分队结合学院特色绘本文化开展以"以教为路，筑梦前行"为主题的教育关爱支教活动。旨在通过学生们观看、欣赏红色文化题材的绘本，培养学生的爱国情感，进一步传承红色基因，弘扬红色文化。通过指导学生们制作绘本，发展学生的绘画、创作、动手能力，促使乡村地区学生全面发展。

3. 实践过程

（1）陶冶艺术情操，绘本助力梦想

团队向王团镇吊堡子村小学的数十名学生展示并讲解了许多教育科学学院的特色绘本，如《人民英雄》《觉醒年代》《雨来的故事》《刘胡兰》等（图5-58）。运用生动有趣的绘本向学生讲述红色经典故事，培养学生的爱国、爱家情怀。同时通过引导学生们了解绘本，熟悉绘本文化，提升学生的艺术素养。

（1）

（1）

（2）

图 5-58

欣赏完绘本后，团队成员具体为学生讲解绘本制作方法。了解绘本制作流程后，团队所有成员带领学生分小组共同制作简单绘本《胡萝卜种植记》（图5-59）。整个过程井然有序，所有人都沉浸在绘本制作过程中。通过制作绘本，锻炼了学生的动手操作能力，发挥了学生的创作能力，进一步提升了学生的艺术素养。

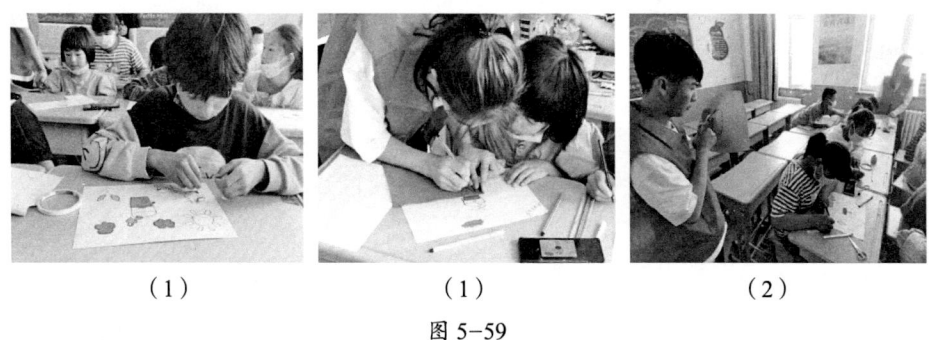

（1）　　　　　　　（1）　　　　　　　（2）

图5-59

制作完成后，所有小组将完成的作品依次展示，并鼓励学生讲解自己所画的内容。通过展示环节增强了学生的自信心，同时锻炼了学生的口头表达能力。

（2）不忘教育初心，多彩笑迎人生

活动尾声团队成员和学生们一起制作超轻黏土手工作品，并将提前做好的手工花朵送给小朋友们当作礼物。团队成员依次向学生们做临走告别，学生们也向团队成员表达了谢意。至此，"以教为路，筑梦前行"支教项目圆满完成。（图5-60）

（1）　　　　　　　　　　　（2）

（3）　　　　　　　　　　　（4）

图5-60

4. 实践感悟

此次实践活动中,"同心向梦"暑期社会实践小分队,以教学生制作绘本、手工作品为载体,旨在促进乡村地区学生全面发展,丰富学生的课余生活。通过红色题材绘本故事的讲述,在学生们的心中,潜移默化地埋下爱国主义教育的种子;通过讲解绘本的制作方法和手工小花的操作步骤,学生们在轻松愉快的氛围下动手操作,小组合作交流与分享,不仅提高了学生们的团队合作能力、动手操作能力,而且还提升了学生们的艺术素养。作为新时代的青年大学生,我们要站在国家提供的广阔平台上,以更广阔的视野审时度势,观察日新月异的世界,为乡村教育振兴贡献自己的一份力量。同时,也要继续发扬前辈们不怕牺牲、勇往直前的爱国主义精神,将红色文化基因植入内心,也要在未来成为一名合格的人民教师的同时,不忘初心,牢记使命,将爱国主义情感、家国情怀、师德师风素养、红色文化精神传承下去,让我们的一代又一代接班人,接好无私奉献、服务社会的接力棒,为建设我们伟大的祖国贡献一份力量。

通过此项活动的开展,进一步扩大红色文化教育对社会的影响力,学生们依托所创作的绘本实体,用第二课堂中制作的红色主题的绘本走进乡镇幼儿园进行宣传,让孩子们感受深厚红色文化的同时,更进一步激发其爱国主义情感,提升师德师风素养,传承红色基因,弘扬红色文化。作为当代的大学生,我们应积极深入一线参与社会实践,向社会求索真知,在实践中检验真理,用所学知识和技能服务社会,进一步加强自身的社会责任感,培养无私奉献、服务社会的情操。作为毕业后将要成为幼儿园教师、小学教师的大学生,应把握好在大学期间的学习生活,不仅在文化知识上进行学习,更应筑牢师德师风方面的壁垒,而依托红色文化题材的第二课堂活动,不仅使学生们锻炼了动手操作等专业技能,还在重温红色经典故事中,对爱国主义情感,家国情怀,师德师风素养,红色基因的传承和宣扬方面有了更深刻的感悟。

(三)开展"留驻美好,共'绘'未来"活动

当前留守儿童这一群体需要引起社会的广泛关注,"留守儿童"现象的产生,大多数是由于父母外出打工而无暇照顾孩子。虽然随着社会经济的增长,我国农村生活条件已经得到了显著的提升,但是村民外出打工和留守儿童的数量依然呈上升趋势。长期缺少父母的陪伴和隔代的溺爱、放养等教育模式,给儿童的心理、生活、性格等方面都带来了消极的影响。儿童在生活、学习和情感需求方面长时间得不到父母的关爱和引导,与父母交流越来越少,导致儿童在教育、情绪、行为和心理上或多或少存在一定的问题。但留守儿童不是问题儿童,他们是需要社会关注的弱势群体。在他们的内心深处极其渴望得到关注和关爱,孤独感高于非留守儿童。

日本的"图画书之父"松居直在《我的图画书论》一书中说道:"如果在孩子 3 岁左右时多为他们读图画书,那么随着语言体验的丰富,孩子会逐渐尝到读书的乐趣,并且有助于增进父母与孩子之间的亲子关系。"而绘本作为当今社会家庭早教的读物之一,对于儿童的成长和引导能起到重要的影响作用。阅读绘本不仅可以帮助儿童学习文化知识,激发想象力,也能增加父母与儿童的交流互动,增强儿童的责任感和亲情,从而健全儿童人格的发展。

在幼儿的成长过程中,幼儿园作为他们重要的学习场所,留守儿童的阅读质量也应引起我们的足够重视。由于他们跟随祖父辈或者其他亲戚生活,无人陪伴阅读、指导阅读等,造成其阅读质量较低。而早期的绘本阅读活动,针对留守儿童,能充分满足他们在成长早期情感、认知、社交、语言等方面的发展。于是,我们可以将绘本资源进行有效利用,为留守儿童提供阅读服务,为留守儿童提供阅读的精准帮扶。

1. 绘本在儿童情感缺失中的应用

绘本具有色彩丰富、故事有趣、寓意深刻等特点,通过阅读绘本的故事情节、翻阅绘本中的构图、色彩搭配等,进一步体会作者传达出来的情感意蕴。绘本中的角色、故事情节和色彩的搭配是绘本图文并茂展现在读者面前的精髓。所以,在阅读绘本时,读者通过对绘本整体的感知,产生共鸣和共情,更好地实现自身内心对角色、故事和色彩的感应。这也是儿童和成人阅读绘本的价值所在。通过阅读绘本,儿童将带着自身的观点和心理来理解绘本中作者所表达的内容和情感。在绘本的某一处如果恰好和儿童内心的某一段记忆和感受吻合,就能引发儿童在情感上的共鸣。绘本可以作为儿童情感发展的桥梁,连接作者与儿童的内心世界。跟随绘本的艺术语言,儿童的情感也将随之发生变化,使得安详、稳定、积极、快乐的情绪替代不安、恐惧的情绪,从而使儿童的身心得到健康的发展。

2. "留驻美好,共'绘'未来"实践活动

学前专业大学生,大多数来自于农村,他们利用放暑假、寒假的时间,可以为村里的留守儿童进行绘本的阅读体验活动等,基于此,特开展"留驻美好,共'绘'未来"的实践活动。

著名教育家苏霍姆林斯基说过:"阅读开始得越早,阅读同他全部精神生活越能有机地发生联系,阅读时思维过程就越复杂,阅读对智力发展就越有补益。"所以,为了更好地促进留守儿童的健康成长,让其养成阅读的习惯,弥补因其家长长期不在家缺失陪伴带来的影响,我们的学前教育专业的大学生,可以在假期利用绘本,一起和留守

儿童看图画书、讲故事，为留守儿童开展绘本阅读与实践活动，不仅锻炼了学生们在校所学的学前教育专业技能，还进一步地提升留守儿童阅读的兴趣，弥补他们在情感上的缺失。

基于以上，特开展以下活动，为留守儿童开展绘本《团圆》的阅读活动，通过对绘本的整体感知和阅读，进一步体会家人之间彼此牵挂和思念的亲情故事。

（1）对绘本《团圆》的分析

①设计思路分析

在我国大量的留守家庭中，父亲外出打工赚钱，常年离开家庭，对子女和家人陪伴缺失的现象最为常见。《团圆》作为表达亲情的经典之作，将夫妻之间、父母与子女之间的亲情在作品中表现得淋漓尽致。在绘本《团圆》中，通过具有浓郁年味的色彩、构图的搭配和运用，不仅将传统春节的文化习俗、阖家团圆特点体现出来，而且还将留守儿童面对亲情时的心理变化完整地记录下来，突显了留守儿童对父亲的思念和对亲情的渴望，从而唤起长期在外务工家长对家中留守儿童的关爱和关注。给留守儿童阅读此绘本，可以让留守儿童，通过故事内容和画面发现和感受父母之爱，也能促进儿童与父母之间的情感交流，在儿童的情感缺失和对亲情的冷漠方面进行有效疗愈，在心中留下爱的温度和亲情的温暖。从绘本的功能上看，阅读《团圆》这本绘本，不仅让儿童了解了我国春节的民俗文化特点，也有利于儿童心理上的健康成长。

阅读绘本《团圆》的内页，给人印象最深的就是爸爸妈妈和孩子一起睡觉的那一夜，本来一家人每天晚上在一张床上入睡进入梦乡是最寻常不过的事，可是对于为了生计父母远离家乡去远方工作的家庭，可能就是一件不寻常的事情了。对于那些留守儿童而言，最向往的可能就是能和爸爸妈妈一起睡觉和一起吃饭。通过这本绘本的阅读，能进一步引导儿童处理在现实中想念父母却又见不到他们的矛盾心理。

②艺术表现形式分析

在绘本中，色彩、线条、构图、人物造型、故事内容等，都是绘本表达主题思想的形式。读完《团圆》这本绘本后，在色彩的运用方面，主要以浓郁的红、黄等暖色调为主，其中红色画面占据的比例较大。比如，画面的背景、毛毛的服装，都带有红色，而红色代表着好运、吉祥、喜庆、希望、快乐，是幸福的象征，结合着春节这一主题，更体现了人们对美好生活的憧憬以及新的一年希望将日子过得红红火火的决心。除了颜色，该绘本在画面中线条的勾画方面，有粗有细，有实有虚，所画人物形象鲜明，外形简洁明了，符合儿童对客观事物形象的印象。比如，画面中妈妈身上的白色羽绒服，还有爸爸身上的毛衣，主要以弧线和曲线为主，画出了面料的质感，也从侧面反映出了爸爸妈妈的爱就像冬天的羽绒服、毛衣一样柔软和温暖。在画面的构图方面，通过大小图、跨页图的穿插、封面图和封底图相互呼应的设计风格，将整个故事的发展进行了有效的突出，比如，爸爸回家的跨页图、为过年做准备的跨页图以及看舞狮的跨页图，通过俯视、仰视、平视的视角来表现画面，也从不同程度上渲染了过年的氛围以及毛毛和爸爸之间的亲情变化。在细节的处理方面，在理发店的场景处理上，将理发店的环境以及理发椅刻画得十分细致，不仅将六七十年代的年代感突显处理，也将传统文化与现代生活完美融合。总之，从整体的艺术表现形式上看，《团圆》这本绘本所用色彩强烈浓郁，线条流畅，绘画技法多样，构图新颖，细节丰富，主题鲜明，突显了扎实的功底和绘画底蕴。

（2）绘本《团圆》的阅读案例

绘本《团圆》讲述的是除夕这天，主人公毛毛盼着在外地打工的爸爸回家过年的故事。该绘本结合着中国的传统节日——春节，进一步让读者感受浓浓的传统文化习俗的同时，也能让读者感受到一家人"团圆"在一起的温馨与感动。

①情境链接，引出绘本

寒假期间，正是将要迎接春节到来的时候，而过春节的最深刻的记忆就是一家人团圆在一起吃团圆饭的情景。一些大学生了解到村里的留守儿童正在盼望着自己的父母从外面打工回来的场景，他们想见到一年不在家的父母，父母也急切地想要见到许久未见的孩子。于是，一场回家过年，促团圆的画面就产生了。为了更好地迎合这一情景，我们可以为孩子们阅读绘本《团圆》。

②把握绘本《团圆》整体，产生阅读期待

绘本是基于图画和文字共同叙述完整故事的文学作品样式之一，我们从绘本的封面、封底、环衬等部分的阅读开始，通过欣赏书中的画面、构图、颜色、文字故事等，感受绘本中传递的情感意蕴。

在《团圆》这本绘本中，我们不难发现，封面上画着除夕晚上，毛毛睡在爸爸妈妈之间，嘴上带着淡淡的笑容，爸爸妈妈低声说悄悄话的场景，一家人团团圆圆地在一起，好不温馨的画面；封底由画家朱成梁写着"团聚、分别；再团聚、再分别……大大小小的团聚和分别构成了我们的人生"的字样以及毛毛和爸爸妈妈一家的全家福照片等。通过封面和封底的初步阅读，了解故事的大致框架。粗略翻看书中的画面，发现红色和黄色等暖色调是文中的主要色调。尤其书中的那枚硬币的出现，可以通过对孩子们的提问，激发他们的阅读期待。

③品读图画，感知故事

阅读绘本，我们不难发现两幅图具有一定的代表意义，一幅为爸爸刚回到家，抱起毛毛，而毛毛挣脱爸爸的怀抱，表现出来对爸爸很生疏的画面；另一幅为爸爸在离家前，再次抱毛毛，毛毛却眼含泪水，依依不舍的画面。通过引导孩子们读图，比较这两幅图在内容上的差异，毛毛在前后有什么样的变化，在问题的引领下，进一步激发学生阅读绘本的兴趣。通过读图并在期间用问题加以引导，孩子们用自己的语言讲述故事，更加体现了绘本中图画的叙事功能，以及锻炼培养学生用眼看、用语言交流的习惯，使学生从中体会阅读绘本的愉悦感和成就感。

文中还有一幅画面最受孩子们欢迎，就是毛毛送别爸爸时将硬币送给爸爸的画面。因为爸爸告诉毛毛，这是一枚幸运硬币，毛毛把这枚硬币当作宝贝，形影不离，睡觉前都要看一看，她把硬币送给爸爸，也希望把好运送给爸爸。这枚硬币恰好出现在封底爸爸工作的桌子上全家福旁边的瓶子里。通过绘本中的图画和故事情节的展现，不难发现绘本的情感要旨：爸爸爱毛毛，毛毛爱爸爸。每个孩子都爱自己的父母，父母也爱自己的孩子，我们都要珍惜和父母之间的爱。可以鼓励孩子们，在爸爸妈妈回到家中时，抱一抱爸爸妈妈，并告诉他们："我爱你们！"

④感受亲情主题和民族文化

绘本《团圆》中，不仅可以让孩子们感受团圆的情感，还能进一步感受中华民族传统文化春节的习俗特点。贴春联、穿新衣、拜新年等，无不是孩子最期盼、最开心的事情了，所以也可以通过绘本的阅读，进一步让学生从中感受文化的传承，树立民族自豪感。

⑤拓展阅读题材，丰富阅读视野

在亲情教育等主题绘本中，我们可以为孩子们继续提供《猜猜我有多爱你》《逃家小兔》《我爸爸》《我妈妈》等，通过对这一类亲情绘本的推荐和阅读，进一步加深、感受父母与孩子们之间的爱，不仅丰富了亲情的阅读主题，还能拓宽孩子们的阅读视野。

为留守儿童阅读绘本，不仅能给孩子们带来丰富的情感体验，弥补其情感上的缺失，还能给孩子们带来心灵上的慰藉、感动和愉悦，培养他们的阅读兴趣。就像日本绘本大师松居直将绘本看成"幸福的种子"一样，我们可以将"幸福的种子"播撒到孩子们的心间，通过耐心地引导、积极地对话激起孩子们的阅读兴趣和热情，最终开出醉人的花，结出如意的果。

⑥感受绘本《团圆》的阅读方法

河合隼雄在他的著作和演讲中，鼓励成人运用绘本里的图画与文本和孩子进行讨论与练习，让孩子拥有同理心，从而学会解决问题。为孩子提供一本好的绘本是十分必要的。好的绘本必须以孩子为主体，以孩子的视角观察事物，且具有艺术美感，帮助孩子在欣赏与自己所处情境相通的故事时，提升自我存在感与对他人的理解力。[1]为了更好

---

[1] 叶嘉青.图画书小学堂：与0~6岁孩子一起悦读[M].桂林：广西师范大学出版社，2019：160.

地突显出为留守儿童阅读的价值,须选择能吸引孩子的故事,并将故事与他们所关心的问题联结。当孩子厘清想法并提出更多问题时,须提供机会让孩子解决问题,并证实他们是有能力的学习者,让他们建立自信。而绘本《团圆》就是一本好绘本,它将家人久别重逢后团聚的喜悦,以及为了生活不得不离家到外地工作的依依不舍呈现了出来,内敛而动人。书中创作者的童年及故乡的人情与地理环境对他们的成长及写作影响很深。他们通过生活化的描述,将时代背景、文化及传统习俗自然地带出,内容朴实动人,流露出儿时愉快的回忆及淡淡的乡愁。

以下将介绍绘本《团圆》的阅读方法,以期有助于引导留守儿童对文本产生反应,使其将故事中的情节和当下的已有经验联系起来,形成他们对绘本故事的理解。在阅读的方法中,尝试通过不同的阶段进行阅读,可分为阅读前、阅读中、阅读后,最后通过手绘"团圆"的方式,结束阅读。

【阅读前】

按学生人数准备纸质版绘本《团圆》,请每个孩子先将绘本浏览一遍,通过观看书名与封面图画,预测该本绘本所讲的故事情节,以及故事发生的时间、地点等。

【阅读中】

用鼓励的语言让孩子欣赏绘本中插图的细节,以进一步了解文本中他们不熟悉的文化和生活环境,其中可采用提问法,设置层层递进的问题,让孩子深入探索文本。

【提问】

绘本中给你留下深刻印象的画面是什么?为什么?

你知道好运硬币是什么吗?为什么绘本中的毛毛那么在意好运硬币?当她将好运硬币转送给爸爸时,心里在想些什么或者期待什么?

【阅读后】

通过提问和绘画的形式进行。

【提问】

绘本《团圆》写的内容是什么?如果由你来写,你会写些什么呢?

毛毛的爸爸为什么每年只回一次家?是什么时候?他的职业是什么?他用什么方式表达对家人的爱?

你认为"团圆"是怎样的?你能用绘画的形式表达出来吗?

【绘画】

绘本《团圆》,图文并茂,感情丰沛,是表现亲情方面优质的绘本之一。阅读欣赏完绘本《团圆》,在孩子们眼里也有对"团圆"的理解,他们通过绘画的方式,表达了对"团圆"的看法,有的从国家的角度进行理解,有的从一家人的角度进行刻画,就像瑞吉欧教育体系的创始人罗里斯·马拉古奇所说:"孩子有一百种语言,一百双手,一百个想法,一百种思考、游戏、说话的方式。"我们家长、教育者,应引导他们用他们喜欢的方式进行表达,倾听他们内心对"团圆"的理解。

幼1:我们的祖国有56个民族,我爱我的祖国,我希望祖国的56个民族总是团团圆圆的大家庭。(图5-61)

图 5-61

幼2:一家人团团圆圆在一起,吃着年夜饭,充满着幸福的味道。(图5-62)

图 5-62

幼3:我的爸爸是一名货车司机,也经常出车在外,我非常想念他,也常常盼望他能够早一点回家。别的小朋友的爸爸都经常在家陪着她,只有我的爸爸总是不在家,所以我也希望我的爸爸能经常回家陪着我！而且也只有爸爸回家的时候才能带着我们一家人出去玩，我很快乐！还带着我们回爷爷奶奶家，也经常回姥姥家，一家人聚在一起很热闹，大家都很开心！所以我盼望爸爸早点回家与我们相聚在一起，开心、快乐，幸福地吃团圆饭，这就叫团圆！（图5-63）

图 5-63

幼4：过年了，我们全家回了奶奶家，姑姑一家也回来了，我们一起包了饺子，还做了好多好多好吃的，有鱼，有大虾，有肉，还有各种各样的菜，大家都特别开心。（图5-64）

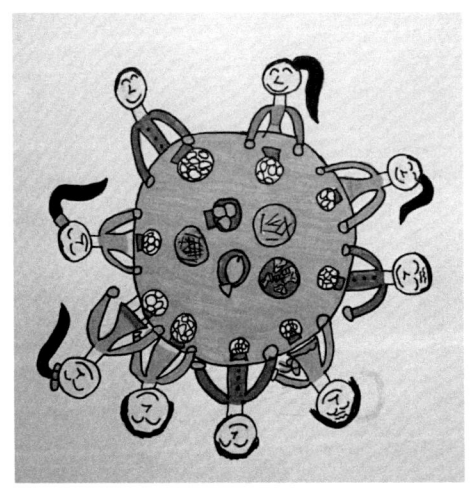

图 5-64

幼5：最好的日子就是团圆时刻，欢聚一起，眼中有笑，盘中有餐，身边有人，这就是我们的幸福。（图5-65）

图 5-65

（四）开展"绘忆——亲子时光"活动

日本的绘本大师松居直说过："绘本并非是让孩子自己读的，而应该由大人读给孩子听。读绘本首先意味着，此时此地孩子能和父母在一起，共同分享绘本这一充满欢乐的语言世界，共同拥有从中获得的喜悦。绘本是通过精彩的语言和图画来呈现的，但这些语言和图画需要由读的人传达给听的人。父母，也就是读绘本的人，可以把绘本中呈现的最美的语言转化为自己的东西，然后用声音表述出来，表述得越喜悦、越快乐、越美，读绘本时的体验就越能长久地留在孩子的生命里，经久地向其述说。这才是爸爸妈妈或者老师给孩子读绘本的真谛。"[1]

在幼儿成长的过程中，父母也在跟着成长，或者说，父母在陪伴孩子读绘本的过程中，他们也会有更深的体会。父母和孩子一起看着图，在将绘本讲或是读给孩子听的过程中，父母把自己从绘本中获得的感受融入语言之中，孩子的欢乐也会引发父母的幸福感，亲子之间会产生愉悦的情感交流。像这样，通过亲子共同分享，共同发现和感受绘本中隐藏的趣味，让父母真切体验到育儿的快乐，便是开展亲子活动的目的。

作为学前教育专业的大学生，为了更好地发挥专业特色，以绘本为载体，积极地和社会构建联系，特在第二课堂服务社会的理念下，开展"绘忆—亲子时光"的活动。此活动主要邀请家长开展以绘本为载体的亲子绘本阅读活动以及亲子共同制作绘本的活动。在绘本阅读完后，大人和孩子根据阅读绘本感受，做出与绘本主题相关联的作品。

1. 亲子活动——阅读区环境创设

为了更好地开展此活动，丰富学前教育专业学生的第二课堂，可以在学校专门的亲子教育实训室里，开展实践活动。当然，在实训室里创设有效的阅读区是非常关键的，

---

[1] 松居直. 如何给孩子读绘本 [M]. 林静，译. 北京：北京联合出版公司，2016：12-13.

它需考虑到以下因素：

（1）光线好且安静的地方

亲子绘本阅读是一项安静的活动，所以阅读区的设置应安排在教室里比较安静的地方。同时，在光线的要求方面，为了更好地保护读者的视力，需要设置在光线充足的地方，也可以根据读者的需求安置恰当的灯具，更好地调节光线。

（2）舒适度方面

在阅读区设置的舒适度方面，为区域设置沙发、枕头、吊床等，再加上柔和的光线、柔软的地毯和趣味十足的书籍，这些都是让人放松下来，进行舒适阅读的有效准备，也是增强阅读区吸引力，使读者更加喜欢阅读的有利条件。

（3）互动阅读等道具准备方面

为了更好地为幼儿和家长提供积极参与阅读和讲故事的机会，我们可以在活动开展前一周进行周计划安排，通过和幼儿以及家长的沟通协商，进一步确定本周的绘本阅读书目，我们根据阅读的书目，准备一些与绘本故事相关的道具，使得儿童更积极地投入到绘本的阅读中。举例如下：

木偶方面主要包括指偶、手偶等与某绘本故事相关的可用于故事复述的道具。比如准备和绘本故事《猴子和鳄鱼》《白雪公主和七个小矮人》《月亮的味道》等绘本故事相对应的指偶、手偶等道具。（图5-67）

（1） （2）

（3） （4）

（5） （6）

（7） （8）

图 5-66

（4）数量充足且高质量绘本的准备方面

在阅读区绘本的准备方面，可根据学前儿童五大领域（科学、艺术、语言、健康、社会）的相关内容以及不同主题的绘本，比如生命教育、亲情教育、游戏类的绘本等进行展示。将绘本按照种类和主题内容的不同，运用开放式书架，分类对不同类型的绘本进行推荐，进一步加深读者对绘本主题的理解。其中，生命教育类的绘本有《一片叶子掉下来》《獾的礼物》《兔子雅各的生命颂歌》《活了100万次的猫》"伊夫·邦廷生命教育绘本系列"（该系列包括《我一直一直爱你》《闪闪发光》《弟弟来了》《爸爸的桥》《开在荒原中的蒲公英》等）；亲情教育绘本有《逃家小兔》《我爸爸》《我妈妈》《团圆》《猜猜我有多爱你》等；游戏类的绘本可以选择埃尔维·杜莱的绘本，还有国内麦克小奎互动游戏的绘本。通过阅读游戏类的绘本，大人和孩子参与其中，尝试像杜莱一样回归到原始的"小孩儿"状态，放开被捆绑的思维，单纯地享受游戏，大家一起做小孩。

> **选择高质量图书的原则**[①]
>
> 所有用于幼儿教育场所的图书,必须遵循以下原则:
>
> ·有趣。
>
> ·符合儿童身心发展特点(包括合理的话题、长度、每页的文字数、字体和文字大小)。文字排列要能帮助儿童理解从左到右、从上到下的阅读顺序。
>
> ·具有文学价值(包括可靠、坚强且实事求是的人物形象;丰富的描述性语言;有趣的情节)。
>
> ·有高质量的插图和照片(优秀的艺术作品,与文本完美结合,展示了细节,作品情感基调能起到补充故事的作用,使儿童能根据图片讲述故事)。
>
> ·不刻板(即真实地描绘了多样性;没有强化对性别、文化或家庭的刻板印象)。
>
> ·能吸引成人(如果你喜欢一本书,你就容易在阅读时将喜悦传递给儿童)。
>
> ·高质量的装订和纸张,以便能长期使用。
>
> 非小说类图书还需符合以下原则:
>
> 非小说类图书,应该根据儿童的发展水平,提供准确的信息。如果儿童将图书作为资料,要确保这些信息易于用文字表述。

(5)更换图书与道具方面

为了更好地满足幼儿和家长的需求,阅读区内的图书要经常更换,以让幼儿和家长享受新的图画书,感受不同主题的作品。

(6)满足幼儿的需求和兴趣

为了满足不同孩子的兴趣,在图书区准备的图画书主题和种类应该包罗万象。所涉及的图画书种类中,可包括无字图画书、民间故事、图文结合的儿童诗、家长和幼儿自制的图画书等。面对不同尺寸大小、不同主题、不同题材的图画书,孩子们会根据自己的兴趣爱好进行选择,所以,也会吸引不同的幼儿。

(7)多元文化的体现

人类生活在一个多元文化交织的社会群体中,为了更好地丰富孩子们的文化知识,还可以选择丰富多样的图画书,帮助幼儿了解其他文化和人民的生活方式。"如果文学作品是反映人们生活的一面镜子,那么,就应该使所有阅读图书的儿童都能通过图书看

[①]布拉德.0~8岁儿童学习环境创设[M].陈妃燕,彭楚芸,译.南京:南京师范大学出版社,2014:131.

到自己是人类的一部分。如果没有做到这一点,或者让儿童看到了扭曲和荒唐,他们就可能会接收到关于自己和民族的消极信息。那些在图书中仅仅看到了自己的民族或接收了错误信息的幼儿,会被误导而形成带有偏见的优越感,这会对他们的健康成长造成莫大的伤害"。[①]此外,在阅读区进行绘本阅读时,我们也需要在讲故事的方式等方面尊重家庭的文化,更好地发展幼儿和家长之间的亲子关系。

在亲子教育实训室里,准备高质量的图画书,能满足幼儿阅读兴趣和需要的同时,还能为提升家长和幼儿的亲子关系提供非常好的平台。作为学前教育专业大学生,我们可以根据幼儿和家长的需求,提前制定计划,制作相关道具等,更好地满足亲子阅读的互动需要。当然,为更好地鼓励阅读,也可让幼儿将图画书借回家,和爸爸妈妈、兄弟姐妹分享,也能感受到很多的快乐与幸福。

2. 亲子活动——绘本的运用形式及指导

绘本,作为一种通过图文两种媒介在不同层面上相互交织、相互作用的儿童文学书籍,被认为是幼儿教育最好的读物。在发达国家,70%的学前儿童书籍是绘本。对于识字率低的孩子来说,通过绘本图片中真实的人物场景、微妙的动作表达和丰富多彩的背景,孩子们可以猜测故事的内容,即使他们只看图片,也能充分理解故事的内容。有了这些具体画面的内容,可以进行的亲子活动就变得多样起来,可以把运用绘本进行的亲子活动看作是一个意义建构的过程。基于图像的内容,可以反复阅读,可以展开讨论,可以演绎创编,由此产生许多不同的故事版本。因此,3~6岁幼儿亲子活动中绘本的运用形式及合理指导,就显得尤为重要了。

由于3~6岁的幼儿仍处于个人发展的早期阶段,亲子活动的进行对幼儿品质的发展和亲子关系的处理都有着非常重要的影响。在如此重要的亲子活动中,绘本作为一种图文并茂的优秀儿童文学样式,是作为3~6岁幼儿进行亲子活动的绝佳选择。在运用绘本开展的亲子活动中,幼儿可以发展相应的语言能力、认知能力和创造力,更能促进亲子关系良性发展。幼儿在家长的陪伴下,活动过程不仅放松具有安全感,还可以促进亲子间默契和信任的形成。绘本可以开展的亲子活动不仅仅是一个简单的阅读活动,还可以开展亲子读书会、绘本剧、亲子绘本创作和面向家长的讲座沙龙活动等。合理而巧妙地运用绘本,不仅能达到培养幼儿进行早期阅读的习惯,形成独立阅读的能力,成为自主阅读者,还能培养和发展幼儿的智力、情商、社会性和科学艺术等各方面的综合素养。

[①] 布拉德.0~8岁儿童学习环境创设[M].陈妃燕,彭楚芸,译.南京:南京师范大学出版社,2014:132.

（1）绘本多样化的运用

绘本通过图画和文字，让不同故事的主题清晰地呈现出来，故事内容丰富而生动，既能拓宽幼儿的视野，又能培养美感，踏入新的知识领域。据此，以绘本为载体，为3~6岁幼儿组织实施亲子活动的运用形式有：亲子共读、亲子绘本故事会、绘本剧表演、亲子绘本创作和面向家长的讲座沙龙活动等。

①亲子共读

亲子共读以"读"为主，是最简单和常见的绘本阅读活动。根据总结，亲子共读主要有以下三种运用形式：自主阅读型、导读型和互动讨论型。无需专人引导的自主阅读型，一般运用在读书会上。在读书会上，每个家庭在所提供的场所，选择自己需要阅读的绘本，进行独立阅读活动。当幼儿阅读遇到困难或看到有趣的部分时，立刻向家长寻求帮助或进行分享，学前教育专业大学生在一旁观察，有家长或幼儿进行求助，大学生则上前指导选书或指导阅读。需专人引导的导读型，一般运用于举办某一主题活动当中。在主题活动上，选择某一特定主题的绘本，由学前教育专业大学生现场导读，再请每组家庭自由阅读或交流分享。互动讨论型适用于亲子读书会。亲子读书会上，由一个充分了解绘本且进行组织活动有经验的学前教育专业大学生，带领家长和幼儿进行讨论和分享，亦可穿插讲故事、手工制作、表演和游戏等。

②亲子绘本故事会和绘本剧表演

优秀的绘本蕴涵着丰富的教育主题，如团结、友爱、善良、礼貌、健康、亲情和感恩等，实践活动中可以制定一个主题，选取相应主题的绘本，开展亲子故事会，展开相应的讲故事、手工制作和游戏活动。也可以运用皮影戏、布袋戏、舞台剧、音乐剧、手偶剧等艺术形式生动地展现绘本故事，家长、学前教育大学生、幼儿一起参与绘本剧表演，将绘本与艺术表演紧密联系起来。

③亲子绘本创作

亲子绘本创作通常以"绘"来制作富有创意的手工绘本，整个过程由一组家庭成员合作完成。活动组织方提供纸质、布料或其他各种材料，由家长和幼儿进行裁剪粘贴，完成形式和内容都独一无二的绘本。这种亲子绘本创作活动，并不是一种单纯的美工活动，是对绘本的深入探索，是动手操作、团队协作、阅读创造的综合展现。它可以让幼儿充分发挥创造力，提高幼儿文学创作、绘画、排版设计和手工制作等多方面的技能，为幼儿爱上绘本创造条件，激发幼儿的阅读兴趣。

④面向家长的讲座活动

在亲子活动中，孩子离不开家长的陪伴和指导，而家长的指导技能是影响亲子活动效果的关键。可以为家长们推荐一些由绘本作家、幼儿教育专家或幼儿阅读推广专家进行的讲座活动，开阔家长视野，搭建家长与家长，家长与幼儿教师交流阅读和亲子体验的平台。

（2）绘本在亲子活动中有效指导的相关理论

3~6岁幼儿亲子活动中绘本的有效运用，离不开有效指导，指导者在恰当的时机进行恰当的指导，运用家园合作的方式，实现绘本与家园互动，帮助3~6岁幼儿感受绘本带来的乐趣。而如何进行有效指导，就要求指导者要及时了解绘本相关的学术动态，充分理解关于绘本方面的指导知识，定期进行专业的培训，才能在举办绘本亲子活动时，将指导的功效发挥到最大。

① PEER&CROWD策略

美国的"对话式的阅读模式"，即PEER&CROWD策略。其中"PEER"的具体意思是指亲子阅读过程中，成人通过提示的方式，鼓励引导幼儿，让幼儿能说出书中的内容，然后回应幼儿说出的内容，同时给予及时而适当的评价，"CROWD"就是提示的策略。"C"代表补充型提示，由成人给出绘本故事主干，余下空缺交由幼儿补充完整；"R"代表回想型提示，成人利用开放性问题进行引导，帮助幼儿回忆起故事内容；"O"代表开放性提示，基于故事内容，提出开放性问题，没有固定的问题答案，进行发散性思维的培养；"W"代表有限制的提示，此类提示可以固定学习某一方面内容；"D"代表联系型提示，引导幼儿把故事和现实联系在一起，代入故事情节，感受故事中角色的情感。学前教育大学生学习本策略，可以有效指导亲子阅读活动中家长对幼儿的提问及引导，帮助他们把所阅读的内容与幼儿有相关体验或经验的内容结合起来，让幼儿体会，从而帮助幼儿把书本中阅读到的内容与现实的生活连接起来。

② 朗读法

朗读法可以把语言的发音、韵律特点传到幼儿的耳中。家长给幼儿朗读绘本，可以让幼儿接触新的词语和熟悉词语的新用法，从喜爱的故事中接触新词，有助于幼儿记忆并发展对词汇的理解。学前教育专业大学生学习朗读法相关指导知识，可以将其运用在亲子故事会、绘本剧、亲子共读等活动中，指导家长为尚不识字和没有阅读能力的幼儿朗读故事，将幼儿带到书和阅读中，从听到的文字渐渐转向看到的文字。

③ 根据绘本结构为幼儿及家长讲读绘本

一本优秀的绘本通常是由封面、环衬、扉页、正文和封底组成，学前教育大学生从绘本结构入手，解读绘本，更能捕捉到一些易被忽视的小细节。引导幼儿观察封面，猜想这本绘本讲的什么故事，激起幼儿强烈的阅读欲望，培养幼儿细致的观察力和丰富的想象力。千万不要忽略环衬的作用，因为许多书中的秘密隐藏其中，且与故事内容相辅相成。接着是扉页，带领幼儿阅读扉页，缓缓拉开故事的序幕，整个故事变得更加完整清晰。接下来就是绘本的正文，故事的情节由此展开。正文结束后，最后一步就是阅读绘本的封底，也许还有有趣的插曲，或者故事的后续。引导幼儿阅读绘本封底，可以引发幼儿无尽的遐想和无穷的回味。开展亲子绘本阅读时，学前教育专业大学生需引导幼儿既要关注题目与正文内容，更要细心观察每一页的图画，认真捕捉每页图画中所描绘的信息。

作为亲子活动的重要载体，绘本对幼儿的价值无法估量，它促进了幼儿语言和交流能力的发展，培养积极的态度和正确的价值观，发展思维想象能力，帮助幼儿注意力与意志力的保持，促进亲子关系发展。作为学前教育专业的大学生，我们要不断地阅读相关的理论知识，拓展思维，丰富大脑，学会根据幼儿的差异性选择适合的方法，让幼儿能够在亲子活动中享受活动过程，实现身心全面综合发展。

3. 绘忆——亲子时光活动实践

为了更好地增进亲子之间的感情，利用绘本，在学前教育的第二课堂中，我们也开展了"绘忆——亲子时光"活动。该活动中，我们邀请幼儿的家长参加，和幼儿进行绘本的亲子共读和一些手工的制作，制作手偶、道具等，供阅读后的绘本表演。

吃和玩，是孩子最感兴趣的事情了。水果吃过、糖果吃过，可是，夜晚高高挂在天上的月亮，你吃过吗？你是不是也想尝尝那圆圆的、黄黄的月亮，它到底是像饼干一样脆脆甜甜，还是像橘子一样酸酸甜甜呢？在绘本《月亮的味道》中，就为大家呈现出了小动物乌龟、大象、长颈鹿、斑马、狮子、狐狸、猴子、小老鼠，它们一个叠一个越叠越高的场景，让孩子们在阅读中，通过观察、模仿、讲述，感受到绘本故事的无限趣味性。通过阅读故事，懂得团结就是力量以及能得到别人的帮助会给自己和他人带来快乐的道理。（图5-67）

图 5-67

（1）绘本《月亮的味道》简介

《月亮的味道》是经典的儿童绘本，波兰的麦克·格雷涅茨文/图，漪然 彭懿译，它之所以被称为经典绘本，是因为在绘本中，最先映入孩子们视野的是图画而不是文字，它富有趣味性的一个叠一个的画面,能抓住孩子们的眼睛和孩子们的心。这本书的插画,主要以深蓝、月白、暗灰色为基调,营造出了一个宁静的夜晚,衬托了夜晚的安详,给孩子们以无限的遐想。

月亮是什么味道呢?真想尝一口啊!夜里,动物们望着月亮,总是这么想。可是,不管它们怎么伸长脖子,伸长腿,还是够不着月亮。于是,它们就想了一个办法,一个站在一个的背上,叠得高高的,在大家的团结合作下,最终,尝到了月亮的味道,相信,月亮的味道是甜甜的、软软的,带着一股温暖的味道。

(2)《月亮的味道》手偶剧表演

朱自强老师说:"我们要想和孩子一起好好读绘本,就要尽量学会像孩子一样去感受绘本中的生活。"①绘本故事中,展现出来的动物们一个站到一个身上叠高高的画面,对于孩子们来讲,是具有趣味性的一件事。而根据故事情节,制作与绘本中角色相关的手偶等,通过手偶剧的表演,可让幼儿体验玩中的乐趣,进一步感受绘本故事中动物们的可爱与团结。

手偶制作的材料:纸杯、不同颜色的卡纸、彩笔、剪刀、胶棒、中性笔等。

学前教育专业大学生们根据绘本中的角色制作了纸杯偶(图5-68),在进行手偶剧表演时,家长们手持纸杯偶按照故事的发展顺序出场,为幼儿表演《月亮的味道》。通过这种方式,孩子们对富有趣味性的画面进行直观感受,不仅加深对故事情节的理解,还促进了亲子之间感情的升华。

图5-68

---

① 朱自强.绘本为什么这么好?:全面升级你的绘本认知[M].广州:新世纪出版社,2021:89.

(3)《月亮的味道》儿童舞台剧表演

恰逢"六一"儿童节的到来,阅读完绘本之后,学前教育专业的大学生们还为孩子们在学校音乐厅呈现了一场全新的月亮的味道,并邀请孩子的家长和小朋友参观,也能让孩子们感受节日的快乐。(图5-69)

图 5-69

绘本《月亮的味道》,叠叠高的画面给人们留下了深刻的印象,再加上简短、精悍、较为重复性的语言,孩子们不论在聆听父母的阅读还是观看儿童舞台剧时,都将这种诙谐、团结合作的场景植进心田。就像日本著名的绘本大师松居直所说:"当印象、感觉和语言合为一体的时候,语言就会带着新鲜而强烈的存在感扑面而来。在绘本中,这种能印刻在心里的、余音袅袅的表现力非常重要。"通过聆听、阅读以及舞台剧形象画面的直观感受,用心灵去感知绘本,从绘本中获得的体验也将会融入孩子的人生体验中,相信孩子们的未来生活会更加丰富多彩。

附:《月亮的味道》剧本

第一场:第一次聚会——想尝月亮

全体动物及花草齐声:来啦来啦(一边找舞伴整队形)音乐响,全场舞蹈(开场舞蹈结束后,花草儿各自归位,动物们趴下休息,仰望天空)。

乌龟:伸个懒腰,这草地上软绵绵,躺着好舒服呀!动物们(齐声):嗯,真的好舒服!

旁白:(催眠曲响)这草地柔软得像一张大床,小动物们已经进入甜美的梦乡,(呼噜声)只有小乌龟趴在草地上,伸长脖子,仰望天空,神情专注。

乌龟:哇,今天的月色真美啊,不知道月亮会是什么味道呢?真想尝一口啊!(《月亮之上》歌曲,小段舞蹈)

旁白:小乌龟,非常向往月亮的味道,决定爬上山坡去尝一尝。

乌龟:我 piapia 地爬,我 piapia 地爬,我 piapia 地去尝月亮吗?(上山坡配节奏乐第一次滚下来，有哐当的响声，动物们翻身。）

月亮：人家都休息了，这个小不点儿还真有精神，居然想尝月亮！呵呵！

乌龟：革命尚未成功，同志仍需努力。（又第二次滚下来）

动物们：（揉揉眼睛齐声说）小乌龟，你怎么了？

乌龟：对不起，对不起，我吵醒你们了！

动物们：没关系，小乌龟，你在做什么呀，怎么摔跤了？

乌龟：月亮那么美，我想尝尝月亮的味道，哪怕就一小口！

大象：我希望它的味道有香蕉那么好！

乌龟：可是它是圆的呀！

大象：它有时也会变得像香蕉那样弯弯的。（大家都笑起来）

乌龟：月亮的味道一定比这些东西的味道还要好，要是我们能够尝尝该多好呀！

第二场：第二次聚会——尝到月亮

第二天傍晚，动物们又来到草地上聚会。（情景：大象、长颈鹿在踢球，袋鼠狐狸在跳拉手舞蹈，兔子老鼠坐在草地上玩拍手游戏，小花小草也在跳圆圈舞）

乌龟：（边唱歌走过来）啦啦啦，月亮的味道顶呱呱，啦啦啦，今天就能尝到它，（跟大象打招呼）朋友们，朋友们，我有好主意了。

动物们：（都围了过来）快说说，什么好主意？

乌龟：（指着不远处的山坡）瞧，月亮就在山顶上，我们爬上山坡，不就可以摸到月亮了吗？

旁白：动物们来到山坡上，想到马上就可以尝到月亮的味道了，他们可真是高兴啊！

乌龟：看啊，月亮离我们近多了，我去试试，肯定伸手就可以摸到它。

众动物：小乌龟，你一定行，加油，加油。

乌龟：还差一点儿，还差一点儿，大象，你快上来，你到我身上来，说不定我们就够得着了。

狐狸兔子老鼠：袋鼠出动，一定成功，你们要小心哪！（袋鼠满怀信心地伸出手，月亮又轻巧地往高处移动了一点）

乌龟：（喘着气着急地问）够着了没有？摸到了吗？

大象：它的味道比香蕉更好，好得不得了！（喜悦得忘乎所以了）

乌龟：我在月亮里品尝出了你们说的各种好味道，真是太棒了，真是个开心的夜晚。

旁白：经过大家的努力，终于尝到了月亮，森林里一片沸腾，动物们手拉手跳起了快乐的舞蹈（音乐响：集体狂欢舞《喜唰唰》）。

剧终。

参考文献

1. 曹红梅,沈寿东.学前教育专业开展第二课堂的实践探索[J].江苏教育研究.2020(50):15-18.
2. 叶嘉青.图画书小学堂:与0~6岁孩子一起悦读[M].桂林:广西师范大学出版社,2019.
3. 闫学.绘本课程这样做[M].北京:中国人民大学出版社,2017.
4. 徐美娥.利用绘本进行幼儿创意戏剧表演的探索[J].学前教育研究.2015(2):64-66.
5. 布拉德.0~8岁儿童学习环境创设[M].陈妃燕,彭楚芸,译.南京:南京师范大学出版社,2014.
6. 林美琴.绘本有什么了不起[M].乌鲁木齐:新疆青少年出版社,2011.
7. 柳田邦男.感动大人的图画书[M].王志庚,译.桂林:广西师范大学出版社,2018.
8. 柳田邦男.在荒漠中遇见一本图画书[M].唐一宁,王国馨,译.桂林:广西师范大学出版社,2018.
9. 朱自强.绘本为什么这么好?:全面升级你的绘本认知[M].广州:新世纪出版社,2021.
10. 埃克谢尔.长大之前一定要看的1001本童书[M].陈小齐,等译.北京:中国画报出版社,2018.
11. 陈晖.图画书的讲读艺术[M].南昌:二十一世纪出版社,2010.
12. 方素珍.绘本阅读时代[M].杭州:浙江少年儿童出版社,2013.
13. 赵同森.解读人本主义教育思想[M].广州:广东教育出版社,2006.
14. 肖瑶.情感类儿童绘本的创作与研究[D].杭州:浙江理工大学,2020.
15. 松居直.如何给孩子读绘本[M].林静,译.北京:北京联合出版公司,2016.
16. 佩利.共读绘本的一年[M].枣泥,译.北京:北京联合出版公司,2018.
17. 李世娟,李东来.图书馆绘本阅读推广[M].北京:朝华出版社,2017.
18. 王连华.绘本在幼儿园情感教育中的运用研究:以山东济南市为例[D].济南:

山东师范大学，2018.

19. 郭莉萍，赵福云. 幼儿园绘本美术活动创意设计[M]. 北京：中国轻工业出版社，2017.

20. 松居直. 我的图画书论[M]. 郭雯霞，徐小洁，译. 上海：上海人民美术出版社，2008.

21. 松居直. 幸福的种子：亲子共读图画书[M]. 刘涤昭，译. 南昌：二十一世纪出版社，2013.

22. 河合隼雄，松居直，柳田邦男. 绘本之力[M]. 朱自强，译. 贵阳：贵州人民出版社，2019.

23. 彭懿，图画书这样读[M]. 2版. 南宁：接力出版社，2018.

24. 彭懿. 世界图画书阅读与经典[M]. 南宁：接力出版社，2011.

25. 朱自强. 亲近图画书[M]. 济南：明天出版社，2016.

26. 张雪. 儿童绘本融入幼儿园美术教学的行动研究：以山东省A幼儿园为例[D]. 福州：福建师范大学，2018.

27. 杜红华. 人本教育理念下初入园幼儿生活适应不良及对策研究：以深圳市S幼儿园为例[D]. 深圳：深圳大学，2017.

28. 张月琴. 促进幼儿园多元文化教育的协同行动研究[D]. 金华：浙江师范大学，2016.

附　录

附录1　认识各国绘本大奖

一、国际安徒生大奖（Hans Christian Andersen Award）①

国际安徒生奖被称为"儿童文学的诺贝尔奖"，是儿童文学领域的最高荣誉，侧重儿童文学与人文关怀，又称"小诺贝尔文学奖"。

代表作品

---

① 奖项一至五相关资料来源于微信公众号"爱阅读的Mia"。

二、美国凯迪克大奖（The Caldecott Medal）

美国凯迪克大奖，注重插图创意与艺术价值，是绘本界的"奥斯卡"，凯迪克奖的设置缘于插画读物影响力日渐，图文并茂的插画艺术因其不同于文学的独特魅力受到广泛关注。

代表作品

三、英国凯特·格林纳威大奖（The Kate Greenaway Medal）

英国凯特·格林纳威大奖，注重绘本的整体水准与选题共鸣，是"最挑剔的绘本奖"。

代表作品

四、林格伦文学奖（Astrid Lindgren Memorial Award）

林格伦文学奖，强调文学性，注重语言功底，是世界第二大文学奖。

代表作品

附　录

五、日本绘本赏

"日本绘本赏",注重丰富奇趣,想象力天马行空,相当于"凯迪克大奖之于美国"。

代表作品

  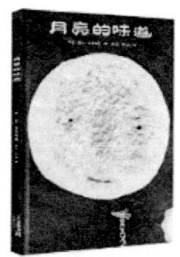

六、德国绘本大奖（Deutsche Jugendliteraturpreis）[①]

德国绘本大奖,其实是指"德国青少年文学奖"中的绘本奖项,在欧洲是相当重要且最具权威的绘本大奖。"德国青少年文学奖"是1956年以来德国唯一定期颁发的国家

---

① 奖项六相关资料来源于微信公众号"虎刺怕启蒙"。

文学奖。奖项分为文学类（含绘本大奖、儿童小说大奖、青少年小说大奖）以及非文学类。

代表作品

Dreieck Quadrat Kreis
形状三部曲

七、法国女巫奖（Prix Sorcières）①

   Association des Bibliothécaires de France

法国女巫绘本奖，创立于1986年，由法国青少年书店协会（ALSJ）与法国图书馆协会（ABF）联合主办，为儿童精选好的童书，是法国出版界重要的绘本奖。法国女巫奖很注重作品本身的文学价值。

代表作品

---

① 奖项七相关资料来源于微信公众号"童办joywithyou"。

八、BIB 布拉迪斯拉发国际插画双年展大奖（Biennial of Illustrations Bratislava）[①]

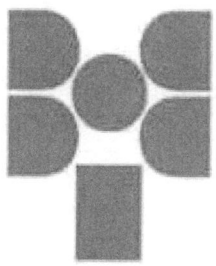

布拉迪斯拉发国际插画双年展，始于 1967 年，由斯洛伐克共和国文化部（提供全部资金支持），联合国教科文组织（UNESCO）斯洛伐克委员会以及国际儿童艺术剧院组织实施。不仅呈现来自世界各国优良儿童绘本的插画作品，也提供给世界各国的画家一个机会，向专家和出版商展示他们的作品。

代表作品

九、波隆那国际儿童书暨插画展（Bologna Children's Book Fair）[②]

意大利波隆那国际儿童书展，规模庞大、参与国家众多，除了展览之外，还设有许多奖项，其中"意大利波隆那国际儿童书展最佳选书"为首要奖项，以其注重视觉和文

[①] 奖项八相关资料来源于微信公众号"虎刺怕启蒙"。
[②] 奖项九相关资料来源于微信公众"一本书屋"和"阅读越精彩"。

学艺术价值的选书标准著名。每年入选书单广纳各方作品，频频有令人惊叹的作品，由于获奖者来自各个国家，有人称之为"最具有联合国气势的书展"。

意大利波隆纳国际儿童书展最佳选书奖，目前是全球儿童出版界最受瞩目的奖项之一，以创意、教育价值、艺术设计这三个标准，评选出文学类、非文学类以及新视野三个领域中最杰出的童书。

代表作品

2007年意大利波隆那国际儿童书展新视野奖

非虚构类最佳童书奖

2015年最佳童书奖

十、亚洲绘本大奖[①]

在中国有丰子恺儿童图画书奖、陈伯吹国际儿童文学奖（CICLA）、信谊图画书奖，在日本有日本绘本奖、MOE绘本屋大奖、日产童话和绘本大奖、讲谈社绘本新人赏等。这些奖项有些是征求原创的文图，得奖后就有机会出版；有些是开放给已经出版的绘本参加，经过主办单位评选出来再颁奖。

---

① 奖项十相关资料来源于微信公众号"荟声儿童阅读"。

1. 丰子恺儿童图画书奖

丰子恺儿童图画书奖,2009年创立,两年评选一次,奖项分别为一个"首奖"与数个"佳作"奖。

该奖项旨在推广优秀的华文原创儿童图画书,即表扬为儿童图画书做出贡献的作者、插画家和出版商,是第一个国际级的华文儿童图画书奖。

代表作品

2. 陈伯吹国际儿童文学奖(CICLA)

陈伯吹国际儿童文学奖以"东方安徒生"陈伯吹的名字命名,前身是设立于1981年的"陈伯吹儿童文学奖",是中国连续运作时间最长、获奖作家最多的文学奖项之一。

2014年,"陈伯吹儿童文学奖"正式更名为"陈伯吹国际儿童文学奖",以表彰世界范围内对儿童文学事业做出卓著成绩的儿童文学创作者、儿童文学工作者和相关人士。

该奖每年评选一次,奖项分别有年度作家奖、特殊贡献奖、年度图书(文字)奖、年度图书(绘本)奖和年度单篇作品奖,被列为"中国上海国际童书展"的重要奖项。

代表作品

3. 信谊图画书奖

信谊基金会是中国台湾最早从事推广学前教育的专业教育机构,三十余年通过研究、出版与推广活动,提供完整且系统化的服务。

1978年,信谊基金会成立中国台湾第一家幼儿图画书与教育玩具专业出版社。

1987年春,为了提升幼儿文学的创作质量及欣赏水平,奖励幼儿文学创作并培育幼儿文学创作人才,信谊创设"信谊幼儿文学奖",迄今连续举办了二十一届,已经成为中国台湾地区出版界最具指标性的幼儿图画书征奖活动,陆续培养出图画书界很多中坚人才。

该奖项每年评选一次,奖项分别为:图画书创作佳作奖、图画书创作入围奖、图画书文字创作首奖、图画书文字创作佳作奖和图画书文字创作入围奖。

代表作品

4. MOE 绘本屋大奖

MOE 绘本屋大奖由日本最大的专业绘本月刊杂志《MOE》主办,邀请来自日本全国的书店、绘本店儿童区的店员投票,选出他们最想推荐给读者的 30 本绘本,还有新人奖以及爸爸妈妈奖各 5 名。

随着近年来获奖作品的影响力不断扩大,MOE 绘本屋大奖受到的关注越来越多,特别是年度新书绘本作者。

代表作品

5. 日产童话和绘本大奖

1984 年设立的日产童话和绘本大奖,是以非专业绘本作者为选考对象的创作类童话和绘本的大奖赛。

此奖赛由日产汽车公司和大阪国际儿童文学振兴财团协作举办。奖项的设置分别有大奖、优秀奖,以及佳作,而只有获得大赛第一名的大奖,作品才可以得到出版,获奖者也从此跻身专业作家的行列,所以这个大赛在日本也被称为新人作家的"登龙门",通过这个大奖也诞生了许多现在活跃在创作一线的绘本家。

代表作品

6. 讲谈社绘本新人赏

由创立于明治42年(1909年)的老牌出版社——讲谈社主办的绘本新人赏,也是为了鼓励更多的新人绘本作者积极创作出更优秀的作品,应征作品只限于从未发表的绘本作品,作者也必须是没有商业出版过单行本的新人。

代表作品

附录 2　大学生创新创业训练计划项目申报书

教育部发布的高校开展创新创业教育的指导文件明确指出："加强创新创业教育指导与服务""把创新创业教育贯穿人才培养全过程"等，充分突显了国家对高校大学生创新创业教育的高度重视。作为一所地方性高校，也将深入贯彻教育部的明确指示，通过大学生创新创业训练计划的实施，努力朝着增强高校大学生的创新能力，培养适应创新型国家建设需要的高水平创新人才的目标而努力。作为学前教育专业的大学生，本着对绘本的喜爱，学生们积极申报基于绘本的大学生创新创业训练项目。在指导老师和学生的共同努力下，基于绘本的大学生创新创业训练项目申请成功的有关于绘本在亲子教育方面进行运用的项目、有绘本推广应用方面的项目、有绘本在幼儿园五大领域应用实践的项目以及和绘本相关的绘本馆开设构想方面的创业项目。

国家级大学生创新创业训练计划项目申报书

学校名称：	宁夏师范学院
项目名称：	阿凡提绘本馆
项目类型：	□创新训练项目
	√创业训练项目
	□创业实践项目
项目负责人：	陶艳荣
指导教师：	李媛

填写须知

一、项目分类说明：

1. 创新训练项目是本科生个人或团队，在导师指导下，自主完成创新性实验方法的设计、设备和材料的准备、实验的实施、数据处理与分析、总结报告撰写等工作。

2. 创业训练项目是本科生团队，在导师指导下，团队中每个学生在项目实施过程中扮演一个或多个具体的角色，通过编制商业计划书、开展可行性研究、模拟企业运行、参加企业实践、撰写创业报告等工作。

3. 创业实践项目是学生团队，在学校导师和企业导师共同指导下，采用前期创新训练项目（或创新性实验）的成果，提出一项具有市场前景的创新性产品或者服务，以此为基础开展创业实践活动。申报该类项目需额外提交企业导师合作指导协议书作为附件。

二、申报书请按顺序逐项填写，填写内容必须实事求是，表达明确严谨。空缺项要填"无"。

三、申请参加大学生创新、创业训练计划以及创业实践项目团队的人数含负责人在内不得超过 6 人。

四、填写时正文字体用小四宋体，1.5 倍行距；填写完后用 A4 纸张双面打印，不得随意涂改，指导教师审核签字。

五、申报过程有不明事宜，请与学校教务处实践教学管理办公室联系和咨询。

项目名称			阿凡提绘本馆		
项目起止时间			2016年6月至2018年6月		
负责人	姓名	年级	所在学院、专业	联系电话	E-mail
	陶艳荣	本科二年级	教育科学学院学前教育专业		
项目组成员	芮晨	本科二年级	教育科学学院学前教育专业		
	李谦谦	本科二年级	教育科学学院学前教育专业		
	张佳	本科二年级	教育科学学院学前教育专业		
	牛虹	本科二年级	教育科学学院学前教育专业		
	何思旻	本科二年级	教育科学学院学前教育专业		
指导教师	姓名		李媛	职务/职称	教师
	所在学院		教育科学学院		
	联系电话			E-mail	

一、立项依据（300字左右）

项目背景：

随着绘本阅读的不断普及，越来越多的图书馆、学校等各类教育机构和社会团体组织都很重视绘本阅读的推广工作，而在家长方面，这方面的需求也非常强烈。绘本"图为主，文为辅"的特点，客观上给予了小读者无限遐想的阅读空间。同一本绘本，不同的父母和孩子，可以有不同的收获，绘本馆开办的意义也正在于此。绘本馆行业生命周期分为导入期、成长期、成熟期、衰退期。现在全国绘本馆正是一个让世人所认识，并不断萌发的推广阶段，正处于行业的导入期。全国出现了很多新兴的绘本馆，其中包括：悠贝亲子、老约翰、绘本TAXI等等，起步期也是2、3年时间。在很多的中小城市里都还没有，因此绘本馆是一个新兴的产业。它的功能性也非常齐全：借阅、出售图书、绘本延伸课程，对于地方，目前还未出现此产业，所以发展前景很乐观。

项目意义：

随着经济的发展，人们对学前教育的关注越来越高，绘本作为学前教育的重要载体，其教育作用在宁夏回族自治区的认知程度尚浅，市场尚未开发，前景广阔，但缺乏专售和借阅绘本的渠道，它只是附属于各大图书馆的一角。目前绘本商品化倾向严重，许多绘本追求高档次，装帧精美，价格不菲。这使得许多家长对绘本望洋兴叹。因此，阿凡提绘本馆通过DIY的方式降低绘本成本，给幼儿提供阅读的机会，使普通的孩子"喜欢看、看得起"，使绘本能够"飞入寻常百姓家"。

市场特征：

全国一线城市绘本馆受家长认可，发展迅速，二三线城市绘本馆市场差不多一片空白，绘本馆较少，发展前景较好。在我国各大一线城市，幼儿园及家长们已经对绘本有了一定新的认识，并不断地重视起来，为了培养幼儿的阅读兴趣和阅读能力，无论是幼儿园还是家长都愿意在绘本方面花费资金。而在类似于银川市、固原市等广大二三线城市之中，虽然绘本还并未普及至各家各园，但随着社会的进步和经济的发展，幼儿机构及家庭对绘本的需求不断增加，绘本馆将会逐步走进二三线城市，绘本教育也会逐步发展成二三线城市的新的育儿模式。

二、已有基础（与本项目有关的研究积累和已取得的成绩、已具备的条件）

该项目已具备基本的创业计划书，并在宁夏回族自治区举办的大学生"挑战杯"创业计划竞赛中荣获了三等奖。此后，我们又对该计划书进行了完善和修改，使该项目更具有可实施性。

本人参加了中国就业培训技术指导中心举办的SIYB创业培训并取得了荣誉证书。

本团队专修学前教育专业，已具备了一定的专业知识。

三、项目目标、方案

项目目标：

阿凡提绘本馆，主要通过出售绘本、绘本借阅、绘本推荐、亲子绘本读演坊、爱心绘本、绘本DIY等活动形式推动绘本馆的运行。通过绘本的出售和租借，使儿童获得了接触绘本和阅读绘本的机会，为绘本的发展提供了平台；使高价格的绘本能够通过租阅的形式达到资源的最高利用并且一定程度上改善了家长对绘本的认知，使家长更加了解绘本，重视绘本对幼儿的影响，能够对绘本进行正确的选择。

项目方案：

此项目有四个专门研究小组组成：绘本理论研究组，精品案例组，绘本制作组，大型主题活动组。全部为团队成员分工完成。

此项目分为五个阶段：

第一阶段：市场调研

第二阶段：场地的选择与装修

第三阶段：绘本及其附属材料的投放

第四阶段：宣传

第五阶段：投入运营

四、项目特色与创新、拟解决的关键问题

项目特色与创新：

绘本出售是我馆的主要活动，通过此活动为下面的活动打下物质基础，绘本借阅主要是为了使高价格的绘本能够通过租阅的形式实现资源的最高利用并且一定程度上改善了家长对绘本的错误选择；亲子绘本读演坊，通过此活动，为家长和孩子提供一个亲子交流平台，通过亲子演绎绘本使小朋友的表演力和自信得到一定程度的锻炼；爱心绘本，很多儿童因为病痛，无法到图书室阅读，志愿者则到病房陪伴他们阅读。志愿者们还对父母进行指导，传授他们亲子阅读的要点，帮助父母和孩子进行沟通互动。"爱心阅读坊"以亲情作为纽带，不仅让孩子学到了新的知识，又能使父母掌握科学的教育方法。绘本DIY：在手工制作绘本的过程中，幼儿可以自由思考和天真想象，综合运用听、说、读、写、画等能力，用图画和文字描绘与记录自己对生活的认知，从而激发无限创意，提高审美能力、创造能力和表现能力。还有绘本馆的装饰，此活动主要针对幼儿园、亲子机构、福利院等组织进行绘本馆内的装修设计。

拟解决的关键问题：

理念不够成熟，群众对于绘本及绘本馆的概念知之甚少，群众基础薄弱，需要的促销投入力度较大。

对经营者能力要求较高。经营者并非仅仅是老师或图书管理员，绘本馆的营销和推广往往被忽略，而这恰恰是得以生存发展的重点。

对阅读环境和阅读氛围要求较高。绘本馆的环境要求设在安静的地方，儿童在阅读时能集中注意力，不被打扰，而且阅读场地要宽敞明亮，采光适宜。

五、项目进度安排

第一阶段：市场调研

我们通过对宁夏首府银川及固原的各类书店及绘本馆进行实地考察，了解市场中绘本的种类及销售借阅情况。

第二阶段：场地的选择与装修

通过我们的前期调查，我们在固原市进行项目试点，并进行场地的选择及装修，为期三个月。

第三阶段：绘本及其附属材料的投放

首先购买国内外正版各类经典绘本，依据我们的专业特色，制作适宜幼儿身心发展特色的绘本，投放绘本制作材料，让家长与幼儿共同制作亲子绘本。

第四阶段：宣传

我们通过网络（微信公众平台、微博推广、各种自媒体平台）和传统（传单、横幅、海报）方式的宣传让更多的家长了解我们的绘本馆。

第五阶段：投入运营

六、项目经费使用计划

项目	费用
房租（2个活动室）	4万
工资	2万
绘本费	4万
宣传费	1万
DIY附属材料费	0.5万

总计成本：11.5万

固定成本：房租（两个活动室、一个图书室）4万

可变成本：工资2万；绘本费4万；宣传费1万；DIY附属材料0.5万

七、项目预期成果

通过本项目的实施，让更多的家长深入了解绘本和正确选择绘本，让幼儿更加喜欢阅读绘本，给绘本在宁夏地区提供发展的平台。

在项目实施期间，通过宣传我们的绘本理念，让家长了解绘本对于幼儿身心发展的意义，了解好处并进行购买，创造利润。

此项目实施后，撰写创业报告。

指导教师意见:
签　名: 年　月　日

学院意见:
签名盖章: 年　月　日

学校意见:
签名盖章: 年　月　日

后 记

行文至此，这本书的撰写已接近尾声。但我认为，关于绘本的故事还远远没有结束。因为正是有一群对绘本充满兴趣和爱好的读者朋友们，才使得绘本的开发与运用在不断地推陈出新。

对于这本书，我认为不是写完了，而是做完了，因为基于绘本的学前教育专业的第二课堂活动的实践，不能只停留在纸面上，而是要行动起来，真正地做起来。

感谢这个伟大的时代，感谢学校和学院搭建的平台，感谢学院学前教育人才培养方案给人的启发，感谢和我一起探索实践的同事和学生们，是你们的支持和鼓励，才促使我不断地学习和成长，在小绘本里，看到大世界。

作为学前教育专业的一名高校老师，利用平时备课时对绘本的关注，慢慢觉得绘本真是一种神奇的读物，基于对学生主体性的考虑，越来越觉得更充分地挖掘绘本的价值，对于学前教育专业大学生的成长来讲，是一件多么有意义的事情，因为未来从事幼儿教师这一职业时，他们面对的就是幼儿这一群体。而绘本又是适合0~99岁的人群阅读的出版物，在讲给孩子听之前，作为教师或者家长首先要对绘本进行了解。于是，脑海中将绘本和挖掘绘本在高校学前教育专业中可以开展的活动构建起来。那具体的活动如何有效开展和实施呢，课上学生们上课时间有限，那么，第二课堂就进入了我们实施开展活动的范畴。基于此，以绘本为载体的学前教育专业第二课堂活动的探索与实践这个主题就产生了。

"哇！绘本！"当看到绘本时，那种又惊又喜的表情好像又浮现在了脸上。让大学生和美好的绘本相遇，让活动滋润并丰盈他们的大学生活，我们不能只停留在原地，而是要一起寻找，去尝试，去创造。只有这样，我们的生活才会变得不一样。

我和同伴们就是抱着这样的初心，开始了绘本实践活动之旅。在探索与实践的过程中，以绘本为载体，站在大学生的视角，充分发掘经典绘本中的特定元素和多元价值，与大学生的成长建立丰富的连接，考虑未来的职业发展，加强实践技能的训练，与幼儿园、家庭、社区等打通宣传、实践通道。

绘本在第二课堂中的实践探索已有将近五个年头的时间了，我和同伴们觉得有必要让更多的人看到我们开展的实践活动，包括家长们和有志开展绘本实践活动的教师朋友们，他们可以从我们的活动设计中得到启发，找到借鉴，当然也可能找到不足。而更重要的是，我们可以通过活动的开展，丰富大学生的课间生活，看到他们脸上的笑脸，听到他们一起讨论、创造的声音，触动教师、家长和孩子们的心灵。我觉得这部专著的价值也就达到了。

与我一起完成这本书的有我很多学前教育专业的学生们，作为当代大学生，他们与时俱进，思维活跃，敢于创新，行动力强，在一次次的活动中刷新大家的眼球儿，不仅影响他们身边的同学们开始关注绘本，而且也带领家长和孩子们阅读绘本。大家互相激励，共同记录，在彼此的生命中留下美好的印记。这本书，是大家一起努力的结果，大家一起见证了绘本的美好，以及在小绘本里，见到大世界。

感谢陕西师范大学出版总社的于盼盼老师，感谢您在百忙之中，对我所问的问题耐心又细致的解答，以及您的认真校稿，这本书的出版离不开您的鼓励和出版社的支持。同时，感谢学校对青年教师的支持，借助宁夏师范学院"西部一流"学科平台，让青年教师有更多施展想法的机会。感谢我的孩子，在陪伴你成长的点滴生活中，让我阅读和深入了解更多绘本，才使得我有更多尝试用绘本进行实践的想法。同时，也热切地期待着读者朋友的交流和反馈。让我们一同探讨关于绘本的有关知识，一起遇见更好的自己！

李媛

2022 年 11 月 3 日于宁夏固原